新视界

始于未知 去往浩瀚

话说老子
教育有道

廖宗廷　陈建英　周征宇　廖冠琳　著

上海远东出版社

图书在版编目(CIP)数据

话说老子,教育有道/廖宗廷等著.--上海:上
海远东出版社,2024.-- ISBN 978-7-5476-2071-7

Ⅰ.G40-092.25

中国国家版本馆 CIP 数据核字第 2024NS6780 号

责任编辑 张喜梅
封面设计 徐羽心

话说老子,教育有道

廖宗廷　周征宇　陈建英　廖冠琳　著

出　　版	上海远东出版社	
	（201101　上海市闵行区号景路 159 弄 C 座）	
发　　行	上海人民出版社发行中心	
印　　刷	上海锦佳印刷有限公司	
开　　本	890×1240　1/32	
印　　张	12.5	
字　　数	292,000	
版　　次	2025 年 1 月第 1 版	
印　　次	2025 年 1 月第 1 次印刷	
ISBN 978-7-5476-2071-7/G・1219		
定　　价	88.00 元	

谨以本书献给：

千千万万当下和未来的家长朋友们以及从事教育工作的同事们和朋友们！

目　录

第一篇
概　说

第二篇
分　说

自　序

　　光阴似箭,岁月如梭。一晃就到退休年龄了,不禁感慨万千,总感到要为热爱的教育事业再做点什么,但却一直很茫然,不知道该从何处着手。偶尔读到了一本名叫《失去灵魂的卓越》的书,深受启发。该书作者哈瑞·刘易斯毕业于哈佛大学,是哈佛大学的教授,在哈佛从事教学工作30多年,还曾任哈佛大学旗下负责本科生教育的哈佛学院的院长。他退休之后,便结合他所掌握的资料和长期在哈佛大学做教学和管理工作的亲身经历,精心著作了此书。此书为我们描述了哈佛这所世界名校是如何为追求所谓卓越而放弃教育使命的,并对该校放弃教育之本的做法进行了深刻反思。尽管作者对母校存在的问题持批判口吻,但也处处对自己服务了30多年的母校充满感激,对所选择的教育事业忠贞不渝。该书受到全世界广大读者的高度关注,并入选《波士顿环球报》畅销书行列。受此启发,我决定结合自己了解的情况和亲身经历也写一本关于教育的书,以期在某一方面取得与哈瑞·刘易斯这本书相似的成效。

　　我先后接受学校教育20多年,其中有教育被荒废的特殊时期,有刚恢复高考激情澎湃的时代,有教育高速发展的年代。随后我进入高校从事教育工作,至今已经30多年了,其间做过教师,做过两届学院(系)分管教学的副院长,还做过学校教务处副处长、教务处处长、招生办公室主任等，同时还负责管理学校的附属中小学工作近6年，在全国近30所著名中学（如上海中学、曹阳第二中学、上海交通大学附属中学、上海市复兴高级中学、杭州富阳中学、北京中央民族大学附中、陕西西安中学等）推行了"苗圃计划"。这些教育工作经历让我接触到了我国教育的许多方面。参与本书著作的其他几位同志也是各类教育的探索者、参与者、举办者和实践者。多年的教育工作经历让我们得到的深刻感受是：中国教育近40年来得到了巨大的发展，为中国经济、社会、科技、文化和国防等事业的发展提供了极为重要的人才支撑，其成就无论怎么评价都不为过。但我们也深切地感受到，我们今天的教育还存在许多值得反思的地方，如：应试教育愈演愈烈；教育模式固化，教育环节相互脱节，教育的连续性和规律性被割裂；重招生轻培养，短期行为大行其道；各种评价方式问题较多；各类社会培训也急需规范整顿。这些虽然已经引起了有关部门的重视，但至今仍未得到根本性改变。

在家庭教育方面，今天的绝大多数家长都特别重视，舍得花钱、花时间、花精力，孩子也不得不尽力配合，疲惫不堪地面对各种竞争。可我认为今天中国的家庭教育是一个教育规律被"荒废"的时代，就是说，从表面上看，教育是如此受到重视，实际上真正的教育却在很多时候被忽略了。家庭教育是所有教育中对人影响最深刻、最持久的教育。家庭教育从本质上讲应该是一种情感的教育、生活的教育、习惯养成的教育、品德的教育。可是，现在的家长们有多少在关注这些问题？他们重点关注的是孩子的学习成绩和排名，都在说相似的话："孩子，只要你把学习搞好了，成绩上去了，其他什么事都不用你管了。"如果将心静下来想想，定会惊出一身冷汗。一个孩子真的只要把学习搞好就行了吗？当今教育出现的诸如应试教育盛行等问题难道不值得我们反思吗？

笔者认为,导致教育出现这些问题的根本原因在于我们在教育哲学和教育方法论等方面没有自己足够的文化自信。实际上,虽然教育有普遍的规律性,但一个国家的教育实践离不开这个国家的国情,特别是它的传统文化。如果离开自己的传统文化搞教育,其后果是十分可怕的,近几十年来中国教育出现的许多问题或多或少都与背离中国传统文化有关。

实际上,中华民族与其他任何民族相比,我们都有足够的理由文化自信。人类历史上有古巴比伦文明、古埃及文明、古印度文明和中华文明,如果说全人类四五千年前的文明四分天下的话,中国占其一,而且其他三大文明都在历史演化中衰亡或中断,仅我们中华文明持续发展至今。在距今 2 000 多年前时,西方在地中海周围兴起了古希腊和古罗马文明。中国当时正值春秋战国至秦汉时期,文明进一步发展,与西方的古希腊和古罗马文明遥遥相对,成为人类历史上的两颗璀璨的明珠。如果说当时的人类文明两分天下的话,中华文明占据着半壁江山。接下来,西方于 476 年日耳曼雇用军攻占罗马城开始进入中世纪,从那时起至文艺复兴时期之前的大约 1 000 年中,西方世界一直处在政教合一的状态中。在这一时期,一切以神学为主导,哲学不过是神学的附庸,科学不过是神学的奴仆。宗教裁判所可以仅仅因为布鲁诺信奉哥白尼的日心说,就把他烧死在罗马鲜花广场上。这一时期被史学家称为"黑暗的中世纪"。而这一时期我们中华文明仍在大踏步前进,独具特色的天文、算术、农业、医学等相继取得世界领先的成就,以火药、指南针、造纸术、印刷术四大发明为代表的技术更是为世人所称道。在 13 世纪直至清中期以前,中华文明在全世界可以说是一枝独秀。英国著名科学技术史专家李约瑟在《中国科学技术史》中说:"中国在许多重要的方面有一些科学技术的发展，走在那些创造出著名的希腊奇迹的传奇式人物的前面，和拥有古代西方世界全部文化财富的阿拉伯人并驾齐驱，并在3世纪至13世纪之间保持了一个西方所望尘莫及的科学知识水平。"英国著名科学家贝尔纳1959年在为《历史上的学科》译本所写的序中说："许多世纪以来，中国一直是人类文明和科学的巨大中心之一。"就是说3世纪至13世纪中华文明和中国的科学在全世界是一枝独秀，从13世纪至距今200多年前的清中期，中华文明一直在全世界独领风骚。但是因为自鸦片战争以来近200年的落后，很多人便失去了文化自信，甚至有相当数量的中国人数典忘祖。

我们都知道，文明的进步一定离不开教育，中华文明数千年间在全人类领先而且连绵不断，其中肯定包括先进的教育理论和教育思想。如孔子的"有教无类""经邦济世"等教育观；"因材施教""循循善诱""不愤不启""不悱不发"等教学方法论；"学而不思则罔，思而不学则殆""温故而知新""举一隅不以三隅反，则不复也"等学习方法；"以身作则""教学相长""学而不厌""诲人不倦"等教育精神，这些直到当代都有极大的参考价值。即使是在当下，无论是教师还是学生，能完全做到者寥寥。除孔子外，还有老子、孟子、墨子、庄子、荀子、韩愈、王阳明等古代教育家，近代有陈垣、陶行知、晏阳初、黄质夫、夏丏尊、蔡元培、马君武等教育家。他们都有先进的教育思想和很有价值的教育实践，但这些教育思想和教育实践很多都被我们忽略了。

要解决中国的教育问题，我们可以吸收西方先进的教育理论和经验，但决不能照搬。何况面对新时代，特别是信息化和人工智能的时代，在西方哲学基础上建立起来的许多教育理论和教育思想已开始失灵。一些西方的教育家们已经开始从中国2500年前的中华智慧中寻找出路。中国古代和近代的许多教育理论仍具有先进性,但面对未来,迫切需要我们开展自然主义的教育和人学的教育。

自然主义教育的核心是"归于自然"。"教天地人事,育人命自觉",教育的最终目的还是要回到天地万物之间,围绕着生命的本质而开展。一般人认为,自然主义教育是由西方的教育家卢梭提出来的,他在《爱弥儿》一书中提出,自然教育的最终培养目标是"自然人"。的确,卢梭对自然主义教育作了系统论述,殊不知,自然主义教育的鼻祖是中国的老子。老子的智慧不仅在哲学史上有着世界性的地位,对教育的影响也相当深远。《老子》一书通篇未提"教育"二字,但我们仍可以从中受到无穷的启发,尤其是他的自然主义教育论。老子的思想不仅没有过时,相反现在正当其时。说白了,它是挽救当下世界颓势的思想宝库,那种具备新思维逻辑的源头,那种具有新逻辑价值的启迪,还真就在《老子》里面!老子教育思想的核心是自然人性论,即以"道"为核心的自然主义,即"人法地,地法天,天法道,道法自然"(《老子》第二十五章)。他在《老子》第十六章中说:"夫物芸芸,各复归其根。"即自然万物纷繁众多,最终都要返回到它们的本源,而人之本性或本源是婴儿时期的纯真自然、无知无欲、质朴无华的素朴状态。

在《老子》中,"婴儿"和"赤子"多处出现,处处流露出对婴儿、赤子的赞美。如《老子》第十章"载营魄抱一,能无离乎?专气致柔,能婴儿乎";《老子》第二十章"我独泊兮其未兆,如婴儿之未孩";《老子》第二十八章"知其雄,守其雌,为天下谿。为天下谿,常德不离,复归于婴儿";《老子》第五十五章"含德之厚,比于赤子";《老子》第四十九章"圣人皆孩之"。《老子》第二十五章中说:"域中有四大,而王居其一焉。人法地,地法天,天法道,道法自然。"这些皆说明,老子从道法自然的理论出发,认为人和万物一样,作为天地万物的一份子,他的本性应该是素朴的,就如同婴儿、赤子一样，天真无邪，无知无欲。

自然人性论是老子教育思想的出发点，"为道日损"则是老子的教育要求。为了回归于自然，老子提出了"为道日损"的教育要求，而现在我们的一些受教育者越来越往技术人或非人的方向转化，越来越功利，越来越利欲熏心，越来越成为所谓的精致利己主义者。老子为我们提供了消除这一切问题的有效办法，即"为学日益，为道日损。损之又损，以致于无为"（《老子》第四十八章）。通过走"无为"的路子，一天天减少自己的妄为、私欲、巧智，也就至于"无为"，也就至于"自然"，使人从歧途返回到正道。

历史发展证明，人类的发展是人类不断地抛弃人的自然属性而不断社会化、技术化的过程，人在这一过程中必然以牺牲人的自然本性为代价，这其中的得失，的确值得我们反思。私欲横流、道德沦丧、极端个人主义盛行、二元对立加剧、向自然索取无节制等，这些都是人自然本性丧失的结果，对此我们应该高度重视。

老子说："不尚贤，使民不争；不贵难得之货，使民不为盗；不见可欲，使民不乱。"（《老子》第三章）如果我们按照无为的原则去做，办事顺其自然，那么就可达到"我无为而民自化，我好静而民自正，我无事而民自富，我无欲而民自朴"（《老子》第五十七章）的境界，当下许多教育问题可能就会自然消失了。

为了实现"自然无为"的教育主张，老子还提出了"行不言之教"的教育原则。老子说："圣人处无为之事，行不言之教。万物作焉而不辞，生而不有，为而不恃，功成而弗居。"（《老子》第二章）老子还说："不言之教，无为之益，天下希及之。"（《老子》第四十三章）当然，老子的"行不言之教"，并非真的不言，而是不妄言，不多言，即使言也要符合规律。老子主张要尊重受教育者的自然本性和独立个性，使学生于不知不觉中接受教育，圣人要"善言无瑕谪"（《老子》第二十七章），要"希言自然"（《老子》第二十三章）。

未来教育的重要任务之一,就是要培养真正的"人"。这不但需要有先进的教育思想,而且需要有正确的哲学基础和良好的社会氛围。哲学、文化与社会三者共同组成一个同心圆,哲学在核心,文化居中,社会处外圈。面对未来人类发展的需要,我们需要有扎实的哲学作基础。教育的哲学是什么呢?我们的答案是:人学。正如苏霍姆林斯基在《给教师的建议》一书中指出的那样:"生产人——这是一项艰巨的活动,也是一种幸福和磨难并存的复杂劳动,用一个内涵不断丰富和更新的词来说,这便是教育。""人生下来只是能够成人的生物,不是完美的人。完美的人是造就出来的。""产生一个有血有肉和协调谐美的人,要依靠父母的智慧,依靠一个民族自古以来沉积在知识、道德价值和世代相传的永恒财富里的经验和素养。""我们的任务就在于,把大自然提供的这些人的毛坯全都造就成真正的人。""我们称之为教育的一切,正是在人身上再现自己的一种伟大创造。"中国人学是中华民族的人格理想和社会理想思想体系,是中华文明演进的人文脉络。儒、释、道三者互补组成了中国传统人学的基础。按照南怀瑾在《国际道德经论坛的讲演》的说法,中国儒、释、道三家是从唐朝开始正式形成的。在这三家中,儒家以入世为主,释家以出世为主,正统的道家是不出不入,也出也入,在入世和出世两个方面是融通的,在中国的文化和政治中起着非常大的作用。

哲学家黎鸣曾经出版过一部名为《西方哲学死了》的著作,这部著作其实就已经预告了将会有全新人类哲学的诞生。这个伟大的全新的人类哲学,他命名为"人学",而创立这个伟大"人学"的人类之祖,即是我们中国的老子,他的著作《老子》事实上早在2500多年前就已经为全人类准备了这份伟大"人学"的储备之作。老子超越时代的思想精神,跨越了2500多年,仍旧焕然如新,关键在于他的伟大的思维方法——全息逻辑的"魔方"思维方法。

当下，我们国家政治清明，经济、社会、科技、国防等发展势头良好，但也不是一点问题都没有，我认为教育方面就存在不少问题。对此，按照南怀瑾先生的想法，我们可以从道家思想中寻找解决问题的智慧。面对人工智能时代的到来，老子智慧的作用将会越来越大。哲学家黎鸣也说："老子人学是人工智能时代最伟大的哲学，是西方哲学在当代的伟大的替代者。看不到老子人学的智慧，应该是当代中国文化人巨大的耻辱。"

在人工智能时代，人类的许多工作将被机器取代，教育中的许多工作也将被技术取代，但一些最根本的东西还是无法被替代的，比如情感教育、智慧教育、人文教育等，在这种情况下，老子教育思想的智慧将会日益凸显出来。为此，笔者根据对老子思想的理解，展望时代的发展，针对当下教育中出现的问题，写成《话说老子，教育有道》一书，以期陈述或揭示当下教育中存在的一些问题，并为解决相关问题提供一些新的思路。当下教育中存在的问题是多方面的，但我们认为家庭教育更为突出，于是，我们的论述便以家庭教育为重点，以本书献给当下千千万万的家长们和未来的家长们！

本书分为两篇。第一篇为概说，主要介绍老子其人、其书、其道以及对其教育之道的理解。第二篇为分说，主要按《老子》81章中老子的相关智慧，结合当下教育中的一些问题展开讨论。

需要指出的是，撰写本书是一项极具挑战性的工作，老子思想博大精深，注解《老子》的人古今中外加起来千千万万，用老子思想来探讨教育问题更是一项十分困难而且争议较大的工作，这些使得本书难免会存在这样或那样的问题。我们的想法是希望能起到抛砖引玉的作用，希望能借这本书引起各方面对老子教育思想以及作用的高度重视。衷心希望广大老子学专家、爱好者，特别是广大家长们提出宝贵的意见和建议,以便该项工作得到不断深入、充实和完善;希望大家共同努力,不断用中华传统智慧来解决当下相关问题,积极为中国文化自信和教育发展做出新贡献。

本书得到"苏邦俊博物馆历史文化研究基金"的资助,得到上海远东出版社的大力支持,得到同济大学人文学院领导的大力支持,得到我曾经工作过的同济大学教务处、招生办公室、对外联络与发展办公室等部门许多同事的帮助和鼓励。另外,全书参考、引用了大量前人的研究成果和资料。在此,对直接或间接对本书出版提供资助、支持、帮助和鼓励的领导、专家、学者、同事、朋友及家人一并表示衷心的感谢!

廖宗廷

2024 年 5 月 5 日于上海

第一篇　概　　说

孟子在《孟子·万章下》中说:"颂其诗,读其书,不知其人,可乎? 是以论其世也,是尚友也。"意思是:吟诵古人的诗歌,研读古人的著作,却不了解古人的为人,行吗? 所以要讨论、研究他们所处的时代,这样做,就是上溯历史,与品德高尚的人交朋友。同理,我们要说老子,要汲取他闪光的思想和智慧,并用其"道"的思想和智慧来发现、分析和解决当今教育中存在的各种问题,就首先要对老子其人、其书、其道(尤其是教育之道)作较为系统的概说和阐释。

第一章　老子其人

　　说起老子，我们许多人都绝对不会陌生。"金玉满堂，莫之能守。富贵而骄，自遗其咎。功遂身退，天之道。"(《老子》第九章)"合抱之木，生于毫末；九层之台，起于累土；千里之行，始于足下。"(《老子》第六十四章)"上善若水。水善利万物而不争，处众人之所恶，故几于道。"(《老子》第八章)"信言不美，美言不信。善者不辩，辩者不善。"(《老子》第八十一章)"祸兮，福之所倚；福兮，祸之所伏。"(《老子》第五十八章)"弱之胜强，柔之胜刚。"(《老子》第七十八章)……这些我们耳熟能详的名言警句，其实都是出自老子之口。

　　1949年，雅斯贝斯在他的《历史的起源与目标》中提出一个著名的命题——"轴心时代"。这个时代处于公元前800年至公元前200年之间。在这期间，东西方的文明区域都出现了一个思想解放的黄金时代，尤其是在公元前600年至公元前300年间达到高潮。在中国出现了老子、孔子、墨子、庄子、孟子、荀子、庄子、韩非子等诸子百家，在古代印度出现了佛教创始人释迦牟尼，在古代希腊则出现了苏格拉底、柏拉图、亚里士多德等思想大家。其中我国的老子和孔子被美国的《时代》杂志列入历史上100位最具有影响力的人物榜单。《纽约时报》将老子列为古今中外十大作家之首。老子是一个很神秘的人物，正史中对他的记述并不多。他的身世犹如他提出的"道"一样神秘。2000多年来，是否真有其人？其祖籍何在？姓甚名谁？著作真伪？……这些一直没有定论，其人其事其书，让人一头雾水。下面我们对此作简要考证。

一、姓甚名谁

这里我们要先强调一个问题，即不管我们研究哪一部经典，有一个问题我们是绕不开的，即这部书的作者是谁？其简历是怎样的？具体来讲，我们要了解作者的哪些方面对于我们读他的书最有帮助。首先当然是作者的姓名、生卒年月和籍贯；其次是作者的教育及职业发展经历；第三是写作目的和背景。对于大多数经典著作来说，这几个问题相对较为明确，但对于《老子》，上述几个方面均像谜一样。我们一般人对老子的了解主要来源于司马迁的《史记·老子韩非列传》，而在道教的一些书籍以及《神仙列传》等书中，老子却是一个非常神奇的人物，他是永远不会死的，生下来头发、胡子就是白的，活在母亲胎里的时间就有80年，生下来就81岁了，等等。当然，这些记载并无根据，因此要了解老子，我们还得首先从正史中去寻找答案。我们先来看司马迁《史记·老子韩非列传》中对老子的描述。

老子者，楚苦县厉乡曲仁里人也，姓李氏，名耳，字聃，周守藏室之史也。

孔子适周，将问礼于老子。老子曰："子所言者，其人与骨皆已朽矣，独其言在耳。且君子得其时则驾，不得其时则蓬累而行。吾闻之，良贾深藏若虚，君子盛德容貌若愚。去子之骄气与多欲，态色与淫志，是皆无益于子之身。吾所以告子，若是而已。"孔子去，谓弟子曰："鸟，吾知其能飞；鱼，吾知其能游;兽,吾知其能走。走者可以为罔,游者可以为纶,飞者可以为矰。至于龙,吾不能知其乘风云而上天。吾今日见老子,其犹龙邪!"老子修道德,其学以自隐无名为务。居周久之,见周之衰,乃遂去。至关,关令尹喜曰:"子将隐矣,强为我著书。"于是老子乃著书上下篇,言道德之意五千余言而去,莫知其所终。

或曰:老莱子亦楚人也,著书十五篇,言道家之用,与孔子同时云。盖老子百有六十余岁,或言二百余岁,以其修道而养寿也。自孔子死之后百二十九年,而史记周太史儋见秦献公曰:"始秦与周合,合五百岁而离,离七十岁而霸王者出焉。"或曰儋即老子,或曰非也,世莫知其然否。老子,隐君子也。

老子之子名宗,宗为魏将,封于段干。宗子注,注子宫,宫玄孙假,假仕于汉孝文帝。而假之子解为胶西王卬太傅,因家于齐焉。

世之学老子者则绌儒学,儒学亦绌老子。"道不同不相为谋",岂谓是邪? 李耳无为自化,清静自正。

长期以来,我国学界的许多人要说清一个先秦时期历史人物的情况,都完全以正史特别是《史记》为依据,有的人甚至更为极端,认为《史记》说的就是真的,不能有一丁点的怀疑。笔者认为这种观念应该作出适当调整。关于《史记》的评价,历史上就有多种看法。如距司马迁年代不远的东汉著名文学家王允就认为,《史记》是宣传神话迷信的,全书的可信度不足 20%,甚至认为其是"佞臣的谤书"(《后汉书·蔡邕列传》)。班彪、班固父子也认为司马迁"是非颇谬于圣人"(《汉书》)。中国当代文学的奠基人鲁迅则认为,《史记》是"史家之绝唱,无韵之离骚"。中国人对先秦历史的研究，基本上是基于司马迁的《史记》。本着对司马迁的信任，史学家们也一直相信《史记》中记载的历史事件。但只要我们认真研究《史记》，特别是对比近100年来的考古学成果，我们就会发现《史记》也和其他大多数史学著作一样，有许多说法是证据不足的，甚至有些是刻意制造的历史安排。比如，关于刘邦的一个记载就闹出了大乌龙。说到刘邦的出生，《史记》中是这样记载的："其先刘媪尝息大泽之陂，梦与神遇。是时雷电晦冥，太公往视之，则见蛟龙于其上，而已有身遂产高祖。"意思就是说刘邦的母亲刘媪曾经在大泽的岸边休息，不小心睡着了，梦到自己跟一个神仙相遇。这时候突然电闪雷鸣，太公出去看她时看见一条蛟龙伏在刘媪身上，之后刘媪就有了身孕生了刘邦。

这个神话很有意思，也耐人寻味，关键是符合汉代帝王的利益，认为高祖刘邦乃是神龙所生，非一般的凡夫俗子。但问题来了，司马迁为什么要这样记载？明知道是假的为什么还要这样写？笔者认为主要还是为了让《史记》这本书有生存空间，为了让刘姓帝王们能够接受《史记》并使其能流传下来。毕竟司马迁写《史记》的时候还是汉朝，如果不拍一下最高统治者的马屁，自己花一生心血所著的《史记》万一被付之一炬怎么办？所以，为了所著能够传世，有些东西必须符合统治者的利益。言归正传，接下来我们就来说说老子姓甚名谁。

对于老子的姓名，《史记·老子韩非列传》首句写道："老子者，楚苦县厉乡曲仁里人也，姓李氏，名耳，字聃，周守藏室之史也。"描述的语气似乎很肯定。但其中就有两种可能，一为李耳，一为老聃。而后文中紧接着又给出了另外两种可能性，说老子可能是楚人老莱子，也可能是周太史儋。那么老子究竟为何许人也？司马迁其实并没有说清楚，也没有定论。从春秋到司马迁生活的年代，间隔近600年，其间关于数百年前的人物有不同版本的解释,是完全正常的现象,司马迁可能也是依传说而写,所以并不完全可靠。司马迁给出了几个名字或人物可供选择,说明他本来就给后人留下了足够的质疑和讨论空间。司马迁语气中丝毫没有不准别人发表不同意见的意思。作者根据所学,结合前人的研究成果,对此作简要讨论。

1. 李耳

首先我们来看李耳。按司马迁在《史记·老子韩非列传》中所说,李耳,姓李名耳,其家谱如下:其子"名宗,宗为魏将,封于段干。宗子注,注子宫,宫玄孙假,假仕于汉孝文帝。而假之子解为胶西王卬太傅,因家于齐焉。"意思是:李耳的儿子叫李宗,李宗的儿子叫李注,李注的儿子叫李宫,李宫的玄孙——即李宫的孙子的孙子叫李假,李假在西汉孝文帝刘恒时期为官。假设李耳家族每 30 年为一代(古人尚早婚,这里暂且放宽),李耳为第一代,则李假应为第八代。假定李假 40 岁左右为官,则其可能生于公元前 220 年左右,按 30 年为一代,往前推七代,则李耳应生于公元前 400 年左右,照此看来,李耳不可能与孔子(前 551—前 479 年)同时代。因此,李耳不可能是老子。

更重要的是,李姓在史籍中出现得比较晚。《周语·郑语》中的祝融之后八姓、《晋语》中的黄帝之后十二姓、《左传》所载的西周二十姓都未出现李姓。宋代邵思在其所著的《姓解》中也说:"周之前未见李氏。"李姓最早见诸文献是在汉代司马迁的《史记》。李耳也是《新唐书》以前正史中所记载李姓第一人。对于《史记》中老子姓李这一说法,著名文字学家、史学家唐兰认为是有问题的。他在《老聃姓名与时代考》中提出:"据当时人普通的称谓,老聃的老字是他的氏族的名称,因为当时称子的,像孔子、曾子、墨子、孟子、庄子等,都是氏族后面加'子'字的,……老聃在古书中丝毫没有姓李的痕迹。"因此,唐兰认为:"老子并不姓李,老子原姓老。"著名古文字学家、先秦文化史研究和古籍校勘考据专家高亨1956年在其所著的《老子正诂》中说："老、李一声之转。老子原姓老，后以音同变为李，非有二也。"同时，他还列出了四条证据：其一，先秦旧籍如《庄子》《荀子》等，对孔、墨等人皆举其姓，称孔子、墨子，独于老子则称"老聃"而不称"李聃"，称"老子"而不称"李子"，所以明见老子原姓老矣。其二，古有老姓而无李姓。《左传·成公十五年》记载："宋有司马老佐。"《左传·昭公十四年》记载："鲁有司徒老祁。"《左传》中还有老阳子的记载。《世本》记载："颛顼子有老童。"《风俗通义》记载："老氏，颛顼子老童之后。"而春秋时代无李姓，《史记·循吏列传》中的李离，系《左传》士离之误，不作李。《战国策》中始有李悝、李牧，但起源甚晚。其三，古人姓氏多无本字，常假借同音字，老姓变为李姓，也是同音假借。其四，古韵"老"属幽部，"李"属之部，二部音近，古或不分。高亨还从《老子》一书中引大量语句，证幽部、之部音韵通谐。高亨最后得出这样的结论："老、李二字其声皆属来纽（即声母为L），其韵又属一部，然则其音相同甚明，惟其音同，故由老而变为李。"

春秋无李姓的确有先秦文献作为依据，除司马迁外，先秦诸多文献中都称老子为"老聃"或"老子"，没有一个称"李耳"或"李子"或"李聃"的。司马迁又为何缘由发明了"李"姓，将"老聃"变成"李耳"了呢？对此，其实司马迁是讲过其出处的。据司马迁《史记·犹龙传》中记载，老子李姓讳耳，字伯阳，谥曰聃。在商阳甲十七年时，其母亲夜做一梦，梦到天上太阳化成一颗流珠钻进了自己口中，其母因此得孕。其母怀孕整整81年后，才在一棵李树下生下了老子，并且老子是从母亲的左腋下生出的。因是感而有孕，老子并无父亲，其母就以李树的"李"为老子的姓。还有学者认为，司马迁认为老子姓李，名耳，一种可能的原因是：老子的小名叫李耳。民间传说中,老子生于公元前571年(庚寅年,生肖属虎),在楚地方言中,称老虎为"狸儿",所以大家亲切地称呼老子为"狸儿",也就是"小老虎"的意思。后来,"狸儿"就转音为"李耳"。司马迁说老子"姓李名耳",很可能是把老子的小名误为大名了。

网络上还可以查到其他不同的说法,但不管怎样,老子应该姓老不姓李。除唐兰、高亨外,近代学者郭沫若、马叙伦、陈独秀等对此也进行过认真的考证,他们所得到的结论与上述考证基本相同。

2. 老聃

我们还是先回到司马迁的说法。《史记·老子韩非列传》中记载:"老子者,楚苦县厉乡曲仁里人也,姓李氏,名耳,字聃,周守藏室之史也。"在这一论述中,如果我们排除了老子姓李的可能性,那么最大的可能性是:老子姓老,名聃,老子即老聃。这一说法可以解释许多疑问。先秦诸子均是以姓加子的形式被记录在书上,如果老子是老聃,当然这一问题就能迎刃而解了。因为老子姓老,所以先秦文献如《文子》《庄子》《韩非子》《吕氏春秋》《列子》《礼记》《孔子家语》等都只有老子、老聃等描述,而没有李耳、李聃、李子等名称出现。由于老子与庄子同为道家代表人物,所以老子在《庄子》中出现的频率很高,在《养生篇》《德充符》《应帝王》《在宥》《天地》《天道》《天运》《田子方》《知北游》《庚桑楚》《则阳》《寓言》《天下》等篇中都直接提到了老子,而且称老子为"博大真人"。在《庄子》的记载中,叔山无趾、阳子居、崔瞿、士成绮、南荣趎、柏矩等都曾问学于老子,即便被后世奉为"圣"的孔子也多次向老子求教,足见老子学识之深厚。

《吕氏春秋》将老聃作为天下十大豪士之首。"老聃贵柔,孔子贵仁,墨子贵兼,并尹贵清,列子贵虚,陈骈贵齐,阳生贵己,孙膑贵势，王廖贵先，儿良贵后，此十人者，皆天下之豪士也。"意味着老子就是老聃。《孔子家语》中的记载更直指老子即老聃。《孔子家语·观周第十一》文如下。

孔子谓南宫敬叔曰："吾闻老聃博古知今，通礼乐之原，明道德之归，则吾师也，今将往矣。"对曰："谨受命。"

遂言于鲁君曰："臣受先臣之命云：'孔子圣人之后也。灭于宋。其祖弗父何，始有国而授厉公。及正考父佐戴、武、宣，三命兹益恭。故其鼎铭曰：一命而偻，再命而伛，三命而俯。循墙而走，亦莫余敢侮。值于是，粥于是，以糊其口。其恭俭也若此。'臧孙纥有言：'圣人之后，若不当世，则必有明君而达者焉。孔子少而好礼，其将在矣。'属臣曰：'汝必师之。'今孔子将适周，观先王之遗制，考礼乐之所极，斯大业也！君盍以乘资之？臣请与往。"

公曰："诺。"与孔子车一乘，马二匹，竖子侍御。敬叔与俱。至周，问礼于老聃，访乐于苌弘，历郊社之所，考明堂之则，察庙朝之度。于是喟然曰："吾乃今知周公之圣，与周之所以王也。"及去周，老子送之，曰："吾闻富贵者送人以财，仁者送人以言。吾虽不能富贵，而窃仁者之号，请送子以言乎！凡当今之士，聪明深察而近于死者，好讥议人者也。博辩闳达而危其身，好发人之恶者也。无以有己为人子者，无以恶己为人臣者。"孔子曰："敬奉教。"自周反鲁，道弥尊矣。远方弟子之进，盖三千焉。

从以上分析中我们可以看出，老子就是老聃的可能性较大。但还存有疑点，如《庄子》中为何一会儿称老子，一会儿又称老聃。儒家书籍中也有同样的现象。还有《庄子》中记载了孔子曾见老聃，又记载了杨朱也曾见老聃。杨朱(前 395—前 335 或前 450—前 370)可是至少比孔子晚 100 多年的人,这明显也是存在问题的。

3. 老莱子

据有关典籍记载,老聃、老莱子不仅都与孔子同时,而且都是孔子请教学问的对象。如《史记·老子韩非列传》中说老莱子"著书十五篇,言道家之用,与孔子同时"。据《庄子·天道第十三》记载:"孔子西藏书于周室。子路谋曰:'由闻周之徵藏史有老聃者,免而归居,夫子欲藏书,则试往因焉。'孔子曰:'善。'"据《史记·仲尼弟子列传》记载:"孔子之所严事,于周则老子,于卫蘧伯玉,于齐晏平仲,于楚老莱子,于郑子产。"而关于老聃和老莱子,据司马迁《史记·老子韩非列传》所说都是楚人。那么,司马迁眼中的这两个人哪一个是孔子适周问礼并写下《道德经》五千言的老子?或者说老聃、老莱子是不是同一个人呢? 笔者通过查阅有关典籍得出的答案是肯定的,即老聃应该就是老莱子,理由如下。

第一,儒家书中的老莱子、老聃指向同一个人。《孔子家语·弟子行第十二》记载:"孔子曰:'蹈忠而行信,终日言不在尤之内,国无道,处贱不闷,贫而能乐,盖老子之行也。'"《大戴礼记·卫将军文子第六十》记载:"孔子曰:'德恭而行信,终日言不在尤之内,在尤之外,贫而乐也,盖老莱子之行也。'"两处引孔子评论老子与老莱子用语用词基本相同。

第二,老莱子与老聃的言论基本一致。据《庄子·外物第二十六》记载:"老莱子曰:'与其誉尧而非桀,不如两忘而闭其所誉。'"据《庄子·知北游第二十二》记载:"老聃曰:'虽有寿夭,相去几何? 须臾之说也,奚足以为尧、桀之是非!'"

第三,孔子于楚见老莱子,说明老莱子即老子。据《庄子·外物第二十六》记载:"老莱子之弟子出薪,遇仲尼,反以告,曰:'有人于彼，修上而趋下，末偻而后耳，视若营四海，不知其谁氏之子。'老莱子曰：'是丘也，召而来。'仲尼至。曰：'丘，去汝躬矜与汝容知，斯为君子矣。'仲尼揖而退，蹙然改容而问曰：'业可得进乎？'老莱子曰：'夫不忍一世之伤，而骜万世之患。抑固窭邪？亡其略弗及邪？惠以欢为，骜终身之丑，中民之行易进焉耳！相引以名，相结以隐。与其誉尧而非桀，不知两忘而闭其所誉。反无非伤也，动无非邪也，圣人踌躇以兴事，以每成功。奈何哉，其载焉终矜尔！'"

《论语·微子》还记载了这样一个故事：有一天孔子的学生子路与孔子走散了，他看到路边有一位老者在锄草，于是问那位老者有没有见到自己的老师（夫子）。老者不客气地嘲讽道："四体不勤，五谷不分，孰为夫子？"不过嘲讽归嘲讽，老者还是将子路领回家里，收留了他一晚，并且还杀鸡招待了子路。第二天，子路找到了孔子并对孔子讲述了这位老者。孔子说这位老者是个隐士，让子路返回去再找他。当子路再回到老者家中时，老者已经出门了。原文如下。

> 子路从而后，遇丈人，以杖荷蓧。子路问曰："子见夫子乎？"丈人曰："四体不勤，五谷不分，孰为夫子？"植其杖而芸。子路拱而立。止子路宿，杀鸡为黍而食之。见其二子焉。明日，子路行以告。子曰："隐者也。"使子路反见之。至，则行矣。

老莱子中的"莱"字作动词用时，有"除草"之意。比如据《周礼·地官·山虞》记载："若大田猎，则莱山田之野。"因此，孔子所说的隐者应该正是"老莱子"。在先秦时，当遇到一个陌生人时，如果不知道他的名字，往往会根据当时的情景给他随便安一个名字。比如据《论语》记载，有一次孔子让子路去问渡口，遇到两个正在耕地的人，名叫长沮、桀溺，这两个名字都与水有关，实际上就是根据问渡口这件事临时给他们取的名字。还有一次，楚国一个名叫接舆的狂士迎着孔子的车走过来，并唱起歌来讽刺孔子。"舆"就是车的意思。显然，"接舆"并非此人真名，而是根据他迎着孔子的车走过来这件事给他临时起的名字。所以，如果《庄子》中记载的孔子见老莱子的事情是真实的，那么这个老莱子很可能就是《论语》中那个隐居锄草的老者。

上述说明，孔子与这位锄草的老者相互之间是很熟悉的，如果不是这样，则老莱子不会一听子路说到孔子就说"是丘也，召而来"。孔子也不会等子路一汇报，就说这位老者是位隐士，还让子路回去找他。比较合理的解释是，他们已经见过多次，而且彼此都十分熟悉。孔子因"适周"而与老聃相识，又"从老聃助葬于巷党"等，彼此熟悉也就很自然了。如果老莱子不是老聃而是另有其人，则此处解释不通。

从以上考证中，我们是否可得到这样的结论，老聃就是老莱子。但有的人认为，老聃、老莱子虽都与孔子同时，但不是同一人，理由是：老聃以修道德著称，而老莱子以讲孝隐闻名。历史学家、思想家钱穆就认为老聃与老莱子不是同一人。这件事在《论语》与《庄子》中均有记载，可以相互印证。实际上，司马迁说老聃著《老子》五千言言道德之意，同时也说老莱子著《老莱子》15篇"言道家之用"。因此，作者认为《老子》五千言和《老莱子》15篇可能是同一人所著，只不过《老子》是通过军政长官关令尹喜之手流传于世，而《老莱子》15篇留存于作者身边，并没有流传于世而已。

4. 太史儋

司马迁在《史记·老子韩非列传》中提出老子的另一个可能候选人是太史儋。太史儋在史书上多被称为"周太史儋"，即他为周王朝的史官——太史之职。《汉书·古今人表》则将他列为"太史儋"。儋当是他的氏或名或字。如果儋是氏，按照当时的习惯，他应该叫"儋子"，这与"老子"称谓就扯不上关系了。当然他可能姓"老"，叫"老儋"，这也是我们要进一步讨论太史儋与老子关系的重要原因之一。

研究老子其人其书，我们的确发现一些问题，如《庄子》中曾记载杨朱见老聃的事。《庄子·寓言》中说："阳子居南之沛，老聃西游于秦，邀于郊，至于梁而遇老子。"这问题就出现了，因为阳子就是杨朱，是战国时期的人，他曾与孟子辩论过，如果老聃是与孔子同时代的人，绝不可能与战国时代的杨朱见面。此外，《老子》的语言表达方式、社会政治背景等也存在许多需要讨论的问题。如钱穆在《再论老子成书年代》一文中，根据《老子》书中所阐发的种种理论，再来推测其历史背景，其书应属战国晚期作品。如老子言："不尚贤，使民不争。"而尚贤是墨家最先主张的。梁启超在《评胡适中国哲学史大纲》一文中认为，从语言上看，《老子》书中的"王侯""侯王""王公""万乘之君""取天下""仁义"等字样，不像是春秋时所有，"偏将军""上将军"则是战国时的官名，春秋时是没有的。基于这些，他断定《老子》的写作时代在战国之末。

梁启超此文一发表，遂掀起轩然大波，学术界立即展开针对老子其人其书的大论战。诸多著名学者纷纷发表各自意见，论战前后持续十多年，基本分为两大阵营，梁启超、张寿林、钱穆、冯友兰、张季同、罗根泽、顾颉刚、谭成甫、张西堂等人持《老子》晚出论。胡适、张煦、唐兰、黄方刚、高亨、马叙伦、叶青、郭沫若、刘汝霖等人坚持《老子》早出论。

在先秦文献记载中的一些矛盾之处以及《老子》晚出论中提出的一些问题，恰好与《史记·老子韩非列传》中老子的另一个对应人选太史儋相符，因为这个太史儋就是周烈王或秦献公时期的人，与杨朱差不多是同一个时代。《老子》晚出论中提出的一些问题也得到了合理解释。

其实，太史儋就是老子的可能性较小。一则他晚于孔子100多年，与《史记》《礼记》等诸多典籍所记载的孔子适周问礼于老子时间不合，即使是司马迁，也采取了让老子活了160多岁或者200岁来解决这一明显的矛盾。二则郭店楚简《老子》摘抄本的出土为解决这一问题提供了极为重要的依据。据有关专家研究，楚简《老子》的下葬时间大约为公元前4世纪至公元前3世纪初，摘抄的年代早于公元前4世纪，真正的《老子》成书时间肯定比摘抄年代早，因此，楚简《老子》不可能是太史儋所作。所以，司马迁在写到周太史儋时，用了"或曰儋即老子，或曰非也，世莫知其然否"来表示以周太史儋作为老子，只是当时的一种推测而已。李水海于2002年通过考证太史儋其人其事及其思想特征，证实他是活动于战国时期的具有历史循环论思想的东周王朝一个史官，与主要活动于春秋晚期至战国初期的道家创始人老子绝非一人，确定他们是不同时代、不同学术和思想特征、不同姓氏祖先、不同名字以及不同身世事迹的两个人。

那么，到底哪一个是真老子呢？从分析来看，老聃的可能性最大，而且老聃与老莱子很有可能是同一人，老莱子是老聃隐居后别人对他的称谓。实际上，在中国古代，著书并没有版权之说，所以，现在我们看到的《老子》是由历代道家学者们修订补充而集成。《论语》《庄子》《墨子》等也有类似情况，并不都是一个人写的，而是经历代门徒们补充修改而集成。现在我们看到的通行本《老子》与战国中期的郭店楚简《老子》以及长沙马王堆帛书《老子》均有重大差别，于是有理由推测，《老子》一书最早写于春秋时期，它是由老聃（或老莱子）所著。郭店楚简《老子》或许是最早的《老子》摘抄本，也有可能经其他道家修改补充过，长沙马王堆帛书《老子》则可能经过较大规模的补充修改。这一时期的补充修改，周太史儋或许做出过重大的贡献。这一时期的版本、西汉初年河上公版《老子》以及魏晋时期王弼版《老子》，都凝聚着历代道学家思想的精华，很难准确地说是哪一个具体的个人所作。极大的可能是：《老子》由真正的老子（老聃或老莱子）发端，太史儋、河上公、王弼等众人对《老子》最终成书均有所贡献。当然，歪曲、篡改、添加等可能性也是存在的。所以，后人难以清楚地说明具体的作者是哪一位，而只能将他们混为一谈了！

二、职业、老师和学生

1. 职业

老子的职业较为确定。《史记·老子韩非列传》记载他的职业为"周守藏室之史也"。守藏史为官名，史官，掌藏国家图籍，周朝置，有的说商已置。司马贞索隐："守藏史，周藏书室之史也。"王谟辑《世本》宋衷注："彭祖姓篯名铿，在商为守藏史，在周为柱下史。"守藏史相当于我们现在什么样的官职呢？相当于现在国家图书馆的馆长加上国家档案馆馆长以及国家天文台的台长。除此之外，据陈成吒在其博士论文《先秦老学考证》中提出：老子在任周朝官职之前，长期担任甘国礼官。后学孔子就坚守了老子早期的礼乐思想。

除了甘国礼官、周守藏史外，从现代意义上来讲，老子还是一个作家，而且还是一个后人无法超越的作家。他曾被《纽约时报》评为古今中外十大作家之首，其所著《老子》或称《道德经》成为世界上最有影响的经典之一。他还是一个超级隐者。老子看到周王朝渐行衰落，已然不可救药，便决定弃职隐居。隐居之后的情况如何，绞尽脑汁的司马迁也没有搞清楚，只好在《史记》中用了五个字来描述："莫知其所终"。或许就是那个被人偶遇的隐居锄草的老者——老莱子。中国民间有一句流行已久的俗语:"小隐隐于野,中隐隐于市,大隐隐于朝。"但若按影响力和精神境界来划分,似乎应该加上一句"超隐隐于无"。老子应该完完全全属于超级隐者。

2. 老师

老子的老师也是一个不太清楚的问题,大多数人认为是一个叫商容的智者。据《文子·上德》记载:"老子学于常枞,见舌而守柔。"据《淮南子·缪称训》记载:"老子学商容,见舌而知守柔矣。"两处记载本来是一回事,"商容为其本名,后世音转为"常从",亦即"常枞"。但据有关记载,商容是殷商末年商纣王的大臣,是一位著名贤人,虽受殷民爱戴,却遭纣王厌恶,并将其废黜。据《史记·殷本纪》记载:"商容贤者,百姓爱之,纣废之。"应该是商容不满纣王的昏庸暴虐,经常犯颜进谏,惹怒了纣王,因而被废黜。一说是他和箕子一样被拘禁了。《鹖冠子·备知》记载"商容拘而蹇叔哭",即谓此事。周武王克商之后,为了表示自己尊重殷商的忠臣贤人,"表商容之闾"以示推崇。《礼记·乐记》记载曰:"武王克殷反商……封王子比干之墓,释箕子之囚,使之行商容而复其位。"《荀子·大略》记载:"武王始入殷,表商容之闾,释箕子之囚,哭比干之墓,天下乡(向)善矣。"上述记载说明商容确有其人,但作为老子的老师,时代不对。商末周初离老子出生时间相差数百年,整整隔了一个西周。继承爵位的商容后代教育老子倒是还有可能性。

老子何时拜商容(或说是商容的后代。下同)为师? 学习了什么? 迄今难以考证,但商容作为老子的老师,曾用舌、齿存亡关系向老子开示"柔"能长久的道理,确有相关记载。如《高士传》卷上《商容》记载:"商容,不知何许人也,有疾。老子曰:'先生无遗教以告弟子乎?'容曰:'将语子。过故乡而下车,知之乎?'老子曰：'非谓不忘故耶？'容曰：'过乔木而趋，知之乎？'老子曰：'非谓其敬老耶？'容张口曰：'吾舌存乎？'曰：'存。'容曰：'吾齿存乎？'老子曰：'亡。'商容曰：'知之乎？'老子曰：'非谓其刚亡而弱存乎？'容曰：'嘻！天下事尽矣。'"

这段对话的大意是：商容，不知道他是什么人。商容生病了，老子去看望他，问道："先生没有什么遗教告诉弟子我吗？"商容说："正准备对你说呢。经过故乡要下车，你知道吗？"老子说："不就是说不要忘记故人故乡吗？"商容说："过乔木而小步跑，你知道吗？"老子说："不就是说要尊敬老者吗？"商容张开口说："我的舌头还在吗？"老子答："还在。"商容问："我的牙齿还在吗？"老子答："没有了。"商容问："你明白其中的道理吗？"老子答："不就是说刚强的容易消亡，而柔弱的容易生存吗？"商容说："哈哈，天下的道理都在这里了！"据《吕氏春秋·不二》记载："老聃贵柔。""贵柔"思想是老子从商容那里学来的，所以《淮南子·缪称训》记载："老子学商容，见舌而知守柔矣。"这些非正史，而且存在矛盾之处，到底是真是假，难以断定。

3. 学生

春秋末年到战国时期的许多著名学者都收了学生，但是，对于老子是否收过学生，一直没人进行过专门的研究。从历史记载看，向老子求教或受到过老子教育的人，较为明确的有孔子、关尹子，有零星记载的有文子、阳子居、伯矩、壶丘子、亢仓子、涓子、南荣趎等。由于老子是一位彻底的隐君子（隐士），因此，他带学生的方法与其他诸子全然不同，他不允许学生追随他，有问题来问，问完立刻走人。可能正是这个原因使我们对于老子学生的考证变得十分困难。

（1）孔子。

孔子向老子求教，在《史记》中有明确记载，孔子本人也有明确的表达。孔子对老子推崇至极,他将老子比作龙,曾这样表达:"……至于龙,吾不能知其乘风云而上天。吾今日见老子,其犹龙邪!"还有过这样的表达:"朝闻道,夕死可矣。""道也者,不可须臾离也。可离,非道也。"足见孔子对于老子以及老子思想"道"的尊敬。历史上,儒士们也都不否认孔子数度向老子讨教、学习之事。20 世纪七八十年代,考古工作者在山东嘉祥发掘出土大量的汉代石刻,其中就有多幅孔子向老子问礼的石刻图。前些年在安徽涡阳(被学界认为是老子的出生地之一)也发掘出土了孔子问礼于老子的汉代石刻图。这些足见孔子问礼于老子,即使是在独尊儒术的汉代也基本是共识。另外,《吕氏春秋·仲春纪第二·当染》中有"孔子学于老聃"的记载;《师说》中有"孔子师郯子、苌弘、师襄、老聃"的记载;《礼记·曾子问》中有孔子说"昔者,吾从老聃,助葬于巷党"的记载;《家语》中有孔子对南宫敬叔说"吾闻老聃博古达今,通礼乐之源,明道德之归,即吾之师也"的记载。孔子一生还坚守了老子早期的礼乐思想。从这些记载和分析看,好像孔子就是老子的学生,他自己也是承认的。但到底是客气之语还是发自内心之语? 有没有行过正规的拜师之礼? 老子是否认可? 这些都无从考证。孔子是否是老子真正的学生也就无法断定了。

(2) 关尹子。

对于关尹子与老子的关系,《史记·老子韩非列传》是这样表述的:"老子修道德,其学以自隐无名为务。居周久之,见周之衰,乃遂去。至关,关令尹喜曰:'子将隐矣,强为我著书。'于是老子乃著书上下篇,言道德之意五千余言而去,莫知其所终。"这段话的意思是,关尹子强迫老子著了"五千余言",即《老子》首先是传给关尹子的。由此推演,关尹子是老子学生是有道理的。

民间的传说是:老子行至函谷关,时尹喜闻讯将其迎至家中,行弟子大礼，再三叩拜，敬请老子留下。老子不肯。之后尹喜便托病辞官，随老子一起西行，经关中、越秦岭、沿渭水受尽千辛万苦，行至他的故乡秦州伯阳。老子和尹喜二人在伯阳龙山上筑庵讲道，一住便是好多年。老子日夜著书立德，修行练功，经常把自己的著述和所思所想讲给尹喜。老子为了使其学说得以广泛传播，将所著之书《老子》授于尹喜后，独自西行，不知去向。尹喜铭记师父教诲，虔心研读和整理《老子》五千言，能解其奥妙，释其玄理，又自著《关尹子》，既高深，又广大，深得历代文人崇拜。《关尹子》后来成了道家经典之一，收录在"百子全书"之中。

总之，关尹子是老子学生是基本说得过去的。据说，关尹子得道之后，收徒两人，一为鬼谷子，二为寒泉子。鬼谷子，姓王名诩，又名王禅，道号玄微子，战国时期著名谋略家，道家杰出人物，兵法集大成者，纵横家的鼻祖，精通百家学问，因隐居鬼谷，故自称鬼谷先生。他通天彻地，智慧卓绝，人不能及。他的几位弟子苏秦、张仪、孙膑、庞涓、商鞅更是对中国历史发挥了重要作用。

（3）文子。

文子是老子学生，这在史料中有零零碎碎的记载。《汉书·艺文志》道家类著录《文子》9篇，班固在其条文下注明："老子弟子，与孔子同时。"北魏李暹作《文子注》，传曰："姓辛，葵丘濮上人，号曰计然。范蠡师事之。本受业于老子，录其遗言为十二篇。"也就是说，文子师事老子的时候，记录了老子的论述，共12篇。宋人南谷子杜道坚《通玄真经缵义序》记载："文子，晋之公孙，姓辛氏，名钘，字计然，文子某号，家睢葵丘，属宋地，一称宋钘，师老子学，早闻大道，著书十有二篇，曰《文子》。"这些记载说明，文子曾师从于老子，是老子的学生。

后来，文子收了一个著名的徒弟，即范蠡，这在许多文献中也有记载。如《太平御览》所引太史公《素王妙论》中的一段话："计然者,蔡(葵)丘濮上人,其先晋国公子也,姓辛氏,字文,尝南游越,范蠡师事之。"由此,我们可以知道,文子姓辛,字文,经常到南方游历,收范蠡为徒弟。据《史记·货殖列传》载:"昔者越王勾践困于会稽之上,乃用范蠡、计然。"刘宋裴骃《史记集解》引徐广曰:"计然者,范蠡之师也,名研,故谚曰'研、桑心筭'。"裴骃又引《范子》所载以为佐证:"计然者,葵丘濮上人,姓辛氏,字文子,其先晋国亡公子也。尝南游于越,范蠡师事之。"1981年整理出来的西汉早期古墓中出土的简牍,确认《文子》一书的真实存在,文子这个人确确实实是范蠡的老师。

老子到底有哪些学生有待专门考证,但在先秦诸子百家中,道家确实是最兴旺的派别之一。例如《庄子·天下篇》把当时的学者概括为8家,除儒家、墨家、阴阳家、名家外,其余4家都属于道家,分别是宋钘、尹文之学;彭蒙、田骈、慎到之学;关尹、老聃之学和庄周之学。《荀子·解蔽》列出了6家,道家占了一半。《吕氏春秋·不二》列出了10家,道家占了其中5家。可见在先秦诸子百家中道家之兴盛。此外,在班固《汉书·艺文志》所载的诸子文献中,又以道家的著述最多,共有993篇,高于儒家的836篇,居诸子百家之冠。这还没有算上实为道家而被错误列入别家的文献。至少可得出这样的结论,在先秦时,老子的徒子徒孙是很多的。实际上,法家也是属于道家的一个分支,法是国家的道,道就是宇宙的法。第一个发现这种关系的人是司马迁,《史记·老子韩非列传》就是把道家代表人物和法家代表人物一起合写的传。兵家虽然不是道家的分支,但许多学者认为,其思想来源其实也是道家。南怀瑾在国际道德经论坛的讲演中更进一步指出:"老子道的精神,是渗透到诸子百家每一家学术里面的……。我们古代讲道家,经常'黄老'并称,'黄'指黄帝,所谓黄帝其实是代表中华上古文化的总汇;'老'指老子,'黄老'就是从黄帝到老子这个范围形成的中华原始文化系统，这个系统的核心就是'道'，诸子百家均是从这个'道'中分出来的。"我们对南怀瑾先生的这种观点是赞同的，这种观点的确也是符合实际的。

三、由人变神、变皇帝

1. 由人变成神

老子是道家的创始人。在先秦诸子百家中，道家是最兴旺的派别之一。西汉初年，汉文帝、汉景帝父子以道家思想治国，使人民从秦朝苛政中得以休养生息，历史称之为"文景之治"。其后，儒家学者董仲舒向汉武帝提出"罢黜百家，独尊儒术"的治国方略，并被汉武帝采纳，于是其他各家各派思想均被严重压制。儒家倡导的仁、义、礼、智、信，的确让国人特别是历代统治者受益无穷，但西汉时期由董仲舒改造过的儒学思想已经不是孔子时代的儒学思想了，实质已是荀子学派儒家、法家和道家的集成，强调"天人感应""三纲五常""大一统"等。其缺乏哲学和逻辑学、视自然科学为"怪力乱神"、主张"述而不作"、排斥创新等，给民族思想和科学发展带来了重大灾难。从哲学层面上看，先秦诸子中最有思想深度的当属老子和墨子。他们的思想非常广泛，包括自然科学、社会科学、人文科学，有自然、政治、经济、文化、宗教等各个方面，特别是他们的逻辑学思想更是值得研究。可是在"独尊儒术"的漫长历史进程中，很多都被忘得一干二净。

逻辑是什么？逻辑就是我们讲话和思考的根据、工具和规律。把逻辑丢掉了，讲话和思考就丧失了根据、工具、规律，就会变成不会正确讲话、不会正确思考了，就会变成不会讲道、讲理，而只会讲礼、讲情、讲等级、讲尊卑、讲面子。

汉代，老子的道家思想虽然受到政治的压制，但在中国民间却以另外的形式得到了新的发展。东汉时，一个名叫张陵的人，可能受刘向《列仙传》中对老子描述的启发,特别是其中的"老子西游,关令尹喜望见有紫气浮关,而老子果乘青牛而过也"给了他无限的遐想,于是他背井离乡远赴四川鹤鸣山,以道学为基础,吸收民间流行的鬼神信念和迷信方术,借鉴墨家的组织方式创立了道教。经过他及后世子孙张衡、张鲁三代的不懈努力,"正一盟威道"(亦称天师道)在全国得到广泛传播,为其正式成为中国土生土长的宗教打下了坚实的基础。

据明代张正常著《汉天师世家》记载,张陵,沛国丰邑人(今江苏丰县),汉朝功臣张良(道家黄石公之弟子)8 世孙。他 7 岁时即能诵《道德经》,并能达其要旨。他长大成人后身材高大魁梧,古籍中描绘其形象为:庞眉文额,朱顶绿睛,隆准方颐,目有三角,伏犀贯顶,垂手过膝,使人望之肃然起敬! 他生性好学,天文地理、河洛图纬皆极其妙;诸子百家、三坟五典所览无遗。先为往来吴越之地的一个大儒,从其学者有千余之众。汉顺帝时,入蜀郡临邛县鹤鸣山修道。永和六年(141 年)作道书 24 篇,自称"太清玄元",创立道派,建二十四治,立祭酒以领道民,尊老子为教祖,以"道"为最高信仰。汉安二年(143 年)七月,领弟子王长到四川青城山,以德教化,以民兴利,建立道教集团。凡入道者纳米五斗,故称五斗米道。永寿元年(155 年)载册赠"太师"。唐僖宗中和四年(884 年),封为"三天扶教大法师"。宋理宗加封"正一静应显佑真君"。道教尊其为张天师、祖天师。

在道教中,张陵奉《老子》为圭臬,以他的专著《老子想尔注》为理论基础,以"三清"为精神领袖。道教三清殿神坛上供奉的分别是玉清元始天尊、上清灵宝天尊、太清道德天尊。这"三清"就是道教中最高领导层的核心人物。其中,太清道德天尊,也称太上老君,就是我们要研究的老子,一个有血有肉的凡人,就此变成了超级神。

综观全世界，东西方都有神话故事，但在西方的神话故事中，人与神是分离的，东方则不同，往往人神一体。在东方文化和道教的加持下，老子被神化得越来越厉害，太清道德天尊、太上老君、太上道祖、道德天尊、降生天尊、混元上帝等名号不断加持在老子身上。从此，老子就不再是司马迁《史记·老子韩非列传》中的"莫知所终"者，而变成了无所不在和无所不能的存在，现在全国各地各处的道观、各道家主题公园、各名川大山等都能目睹到老子的尊容。

2. 由人变皇帝

唐朝是中国历史上最为辉煌的王朝之一，国力强盛，经济繁荣，文化灿烂，达到了中国古代社会发展史上的一个高峰，是当时世界上最强大、最先进的国家。在唐朝的诞生和发展中，老子思想起了非常重要的作用，而老子的地位在当时也得到极大的提高。

唐朝是最尊崇老子的王朝，可以说，在唐朝近 300 年的统治中，老子和老子思想始终得到唐王朝统治者的尊崇和大力扶植，当时的道教宫观遍布全国，道教信徒众多，道教理论、道教礼仪以及炼丹养生术等各方面均得到全面发展，道教进入了空前的繁荣。道教地位在当时如此之高的主要原因之一是因为老子在《史记》中被司马迁冠以李姓称为李耳。老子被李氏王朝称为"圣祖"，先后被册封为"玄元皇帝""大圣祖高上金阙玄元天皇大帝"等，成了李氏王朝的保护神。

唐李氏王朝在开国前后对老子的崇拜有着明显的政治目的。唐初皇帝攀宗引祖，是为了光耀帝王先世的门楣，借助老子来制造皇权神授舆论，以尊崇老子、神化老子、老子显灵等名义编造政治神话，神化唐李氏宗室，以适应当时政治斗争的需要。隋朝末年，隋炀帝杨广实行暴政，民怨沸腾，社会上流传着"杨氏将灭，李氏将兴""天道将改,将有老君子孙治世"的政治谶言,意思是隋朝马上就要灭亡了,将有老君李耳的子孙出来当皇帝。这些宣传改朝换代的政治谶言,形成了强大的社会舆论,加速了社会的动乱。隋末起义军将领李密、李轨等皆因姓李而宣称自己是天命所归,这让隋炀帝十分恐惧。隋大业十一年(615 年),方士安随迦上书,建议隋炀帝"尽诛海内凡李姓者"。在这种形势下,一个叫李浑的大将军因姓李而被忌杀,李渊也因姓李而被猜忌。隋大业十三年(617 年),李渊在晋阳起兵反隋,利用"李氏将兴"的谶言大造舆论。

李渊父子利用老子制造的舆论,在政治上取得了很大的好处,得到了普遍的认可。据《混元圣记》卷八记载:绛州有一个叫吉善行的人说,他遇到一个骑白马的老者,老者对他说:"我是天上的神仙,姓李,字伯阳,号老君,即帝祖也。亳州谷阳县(今河南鹿邑)有枯桧再生,可以为验。今年平贼后,天下太平,享国延永。"吉善行把此事告知了晋州总管。晋州总管引吉善行见了李世民。李世民命其人奏高祖李渊。高祖闻之大喜过望,封吉善行做朝散大夫,很是宣扬了一番。自此,唐宗室自称是老子后裔,尊老子为"祖",这既应了谶言,又提高了唐宗室的地位。于是,一场尊老子的活动在全国展开了。

唐高祖称帝后,于"武德三年祖老子,特为起宫阙如帝王者居",即把鹿邑太清宫建得像长安的皇宫一样宏伟壮丽。唐高祖还下令凡国家重大活动和典礼,站位次序为道教第一,儒第二,佛为第三。唐太宗李世民于鹿邑老子故里扩建太上老君庙,并正式册封老子为道教教主"太上老君"。贞观十一年(637 年)唐太宗颁《道士女冠在僧尼之上》诏令,称"朕之本系起自柱下"。乾封元年(666 年),唐高宗李治至老子生地鹿邑亲谒太上老君庙,并封老子为"太上玄元皇帝",老子之母为"先天太后"。命文武百官和举子都要学习《老子》，并下令在各地建道观。唐玄宗即位后，继续执行祖宗遗制，具体表现在以下几个方面：一是他在登基之初亲笔写下《玄元皇帝赞》，其中称老子为"万教之祖，号曰玄元。东训尼父，西化金仙"。再次肯定老子和道教地位。二是将《老子》尊为《道德真经》，其他代表人物庄子、列子被尊为"真人"，其著作也被称为"真经"。三是大力推崇《老子》的思想，认为它在六经之上，是百家之首，是自古以来最高最深的理论，是阐发治国理身之要。四是积极宣传老子思想和推荐《老子》一书，亲自注疏《老子》，开帝王注疏《老子》之先河。他下令将《老子》颁之全国，下诏要求"士庶家藏一本，劝令习读，使知旨要"。令博士讲《道德经》，命贡举时加试《道德经》，又令各州县推荐对《道德经》《庄子》《列子》等有研究者，亲试后予以奖励。又设崇玄学，令生徒学《道德经》《庄子》《列子》《文子》，每年优秀者予以保举，置崇玄博士。五是玄宗自称每晚都要礼拜老子，并不断给老子加爵封号。天宝二年（743 年），封老子为"大圣祖玄元皇帝"，天宝八年（749 年）加封为"圣祖大道玄元皇帝"，天宝十三载（754 年），又加封为"大圣祖高上金阙玄元天皇大帝"，成为对老子加封次数最多的皇帝。六是命绘老子像颁之全国，命各地铸老子像，升玄元庙为宫，西京（今西安）及鹿邑的称太清宫（鹿邑太清宫之名自此不改），东京（今洛阳）称太微宫，天下诸州称紫极宫。七是派自己的胞妹玉真公主（法号无上，字玄）代其来祖庭祭拜。玉真公主在鹿邑住了月余（鹿邑于 2005 年出土了关于玉真公主的两通碑刻，一通是刻有"皇帝圣旨之碑"碑首，上面刻有盘伏的龙。另一通上刻有"睿宗圣上之女开元神武之妹也"等语）。八是于开元二十五年（737 年），令"道士女冠宜隶宗正寺"，将道士当作皇族看待。至此，老子便从周守藏史、道教中的神仙又变成地位最高的皇帝了。

第二章 老子其书

现在我们一般说老子写的书的名字为《道德经》，几千年来，绝大多数的人也以《道德经》为对象来研究老子的哲学、思想和智慧，但《道德经》书名的起源与老子到底有何关系却没有太多的人去深究。实际上，中国古代较早的一些书籍是没有书名的，不少书名都是后人在文献校对整理过程中产生或确定的。同理，先秦诸子的著作在刚开始的时候也并无书名，并且大都以单篇的形式流传于世，后来由后世学者编辑整理成书，并冠以"某子"或"某某子"作为书名，如《老子》《庄子》《孟子》《墨子》《荀子》《韩非子》《关尹子》等。"子"是古代对有学问的读书人的尊称，他们著的书，被后人称为"子书"。按照这一惯例，老子写的书当然应该称《老子》。老子的书被称为《道德经》，意味着《老子》一书已经经过后人的编辑整理甚至有所改动。当下的我们比 2000 多年来的许多人（包括许多帝王将相）都要幸运，因为考古学的贡献，我们看到了帛书《老子》和郭店楚简《老子》，老子书更早的面貌得以更加清晰地展现在我们面前。

一、主要版本

《老子》最早出自老子之手，经过历朝历代的增删甚至篡改，形成了许多版本。版本之芜杂，在中国学术界罕有出其右者。王弼注本、河上公注本、严遵《老子指归》、傅奕本合称传世本中的四大体系。其中王弼注本和河上公注本的影响尤其广泛。此外，还有唐代景龙碑本等版本也有一定影响力。20世纪以来，西汉竹书本，马王堆帛书《老子》甲、乙本，郭店楚简本先后问世，为老学研究增加了新材料，带来了新活力。这里对几个重要的版本作简要介绍。

1. 河上公本《老子》

现在我们翻开《道德经》，可明显发现两个问题：第一个问题，这本书已经分章了。老子自己肯定没有做过这件事，那么是谁分的呢？第二个问题，这本书已经有名字了。原来这本书应该是没有名字的，或袭传统可称为《老子》，现在大家看到了这本书的名称为《道德经》。《老子》和《道德经》是同一本书，应该没有什么区别，那么是谁给它起名为《道德经》？现在基本认同是一个叫河上公的人，是他最早把这本书分成81章，前37章为《道经》，后44章为《德经》，合称为《道德经》，并在每章的前面冠以章题。这是现存最早的《老子》注本。后人对其内容作了校理，又可进一步分为许多版本，今传有敦煌六朝唐写本、宋刊本、明刊本、道藏本等，但都统称河上本。据有关学者研究，将老子写的书分成81章，还有其深厚的文化背景，因为在中国文化中阳数最高的数字就是九，九九归一。河上公可能就是根据这个数字的神秘指向，把《老子》这本书分成了81章。

实际上，被称为河上公的这个人和老子一样让人迷惑，很难说清楚他的具体情况。据有关资料记载，他也算是历史上真正的隐士之一，齐地琅琊一带方士，黄老哲学的集大成者，方仙道的开山祖师。河上公"修仙得道"之处在琅琊（今山东日照）天台山。东晋葛洪在《嵇中散孤馆遇神》中说："纪年曰：'东海外有山曰天台，有登天之梯，有登仙之台，羽人所居。天台者，神鳌背负之山也,浮游海内,不纪经年。惟女娲斩鳌足而立四极,见仙山无着,乃移于琅琊之滨。后河上公丈人者登山悟道,授徒升仙,仙道始播焉。有嵇康者,师黄老,尚玄学,精于笛,妙于琴,善音律,好仙神。是年尝游天台,观东海日出,赏仙山胜景,访太公故地,瞻仙祖遗踪,见安期先生石屋尚在,河上公坐痕犹存。'"实际上,河上公这个人的真实姓名无人知晓,据说是因为他在河边结草为庐,所以人们就送给他这么个雅号。

据说,汉文帝对《老子》推崇备至,不仅自己熟读它,还要求王公大臣们都得诵读,并尊其术。尽管汉文帝在研究《老子》上下了不少功夫,可还是有些地方难以弄明白,也没有高人可给予指点。他常常四处寻访,希望能遇到指点迷津的人。后来,汉文帝听说河上公精通《老子》的精髓,就派人前去拜访请教自己不明白的地方。据《汉书·外戚传》和晋代葛洪《神仙传》等记载,河上公对汉文帝派去的人说:"道尊德贵,这么严肃的事情怎么能通过别人来代问呢?"于是汉文帝驾临河上公的河边小茅屋,亲自向河上公请教。汉文帝对河上公说:"《诗经·小雅·北山》上说过:'普天之下莫非王土,率土之滨莫非王臣。'老子也说过:'道大、天大、地大、王亦大。'君王属于这'四大'之一。你即使有道行,可还不是我的子民吗?为何这么自高自大,将君王不放在眼里呢?"河上公听完汉文帝的质问,就合掌坐着 一下子腾空而起,稳稳地悬在空中,离地有几丈之高。河上公俯身向仰视他的汉文帝说:"我上不着天下不着地,中又不为人所累,怎么能算是你的臣民呢?"听罢河上公的话,汉文帝心知的确已遇到了高人,马上下车向河上公跪拜说:"我实在是无德无才,承蒙祖上福荫,才继承了帝业。我才疏学浅,深忧难堪重任。虽然我忙于治理世事,但我一心向道。由于我的愚钝无知,难以明了经书的真义,祈望您能给予我教诲。"河上公见汉文帝一片诚心,就将他所注《老子》的《道经》和

《德经》两卷经书授予文帝，并对汉文帝说："回去后，好好研读这两卷经书，你所有的疑问都会迎刃而解了。这两卷经书，只传了三个人，你现在是第四个，切记，万不可显示与他人。"说罢，河上公就消失了。须臾之间，云雾迷茫，天地一片昏暗。汉文帝心晓遇见了神人，异常珍惜这两卷经书，手不释卷，精心钻研。传说，上天见汉文帝真心向道，世上又无人能指点他，故派遣神人下凡来传授他《老子》的真义。又恐怕汉文帝不信河上公所要传的经书，就向他显示神迹。

这些传说的由来自不必去细究，但善用老子思想的汉文帝以及其后继者汉景帝开创了"文景之治"繁荣时代的确是一个不争的事实。河上公本《道德经》或称河上公本《老子》，亦称《老子河上公章句》）。

从韩非子开始，中国历史上解读《老子》的人数不胜数，其中还包括四位皇帝：唐朝玄宗李隆基、宋朝徽宗赵佶、明朝太祖朱元璋、清朝世祖爱新觉罗·福临。值得一提的是：明太祖朱元璋，这位洪武大帝少时父母双亡，还入过丐帮，当过撞钟的和尚，接着又被迫参加义军，经历千难万险，才在元末群雄并起的年代赤手建立了大明王朝。虽然他没读过几天书，但他把《老子》读懂了，并且还写了注解。他评价《老子》："乃万物之至根，王者之上师，臣民之极宝。"现在有一些人说《道德经》这本书读不懂，实际上是不愿下功夫的缘故。

2. 王弼本《老子》

《老子》的另一个经典版本是魏晋南北朝时期天才青年学者王弼注解的版本。王弼此人史书上有确切的记载。王弼（226－249），字辅嗣，三国曹魏山阳郡（今山东济宁）人，经学家、哲学家，魏晋玄学的主要代表人物及创始人之一。西晋何劭为其作传曰：王弼"幼而察慧，年十余，好老氏，通辩能言"。王弼曾任尚书郎，其作品主要包括解读《老子》的《老子注》《老子指略》,解读《周易》思想的《周易注》《周易略例》等。其中《老子指略》《周易略例》是王弼对《老子》《周易》所作的总体性分析的文章。王弼本《老子》或《道德经》也分为 81 章,但没有章题。现在的传本也是在古本基础上经后人加工调整过的版本。学界认为从版本的角度看,王弼本与河上公本区别不太大,王弼本的字数虽然多于河上公本,但多出的字主要是虚词。王弼不是通过文字训诂力求恢复《老子》的本义,而是创造性地提出了名教本于自然的基本原理,进而成功地构筑了一个玄学化的老学体系。

正始十年(249 年)秋天,王弼以疠疾亡,年仅 23 岁。到目前为止他注解的《老子》是被使用得最广泛的。本书阐述教育之道也主要采用王弼本《老子》。但值得强调的是,随着马王堆帛书《老子》甲、乙本的出土,人们发现王弼本《老子》讹误不少。后来又有郭店楚简《老子》出土,人们又发现传抄至秦汉时的帛书《老子》也已经有不少讹误。可以想见,手抄次数愈多,讹误失实就愈多,再加上出于政治、宗教的需要,《老子》还会被有意地篡改。正因为如此,著名历史学家、考古学家、古文字学家和教育家李学勤早就呼吁:"由于简、帛的大量出土,我国古代学术史必须重写。"

3. 帛书《老子》

在湖南省长沙市东郊,民间一直流传说当地有一个大型墓葬,有的甚至传说是一个姓马的王侯葬在这里,因此,这里一直叫"马王堆"。直到 20 世纪 70 年代的一次无意发掘,这个传说中的大型墓葬的主人才终于被确定。1971 年,就在长沙马王堆,经中国考古工作者的努力,发现了轰动世界的马王堆汉墓。据考古发掘所得的资料考证,墓主人埋葬于公元前 2 世纪,她是西汉初期长沙国丞相利苍的夫人,名叫辛追。长沙马王堆汉墓出土的文物非常丰富,包括衣物、食品、药材、漆器、木俑、乐器、陶器、帛画以及大量的帛书和竹木简。专家认为，该墓最有价值的是完好无损的古尸，并且有成组成套的物品，还有内容珍秘的帛书、竹木简。这三者能有其一，已是考古的重要发现，而此墓三者兼有，这在中国考古史上可说是十分罕见的。因此，长沙马王堆汉墓的发掘，被世人誉为"20 世纪中国与世界最重大的考古发现之一"。帛书《老子》就是其最珍贵的文物之一。帛书《老子》是用不同字体的朱丝栏墨形式抄写《德》《道》两篇文章的合称。由于帛书《老子》的内容与传世的《道德经》貌似形同，学者根据《德》《道》两篇文章成书的年代先后，分别命名为帛书《老子》甲本、帛书《老子》乙本，统称为帛书《老子》。

帛书《老子》甲本的抄写文字介于篆、隶之间，文字不避汉高祖刘邦的"邦"字之讳，因此学者普遍认为抄写年代应在刘邦即位之前，即秦末汉初之际，也可能更为久远。帛书《老子》乙本的抄写文字是隶书，避"邦"字讳，但并不避"盈""恒"字讳，因此应抄于刘邦在位时期。帛书《老子》甲、乙本均将全文分成《德》和《道》两个部分而不分章，年代早于河上公《老子道德经章句》。因为是出土文物，也没有河上公本、王弼本等后世流传过程中可能发生过的变更。因而，帛书《老子》甲、乙本的同时出现，说明当时存在着两种可能性：一种可能性是当时就只流传着这两个版本，但长沙国丞相或文史大臣无法判断孰优孰劣；另一种可能性是当时流行着不止这两种版本，但这两个版本相比较而言是最受大家认同的。

帛书《老子》全文约 5 400 余字，用字简练精准。将帛书《老子》与王弼本《老子》相对比后会发现，后者对前者的改动多达700 多处，导致原文 350 多句话中有 160 多句发生了重大改变，使帛书《老子》原来的主题内容和思想体系遭到严重破坏。其中仅因避讳从汉高祖刘邦到汉昭帝刘弗陵五个皇帝的名字而产生的变异就达 100 处之多。这里我们以《老子》第一章为例,说明两者间的重大变化,即王弼本《老子》对帛书本《老子》改动之大。王弼本《老子》第一章是这样的:"道可道,非常道。名可名,非常名。无,名天地之始;有,名万物之母。故常无,欲以观其妙;常有,欲以观其徼。此两者,同出而异名,同谓之玄。玄之又玄,众妙之门。"所对应的帛书《老子》第一章却是这样的:"道,可道也,非恒道也。名,可名也,非恒名也。无名,万物之始也;有名,万物之母也。故恒无欲也,以观其妙;恒有欲也,以观其所噭。两者同出,异名同谓。玄之有玄,众妙之门。"

初步对比研究后发现,王弼本《老子》对帛书《老子》第一章的六句话都作了增删,总共 64 个字中修改了 25 个。王弼本《老子》把这一段中的所有"也"字删除,把全部四个"恒"字换成了"常"字,再把两个"无"字改成"無"字。第三句中的"万物之始"改成了"天地之始"。第四句中的"以观其所噭"改成了"以观其徼"。"噭"是"呼喊、鸣叫"的意思,"徼"是"边界、巡查"的意思。第五句改动更大,还多了"同谓之玄"这个赘句。第六句把"有"改成了"又"。两者改动之大,超出我们的预料。这样改动,其意义肯定也会有很大变化,甚至有学者说,现有的《老子》已经是伪《老子》。从学术角度讲,这一观点肯定是有道理的。做《老子》专业研究的学者,对此应高度重视。

4. 郭店楚简《老子》

1993 年湖北荆门郭店楚墓中又出土了一个版本更早的竹简本《老子》,即郭店楚简《老子》。因盗墓等原因导致竹简有所缺失,也可能是抄写者收集不足。郭店楚简《老子》的内容只有其他版本《老子》的三分之一。郭店竹简《老子》文字纯正、古朴(部分文字极难注解),因年代久远,竹简原件存在不少残缺。尽管如此,它对于我们学习和研究《老子》仍具有非常重要的参考价值。

如帛书本《老子》中有些难以理解的文字、章节，通过参考郭店楚简本《老子》相关内容后，就能迎刃而解了。

郭店楚简《老子》按其竹简的长度及编连情况，又分为甲、乙、丙三篇，其中丙篇的内容更像是从其他版本《老子》（如类似于帛书《老子》）上抄录的，并且包含了一段与《老子》内容关联不大的《大一生水》篇。该篇作者是老子，后经修改，化为帛书《老子》甲本的部分内容。

郭店楚简《老子》（主要指郭店楚简《老子》甲、乙两篇）抄录的原始版本作者，有可能是老子本人。其成书时间或为老子晚年时期，约公元前 500 年至公元前 400 年间。郭店楚简《老子》丙篇中"为之者败之"一段内容与甲篇中的一段内容基本相同，而文字稍有差异，也说明了抄写者所据的版本可能并不是一个。这也从侧面说明在抄写者那个时代（公元前 374 年之前，即墓主入葬之前），已经有其他版本《老子》的出现。郭店楚简《老子》丙篇中"执大象，天下往"一章在帛书本《老子》中也存在。"天下往"一句，有游历天下的意思（有人认为是天下归往），而西出函谷关的人正是周太史儋。因此，郭店楚简《老子》丙篇很有可能就是抄写于一个类似帛书《老子》版本的写本，这个类似于帛书《老子》版本的写本的抄写者，有可能是这个周太史儋。

郭店楚简《老子》是我们迄今见到的最早的《老子》文本，比帛书《老子》甲本还要早上 100 多年，因而郭店楚简《老子》一经面世便引起了学术界的广泛关注，并成为研究热点。几年来，学者们对郭店楚简《老子》的研究虽然取得了可喜的成果，但目前对许多重要问题仍然是见仁见智，莫衷一是。第一种观点认为，郭店楚简《老子》是初始的《老子》文，《老子》文是渐进成书的，即我们现在看到的不同版本的《老子》均是在郭店楚简《老子》的基础之上不断发展而来的，在其发展过程中后人根据各自的理解、解释的目的、统治者的需要等进行增释甚至篡改。荆门博物馆官方就持这种观点。第二种观点认为，郭店楚简《老子》只是初始《老子》的摘抄本，学界中大多数人持这种观点。理由主要是：郭店楚简《老子》甲、乙、丙三组总字数只相当于传世本五千言的大约五分之二，这三组楚简内容重复的地方较多；这三组竹简形制长短各不相同，抄定时间有先有后；三者内容小同大异，章与章之间内容缺乏连贯性。笔者支持第二种看法，但对第一种观点中认为初始《老子》在后来的发展过程中不断被后人根据各自的理解、解释的目的、统治者的需要等进行增释甚至篡改的观点是认同的。如传世本《老子》中"绝仁弃义，民复孝慈"一句，在郭店楚简《老子》中为"绝伪弃虑，民复孝慈"，两者意思完全不同。前者的意思是人们只有摒弃了仁和义，才能回复到天性与和谐。而仁和义是儒家一直倡导的理念，因而学界一直认为这句话是儒、道两家思想对立的有力证据。后者意思是我们只有抛弃虚伪和不必要的疑虑，才能回复到自己的本性，社会才能更加和谐。如果把这句话作为儒、道两家对立的证据就不靠谱了。另外，对照各个版本的《老子》会发现，内容确有很大的不同，如果我们承认郭店楚简《老子》的内容更接近初始《老子》的话，那么后来各个版本《老子》都存在增删、篡改是肯定的。

　　由于文言义的解读和断句问题，中国古代的文人在学习和解读经典时，往往根据自己的理解和目的增删典籍是较为普遍的现象，《老子》各版本的情况也是如此。这个现象是我们能否理解《老子》的一个重大理论问题和方法问题。我们就以《老子》中的"道可道非常道"六个字来举例，其断句方法有许多种，断句不同，意思就有较大的差异。按照王弼本是这样的："道可道，非常道"。这种断句中前后两个"道"字作名词讲，中间的"道"字作动词讲，表达的意思是：道如果能够讲出来或能够用文字表达出来，它就不是常道了。除此之外，还有下列断句方法，其可能性也是存在的：其一，"道可，道非，常道"。这种断句方法中三个道均作名词，意思是：道可以说，道可以争论，争论之后就可以得到常道了。其二，"道，可道，非常道"，意思变为：道，可以说出来或可以用文字来表达，但说出来的或表达出来的道已经不是恒常的道了。其三：道，可道非常道"，意思是：道是超乎世间万物而存在的，我们可以去悟道、传道，但都不是恒常的道。其四，"道，可道，非，常道"，意思是：道可以说出来或可用文字来表达，但这个说出来的道只是我的道，它不是所有人知道的常道。

我们研究《老子》最难的不是解读，而是形形色色的版本和各种可能存在的断句方法。由于采用的版本不一样，存在着多种多样的断句方法，不同人对于《老子》的理解千差万别是必然的。到底哪个版本、哪种断句更接近老子著《老子》的真正含义，可能永远不会有定论。

《史记》中记载孔子适周得见老子（《史记·孔子世家》），后世考据其时孔子 34 岁，即公元前 518 年。其后 100 多年，楚国一位贵族入葬，陪葬有大量楚简，其中有被考古者称为甲、乙、丙三篇的郭店楚简《老子》。这至少说明，在这 100 年中，后世称为《老子》的这本书中的一些言论，当时已经颇为流行，且被集结成篇。

郭店楚简《老子》的出土很重要，因为这个时间比庄子生活的年代要早，此时距离庄子出生的年代不足百年，这样，庄子的思想上承老子也就有了基础。在诸子百家的文字中，老子常常是以引用的方式出现的。庄子记老子多以故事形式出现，其言也多，但与《老子》中的文字，其旨多合，而其文则多有不同。庄子称述孔子的方式也是一样。很多不见于儒家典籍，而为庄子文字中所独有。庄子的这种写法影响了之后的《列子》以及汉代的刘向。流传到今天的有《说苑》中记述的少量老子事迹。刘向曾经有专著

《说老子》4 篇,可惜不存,但想来也是属于这种文体。

曾子言孔子多闻于老子,并转述孔子的话,"昔者,吾从老聃"。其所闻多为古礼,此即后世所说孔子从老聃以问礼。在儒家的典籍中,记述孔子与老子对话最多的就是曾子了,集中在《礼记·曾子问》中,但这里的老子并无自身思想可言,更像是一个图书管理员的样子。

荀子作《天论》时,老子思想已经是重要的学派,以至其不得不与其他学派并列进行评价,说"老子见于诎,无见于信",又说"有诎无信,则贵贱不分"。这是对老子无为思想在当时的不良影响的回应(诎是屈,信是伸,荀子的意思是说老子主张无为,而不免令人不思进取)。荀子约生于公元前 313 年,卒于公元前 238 年,比庄子略晚,但是与庄子有过交集。

韩非子是战国末期人。根据钱穆的考证,韩非子生于公元前 280 年,卒于公元前 233 年,年寿 47 足岁(《先秦诸子系年》),是紧承庄子之后的人物。韩非子写了《解老》和《喻老》,按照经学的特征,这两篇文字一篇属于传,一篇则属于说。这说明在韩非子时期,《老子》已呈现出类似于后世经特征的文字,且已明确名为《老》或《老子》。这原本是一段晦暗的历史,但因为有了郭店楚简《老子》的出土,变得不同起来。郭店楚简《老子》就仿佛一道烛光照进了历史的暗处。过去我们讨论《老子》时,恐怕要到韩非子就得止步了,因为我们无法确定在那之前,《老子》究竟是以篇的形式流传着,还是以只言片语的语录流传着,又或者是以一个又一个不知是否确有其事的故事传播着。尽管他已经成为了泱泱大派,照理应该有集中反映其思想的独立的文本,但是我们无法确知,因为孔子也没有,《论语》只是一部谈话录。老子是否会有一本类似《论语》那样的谈话录的存在,我们也不得而知。至于老子为出关而写下了五千言《老子》的说法,其真实性就更无法确知了。司马迁在写《老子列传》时说："老子居周久之，见周之衰，乃遂去，至关，关令尹喜曰：'子将隐矣，强为我著书。'于是老子乃著书上下篇，言道德之意五千余言而去，莫知其所终。"这个说法故事性太强，且并不见于春秋战国的文字中。司马迁所说的老子书分上下篇，言道德之意五千余字，却并未直接如后来的刘向那样称为《道德经》，这多半因为他们所见的都已经是汉代以后的《老子》了，就连《道德经》的名字也并未在司马迁时成为共识。五千言云云，司马迁时代之前的马王堆帛书倒是一个力证，说明的确那时《老子》已经是五千言，且以《德》篇和《道》篇分上下，可以约略推论五千言的格局正成型于韩非子之后帛书之前，甚至就是帛书成书之时，因为帛书的存在就是对竹简整理后的重新抄录，而乙本又比甲本更为完善，并题写了《道》和《德》的篇名，但这已经是西汉了。钱穆等学者困惑于老子在先还是庄子在先，是这段历史晦暗的又一个说明。

郭店楚简《老子》的出土改变了这一切，它使我们有理由相信，在《庄子》之前《老子》的那些语录正被小心地整合在一起形成一个独立文本。尽管这个文本和今天的文本相比，还可能存在着很大的不同，但是毕竟它们聚集在了一起，并且形成了篇，而不再是流行着的语录或者故事了。那么，我们就有理由推测：那个时候老子的影响已经非常大了，大到他的学派已经不允许他仅仅只有故事和语录流传了。

二、对《老子》的评价

1987 年《纽约时报》评选出古今十大作家，我国老子名列榜首。2016 年底，联合国教科文组织公布统计数据，世界文化名著总销量最高的传世经典是我国的古典哲学著作《老子》。当然，销量不能代表影响力，但它能代表世界对《老子》的认可及喜爱。遗憾的是,《老子》虽然在世界上名声震天,可在它的家乡,其影响力却没有达到它应有的地位,更没有深入到普通中国人的生活之中,特别是科技、教育和文化中,这的确是值得我们深思的。

《老子》是中国历史上首部完整的哲学著作,思想内容微言大义,一语万端,被誉为"万经之王"。它像宝塔之巅的明珠,璀璨夺目,不但照耀着古老的中华文明,而且光耀世界。这部神奇之书以其精练的语言和深邃的智慧,探究天之道、地之道、人之道,深刻地揭示了宇宙生命发展和人类社会发展变化的真谛,对中国古老的哲学、政治、宗教、文化、思想等,产生了极其深刻的影响。无论对中华民族性格的铸成,还是对政治的统一与稳定,它都起着不可估量的作用。它的世界意义也日渐显著,越来越多的西方学者不遗余力地探求其中的奥秘,寻求人类文明的源头,深究古代智慧的底蕴。《老子》这部不朽著作,既是中国道教的思想源泉,也是东方智慧的代表之一。鉴于此,中外著名学者均给予它极高的评价,就连不喜欢中国的德国哲学家黑格尔在看到《老子》时,也不得不低下骄傲的头颅。在他的《哲学史讲演录》中,他这样写道:"老子是与哲学密切相关的生活方式的创始人。""《老子》书中说到的某种普遍的东西,也有点像我们在西方哲学开始时的那样的情形。"

古今中外对于《老子》的评价很多,虽然因为学术争议和立场观点不同评价存在着较大的差异,但据笔者的观察,主要评价都是正面的。以下列举一些,以供参考。

1. 国内评价

由于各种原因,中国人对孔子的尊崇无与伦比,在大多数时间超过老子。但如此被中国人尊崇的孔子对老子的评价是极其高的。孔子适周问礼于老子,归来后谓弟子曰:"鸟,吾知其能飞;

鱼，吾知其能游；兽，吾知其能走。走者可以为网，游者可以为纶，飞者可以为矰，至于龙，吾不能知其乘风云而上天。吾今日见老子，其犹龙邪！"这段话虽然是对老子其人的评价，但老子与孔子对话的思想却反映在其书《老子》之中，因此，孔子对老子本人的评价在一定程度上也代表了他对《老子》一书的评价。庄子是《老子》思想的传承者，在《庄子》一书中说到老子的地方很多，他的"老聃乎，古之博大真人哉"也基本上代表了他对《老子》的评价。

西汉史学家司马谈在《论六家要旨》中说："道家使人精神专一，动合无形，赡足万物。其为术也，阴阳之大顺，采儒墨之善，撮名法之要，与时迁移，应物变化，立俗施事，无所不宜，指约而易操，事少而功多。"司马迁在《史记》中说："道家无为，又曰无不为，其实易行，其辞难知，其术以虚无为本，以因循为用。无成执，无常形，故能究万物之情。不为物先，不为物后，故能为万物主。有法无法，因时为业，有度无度，因物与合，故曰：圣人不朽，时变是守。虚者道之常也，因者君之纲也，群臣并至，使多明也。"汉代班固在《汉书·艺文志》中考察诸子各派源流时指出："道家者流，盖出于史官。历记成败存亡祸福古今之道，然后知秉要执本，清虚以自守，卑弱以自持。此君王南面之术也。"认为《老子》及其道家思想源于史官和帝王经验。魏晋哲学家王弼说："老子之书，其几乎可一言以蔽之。噫！崇本息末而已矣。"晋代道教大师葛洪认为："道者儒之本也，儒者道之末也。"

唐太宗李世民对《老子》中的无为思想给予极高评价。他说："在诸子百家中堪称老子天下第一！"他在《贞观政要》中说："夫安人宁国，惟在于君。君无为则人乐，君多欲则人苦。"他还下诏令说，"天下大定，亦赖无为之功，宜有改张，阐兹玄化"，百官"各当其任，则无为而治矣"。唐玄宗李隆基对《老子》一书的评价也很高。他说，《老子》"其要在乎理身、理国。理国则绝矜尚华薄，以无为不言为教。理身则少私寡欲,以虚心实腹为务"。

宋太宗赵炅在《宋朝事实》中说:"伯阳五千言,读之甚有益,治身治国,并在其中。"宋真宗赵恒说:"老子《道德经》,治世之要。"宋徽宗赵佶也对《道德经》极为崇拜。他在《御解道德真经》颁行的诏书中说:"道无乎不在,在儒以治世,在士以修身,未始有异,殊途同归,前圣后圣,若合符节。由汉以来,析而异之,黄老之学遂与尧、舜、周、孔之道不同。故世流于末俗,不见大全,道由之以隐,千有余岁矣。朕作而新之,究其本始,使黄帝、老子、尧、舜、周、孔之教,偕行于今日。"宋代文学家欧阳修说:"老子为书,其言虽若虚无,而于治人之术至矣。"

据明代《御注道德经》记载,明太祖朱元璋对《道德经》推崇备至。他说:"朕虽菲材,惟知斯经乃万物之至根,王者之上师,臣民之极宝。"明代思想家王廷相云:"老、庄谓道天地,宋儒谓天地之先只有此理,故乃改易面目立论耳,与老、庄之旨何殊?"还云:程朱道学"理一而不变"为"老、庄之绪余也"。

清世祖爱新觉罗·福临在《御制道德经序》中说:"老子道贯天人,德超品汇,着书五千余言,明清静无为之旨。然其切于身心,明于伦物,世固鲜能知之也。"清代著名学者纪晓岚说:"道家思想'综罗百代,广博精微'。"清末思想家魏源在《老子本义》中说:"老子之书,上之可以明道,中之可以治身,推之可以治人。""《老子》救世之书也。故二章统言宗旨。此遂以太古之治,矫末世之弊。"梁启超在《大家小书》中说:"道家,信自然力万能,而且至善;以一涉人工,但损自然之朴。""老庄崇虚想、主无为、贵出世、明哲理、重平等、明自然等;孔孟崇实际、主力行、贵人事、明政法、重阶级、重经验等。"民国哲学家金岳霖在《论道》中说:"中国思想中最崇高的概念似乎就是道。"曾国藩提出应"以老庄为体,禹墨为用。"

曾任中国哲学史学会会长的张岱年说："道家，其理论之湛深，思想之缜密，实超过了儒墨两家。""老子的道论是中国哲学本体论的开始，这是确然无疑的。"严复在《老子道德经评点》中说："夫黄老之道，民主之国之所用也。故能'长而不宰'，'无为而无不为'。君主之国，未有能用黄老者也。汉之黄老，貌袭而取之耳。君主之利器，其惟儒术乎！"陈寅恪钟情于道家精神，他在给冯友兰先生的名作《中国哲学史》所写的《审查报告》中说："中国以后若想在思想上成系统，有所创获，必须一方面输入外来之学说，一方面不忘民族之本位。此二种相反而相成之态度，乃道教之真精神，新儒家之旧途径。"鲁迅先生说："不读《老子》一书，就不知中国文化，不知人生真谛。"

郭沫若认为："道家思想可以说垄断了二千年来的中国学术界，墨家店早已被吞并了，孔家店仅存了一个招牌。"中国物理学家董光璧在《当代新道家》中说："当代新科学的世界观向东方特别是道家的某些思想复归的特征，提倡一种以科学新成就为根据的，贯通古今、契合东西的新文化观。这是一种基于文化趋同的世界主义文化观。""我确信重新发现道家具有地球船改变航向的历史意义。黄土文明与海洋文明的融合，有如黄颜色和蓝颜色调出绿颜色，将产生人与自然和谐的新的绿色文明。"诺贝尔奖获得者李政道博士在《道家哲学主干说》中说："从哲学上讲'测不准定律'和中国老子所说的'道可道，非常道，名可名，非常名'的意思，颇有符合之处。"

当代著名哲学家黎鸣在《人与命运》中说："老子是迄今人类中最伟大的本体论思想家，他提出的'道'的观念，将在今后的世纪中，把希伯来人的上帝、希腊人的逻各斯（逻辑）最有力地统合在一起，成为全人类的文化之'道'。"中国人民大学教授许抗生说："老子哲学在中国哲学史上是第一个提出比较系统的宇宙生成论和宇宙本体论的哲学,以至整整影响了两千多年来中国哲学宇宙论(包括宇宙生成论和宇宙本体论)的发展过程。在先秦时期,老子哲学直接影响了稷下黄老哲学、庄子哲学和申不害、韩非的哲学,也影响了孔子、孟子、荀子的天人学说,乃至《易传》和《吕氏春秋》的哲学思想。"著名学者萧焜焘在《再论中华民族精神的形成与发展》中说:"老子的思想意境之高超,洞意世情之深邃,远远超过孔丘。老子是中国第一个真正的哲学家,《道德经》是一部不朽的哲学全书。他研究了自然的本质、宇宙的构造、生命的奥妙、人类的社会的生成。……他高瞻远瞩,深入解剖人生,积极介入人生。……冷静地睿智地把握了宇宙人生的本质与规律,那就是'道'。"

中国哲学史学会副会长萧萐父在《吹沙二集》一书中说:"道家学风体现在学术史观与文化心态上,更有一种恢宏气象。从总体上……而言,道家别具一种包容和开放的精神。《老子》是人类文明智能的源头活水,老子的道是本体,是道理,是道路,是道德,是自然规律,是有和无的自然统一,代表世界和宇宙发展的过去和未来,是全部的经历和本根,这个经历包括了无机、有机世界,包括生命以及人类精神文化世界。故而宇宙之无和有以及发展规律都是道本身实现过程之体现,人类认识领悟了道就完全可以引领现代科学的革命腾飞。科学前沿的问题都等待用道的智能去解决。"

学者黄友敬在《老子传真》一书中这样评价老子:"他将中华先祖从太古时流传至黄帝以来的大道,承前启后,发扬光大,从实践和理论上,从修身和治世上,都推进到一个划时代的水平,以至古人将他和中华民族的先祖黄帝并称'黄老',他是当之无愧的。老子之道,宇宙中自然之道,上古流传迄今之道也。它究天人之际,察万物之情,通古今之变,应人生之事,证大道之真,是世人修真成圣之道。《道德经》是我国第一部大道科学圣典，是我国第一部百科全书。"

中国社会科学院研究员胡孚琛在《全球化浪潮下的民族文化——再论21世纪的新道学文化战略》一文中指出："道学文化是人类唯一保存下来的新石器时代母系氏族公社时期的原生态文化，它是人类最初的文化，也必将是人类最后的文化。新道学文化的创立是中国文化的第三次重构，也是世界上'第二轴心时代'普世文明的发现。现代人类社会有必要借鉴道家的自然生态文化，并以此为基础进行诠释和创新，将现代西方文化的精华接纳进来，创立集古今中外文明精粹之大成，有时代精神的新道学文化，以解决全世界共同面对的问题。"

中国著名哲学家牟钟鉴在《老子新说》中说："老子所说的'道'，有三大特征：第一，从发生论的角度，突出一个'生'字，指出道乃是万物生命的总源泉。第二，从本体论的角度，突出一个'通'字，指出宇宙万物相联系而存在。第三，从价值论的角度突出一个'德'字，指出道兼具真善美的品格，是社会人生的正路。"他还说："不读《老子》不足以谈论中国文化和东方文化，已成为国际学界的共识。老子建立了一座道的丰碑，诸子百家环绕而敬仰之，得大道之滋润，用大道而生辉。"

著名企业家张瑞敏博览群书，每年都要读上百本书，他对人说自己数十年最喜欢的且反复揣摩和品味的一本书就是《老子》。他说："无为和有为的关系，不仅对企业，对所有部门都一样，其实是非常关键的。所谓无为，就是企业的价值观，它是无形的，但非常重要。如果把企业当成一个人的话，它就是一个人的灵魂；如果把企业比作一艘船的话，它就是罗盘。在这个无形价值观的指导下，可以产生有形的成果，也就是老子所说的'为无为，则无不治'。"

2. 国外评价

　　相比之下,西方人对《老子》的赞誉比我们中国人更甚,涵盖政治、哲学、文化、思想、经济等各个方面。德国著名哲学大师黑格尔在《哲学史演讲录·中国哲学》中说:"道为天地之本、万物之源。""老子的著作《道德经》或《老子》,最受世人崇仰。""每一个命题,都要完全按照太极图的正(阳)反(阴)合(中)的三维形式,这就是我的三段式解读法。""老子的信徒们说老子本人即是以人身而永远存在的上帝。老子的主要著作我们现在还有,它曾流传到维也纳,我曾亲自在那里看到过。"德国著名哲学家叔本华说《道德经》或《老子》:"这是一种关于理性的学说。理性是宇宙的内在秩序,或万物的固有法则,是太极。""道学是一种从客体出发的哲学体系,而儒学实际上是一种世俗的政治学说。"德国著名哲学家莱布尼兹评论说:"这是一个宇宙最高的奥秘!""中国人太伟大了,我要给太极阴阳八卦起一个西洋名字'辩证法'。"莱布尼兹是较早接受老子思想影响的西方哲学家,早在 17 世纪,他就从到过中国的传教士那里了解了中国的哲学思想和文化。他曾翻译《老子》,根据老子的阴阳学说提出二进制思想,开创了现代数理逻辑的雏形。德国著名哲学家海德格尔说:"道,人类思维得以推进的渊源!""如果你想要用任何一个传统的方法——无论是本体论的、宇宙论的、目的论的、伦理学的等等——来证明上帝的存在,你会因此而把上帝弄小了,因为上帝就像'道'一样是不可言说的。"海德格尔深受《老子》的影响,以至于他想与中国学者萧师毅合作翻译德文版《老子》。德国著名哲学家康德说:"老子所称道的上善在于无,这种说教以'无'为'上善',也就是一种通过与神格相融合、从而通过消灭人格而取得自我感觉消融于神格深渊之中的意识。"德国杰出学者尤利斯·葛尔评价说:"也许老子那个时代没有人真正理解老子,或许真正认识老子的时代至今还没有到来。"《老子》在德国确实有深刻而重大的影响，以至于德国诗人科拉邦德在《听着，德国人》中评价说"德国人应当按照神圣的道家精神来生活，要争做欧洲的中国人"。中国旅欧留学生魏时珍还有这样的印象："发现这里的大学教授十分热衷于与我探讨中国。在一所乡村中学里，老师向学生讲授'无为而治'的道理，并盛赞老子学说比孔子学说深奥。当时老子成为欧洲人心中最知名的中国人之一，不少家庭都收藏有一本老子的书。"

英国著名科学史专家李约瑟说："中国人性格中有许多最吸引人的因素都来源于道家思想。"英国著名诗人约翰·高尔说："《道德经》或《老子》的意义永无穷尽，通常也是不可思议的。它是一本有价值的关于人类行为的教科书，这本书道出了一切。"英国著名哲学家克拉克在《西方人的道——道家思想的西方化》中说："道家思想在西方的逐渐普及，归结为思维方式上的三个变化。希望过更好的生活，但要从传统宗教教条式信念的束缚中解放出来；透过克服身心二元论，达到一种身心完整的生活；需要从更广的范围，看待当代各种思想潮流。"英国哲学家罗素说："西方要学习中国的道德哲学。"甚至有英国学者指出，市场经济思想的真正鼻祖不应是英国人亚当·斯密，而是提出"无为而治"思想的中国老子，比如"我无为而民自化，……我无事而民自富"等等。

美国政坛给予《老子》"总统之师"的极高评价。美国前总统里根"治大国，若烹小鲜"的政治理念就出自《老子》。而最喜欢阅读《老子》的美国前总统可能是奥巴马。他曾说，促销《老子》是人类的福音。奥巴马也多次表明，他当选为美国总统的很大帮助来源于《老子》。除了里根、奥巴马外，学习过《老子》的还有美国前总统林肯、英国前首相丘吉尔等许多知名的外国领导人。联合国前秘书长潘基文曾说："天之道，利而不害；圣人之道，为而不争，这样才能处理国际关系。"显然他也是《老子》的得道者。美国著名学者蒲克明说:"当人类隔阂泯除,四海成为一家时,《道德经》或《老子》将是一本家传户诵的书。""《道德经》或《老子》是未来世界的一部书。"美国文学家、法学家和科学家迈克尔·哈特指出:"这本书虽然不到六千字,却包含着许多精神食粮……。从政治、经济、文化、科教到经营管理各领域,《道德经》或《老子》在西方世界被视为至宝,是公认最智慧最古老的学问……。在西方社会,《道德经》或《老子》比儒家经典更受欢迎,少说也有 40 多种译本。"有人在美国著名物理学家爱因斯坦家里的一个书架上发现了一本已经被翻烂的德文版《道德经》。美国学者芭莉娅说:"老子的智能是人类的智能。在美国历史上似乎还找不到像老子这样大彻大悟的哲学家。"

日本更是深受中国文化影响,对《老子》一书的评价也体现在方方面面。日本著名物理学家、诺贝尔物理学奖获得者汤川秀树 16 岁开始读《老子》,他受老庄思想的深刻影响而发现了 π 介子,并因此获得诺贝尔物理学奖。他评价老子说:"老子是早在 2 000 多年前就已预见并批判了今天人类文明缺陷的先知,老子似乎用惊人的洞察力看透个体人和整体人类的最终命运。"日本学者卢川芳郎评价说:"《老子》有一种魅力,它给在世俗世界压迫下疲惫的人们一种神奇的力量。"日本著名企业家、"经营之神"松下幸之助评价说:"把《孙子兵法》用在销售上,把《大学》用在管理上,把最难懂的《老子》用在最重要的领导层上。""我并没有什么秘诀,我经营的唯一方法是经常顺应自然的法则去做事。""过分追求欲望的结果是:不仅不能感到舒适,反而会感到痛苦,丧失自我。"

俄国作家、思想家、哲学家列夫·托尔斯泰评价说:"孔子、孟子对我的影响是大的,而老子对我的影响是巨大的!""老子教导人们从肉体的生活转向灵魂的生活。顺应自然法则即生命,即智慧,即力量。我良好的精神状态,归功于阅读《老子》。"

以色列特拉维夫大学教授欧永福评价《老子》为"难以置信的一本书"。他在发表该感慨的三年前，首度将《老子》直接译为希伯来文，三年来销量近4 000册，让他直呼难以置信。

三、《老子》解读方法

《老子》一书一共五千言，博大精深，充满智慧。老子把"道"作为体，把"德"作为用，将两者混合交融一起讨论，而且在体的方面，涉及宇宙万物的真理实相，在用的方面，都是在悟透天地人本源的基础之上，以出世的修道和入世的行道，相互融合，应用无限，妙用无穷，妙不可言。《老子》问世2 500多年以来，古今中外解读《老子》的人非常多。客观上讲，老子到底在说些什么，只有他自己完全知道。所有后世的解读都只是解读者结合实际，找一个适合的版本进行研修，并在此基础上结合自己的人生感悟所得出的一些哲学表达。我们丝毫不怀疑这些解读的实际价值，只要解读出于本心，心怀真善美的向往，他们所做的工作或多或少都是有意义的。

笔者是老子的忠实粉丝，是《老子》的热爱者，站在解读《老子》的角度讲，是个门外汉，因此，对于解读《老子》的方法提不出什么好的见解，这里表达的只是个人的体会，只是为了本书的写作目的抛砖引玉发表几点不成熟的看法。

根据笔者的学习体会，解读《老子》的过程可以打个比方来形容。《老子》是座十分丰富而又神秘无比的藏宝库，每一段文字甚至每一个字都是上了锁的藏宝箱。解读《老子》需要过三个大关：第一关是找到藏宝库的大门，它神秘无比，堪比陕西乾陵；第二关是拿到钥匙打开每一个藏宝箱；第三关是具备鉴别每件宝物的知识储备和能力。只有完全能够闯过这三关的人，才算是具备了深刻解读《老子》的基础了。

能够闯过上述三关者,古今中外难有几人,其中庄子可算是第一人,因此历史上才有"老庄"之称。比庄子稍有逊色的尹子、文子、范蠡、张良、河上公、王弼、鬼谷子、韩非子等也可算是勉强过了上述三关,找到了大门,打开了藏宝箱,得到了宝贝。虽然他们在鉴宝、用宝方面还欠火候,但这些人却将其中某些宝贝的用途发挥得淋漓尽致,在一些方面做出了杰出贡献。尹子除了系统整理了老子思想外,还有《老子太一生水》注本,并发展了老子太一生水的藏身思想,著有《关尹子》9篇。韩非子深谙帝王之术,他把王霸之术传给了后世,对中国历史产生了重大影响。孔子将收获的关于礼乐方面的智慧发挥到了极致,终成圣人。

上述这些人均属于高人,一般人望尘莫及。另外,还有相当一批人也可算是了不起的人,他们找到了宝库的大门,并进入到宝库,但因为没有找到开藏宝箱的钥匙而无缘目睹珍贵的宝贝,更无机会对宝贝亲眼鉴赏一二。他们根据所见所闻在自己心里面琢磨着宝贝的模样,猜想着将宝贝描述出来。在这类人之下,便是门外汉了,他们根本就没有进入宝库,更没有打开藏宝箱,只是隐约见到了指向宝库的藏宝图。这类人至少出发点是好的,有些地方还是值得肯定的。笔者可能算是门外汉一党,但对于老子的尊敬是发自内心的,对解读《老子》是下了功夫的,基于《老子》思想来探讨教育之道的动机是纯粹的。

对门外汉持肯定态度,就有比门外汉还差的人,这些人根本不知道《老子》宝库的门的方向在哪里,只是道听途说,或通过商业包装把《老子》当成心灵鸡汤,进行阴谋诡诈、商业运营等,把《老子》降格到了庸俗的层次。这样的人应该对《老子》遭到普遍的误读曲解负有极大的责任。

总之,进入《老子》宝库是件极难的事情,有的人终其一生也不一定能摸到大门。《老子》是中华民族留给全人类的无穷宝藏,只有不畏失败，勇敢去挖掘，才有可能有所收获。因此，笔者还是鼓励大家努力去用功解读的，更支持大家结合实际努力实践。这里根据笔者的经历，提出两条建议，供读者解读《老子》时参考。

1. 以子书解子书

解读《老子》，"以子书解子书"是一种很好的方法。因为老子当时想说什么，只有他自己最清楚，任何后人的解读都可能带有后人自己的理解。老子本人离开我们已经2500年了，谁都不可能穿越回去向他老人家请教，但他的书就留在这里，用他写的书来解释他的书，我认为是最为可靠的。孔子在《易经·系传》中有这样一句话："书不尽言，言不尽意。"从我们现代的观念来讲，这句话的意思就是人类的语言并不能完全表达出想要表达的思想的内容。如今有一门新兴的课程叫作"语意学"，它研究的范畴就涉及这个问题。完全相同的一句话，由不同的人说出来，或者由同一人在不同的环境、或同一人在相同环境用不同的语言说出来，就算听这句话的是同一个人，面对以上的几种情形，也会对相同的一句话产生出不同的感受和理解。因此，在世界上，并没有任何一种语言，可以完全表达出想要传达的思想和意志。语言变成文字，文字再汇总成书，这个过程对于想要表达的原本的思想而言，相隔的就不止是一层了。

我们今天解读《老子》，最好先不要看后世其他人的注解，因为先看了其他人的注解，有些观念就会先入为主。如果你的观念先被框住了，以后便很难变化了。解读《老子》一书，前边不懂的地方，等你读了后边，可能就懂了。即使可能有错，但错得也不会太离谱。如果先看古人的注解，有时候错下去，一错就是几十年，回都回不来，后悔也来不及了。再说一家有一家的注解，注解太多了，多得让人失去辨识的能力。所以说，以子书解子书才是读《老子》最好的方法。下面我们举一些实例来说明。

《老子》中有一句很有代表性的话叫作"道法自然"。"自然"是什么意思呢？如果我们去查汉语词典，得到的结果可能是这样的，自然是指大自然中各个事物的总体，或指宇宙一切事物的总体。如果你按这种意思去解读《老子》，就有可能会解偏了。首先，我们要知道"自然"这两个字在中国的文字里，第一次就是在《老子》里面使用的。"自"就是自己，"然"就是什么的样子，所以"自然"的意思就是"自己的样子"，"道法自然"的"自然"不是指自然界或宇宙间天地万物，而是指万物保持自己的样子。换句话说，任何东西保持自己的样子，"道"就在里面展示出来了。"道法自然"意思是"道就法它自然的样子，自然而然"。《老子》中"自然"这个词出现过五次，整体研究一下就知道，它的意思的确就是"保持自己的样子"的意思。如《老子》第十七章中的"功成事遂，百姓皆谓'我自然'"。又如《老子》第六十四章中的"学不学，复众人之所过，以辅万物之自然而不敢为"等。

"无为"是《老子》的核心思想，如果我们望文生义，将其诠释为消极的"无所作为"或"什么都不为"，与其本意就相差十万八千里了，是彻底背离了《老子》"无为"思想的原始出发点而进行的狭隘理解。《老子》"无为"的最终落脚点恰恰是在"无不为"上。我们按照"以子书解子书"的方法，就可得出正确的结论。在《老子》第二章中，第一次出现了"无为"："是以圣人处无为之事，行不言之教……"。要求圣人按无为的方法行事，肯定"无为"是极其重要的。在《老子》第十章中，老子说"爱民治国，能无为乎"，再次强调"无为"的价值。《老子》第三十七章中，老子点明"道常无为而无不为"，说出了"无为"的真正含义，即"道"是无为的，正因为道无为，所以它无不为。是说我们要按"道"的规律行事，不妄为，就没有什么事情办不成了。《老子》第六十四章中的"是以圣人无为，故无败"，第三十八章中的"上德无为而无以为"，第四十八章中的"为学日益，为道日损。损之又损，以至于无为，无为而无不为"，第五十七章中的"我无为而民自化"等，均说明了"无为"不是什么都不为，而是不妄为，是在符合"道"的原则之下，努力作为以达到"无不为"的目标。

"不争"也是《老子》中出现频率很高的词，也是老子思想的核心之一。一般人对于"不争"的理解是按照字面意思解读为"不与人争"，这种理解也见于历史上的许多主流注解之中，并在中国传统处世哲学中多有体现，"淡泊名利""敦和谦让"等文化也时常被拿来作为"不争"的注脚。按照"以子书解子书"的方法，结合老子"无为"是"不妄为""无不为"的思想，上述解读应该是不全面的。老子的"不争"本质上应该是"不妄争""无不争"，是在不违背"道"的原则下，努力去争取，努力达到"无不争"的目标。《老子》第三章中"不尚贤，使民不争"提出了"不争"的命题，第八章中提出"上善若水。水善利万物而不争，处众人之所恶，故几于道"。以水来比喻，明确表达了"不争"是为了利万物，同时接近于"道"了。第二十二章中"夫唯不争，故天下莫能与之争"，第六十六章中的"以其不争，故天下莫能与之争"，第六十八章中的"善为士者不武，善战者不怒，善胜敌者不与，善用人者为之下。是谓不争之德，是谓用人之力，是谓配天，古之极"，第八十一章中的"天之道，利而不害。圣人之道，为而不争"，表达的都是这层意思。"不争"是让我们在尊道贵德的前提下，努力奋斗，力争上游，为天下做好事，为人民谋幸福。

周恩来曾评价《老子》说："我认为《老子》里最精彩的一句话是：'生而不有，为而不恃，长而不宰。'"周恩来把道家这种自然主义宇宙观转化为一种崇高的智慧的人生观，达到了"功成而弗居，夫唯不居，是以不去"的人生境界。按照"以子书解子书"的方法，我们就能理解周恩来所表达的意思，也能体会到这句话在《老子》

中的地位。《老子》第二章中说"万物作焉而不辞,生而不有,为而不恃,功成而弗居",《老子》第十章中更强调说"生而不有,为而不恃,长而不宰,是谓玄德",即"生而不有,为而不恃,长而不宰"是最自然无为的德性,也是人生能够追求到的最高境界。

除了用老子书解读老子书外,我们也可用其他子书来帮助解读《老子》,特别是庄子、尹子、文子等的书,他们不但是老子思想的追随者,而且将老子的思想不断发扬光大。他们的书,也能为我们正确解读《老子》提供可靠信息和重要参考,如《庄子》中的《大宗师》就将老子的"道"描述得非常精彩,对于我们今天解读《老子》有重要价值。

2. 找准解读的目标与定位

解读《老子》,要明确解读的目标,明确自己想从《老子》中获得哪些智慧。德国著名哲学家尼采评价老子说:"老子思想的集大成《道德经》,像一个永不枯竭的井泉,满载宝藏,放下汲桶,唾手可得。"虽说如此,但是如果我们没有明确目标,没有找准定位,即使放下汲桶,得到的可能也不会很多。当然,如果是为了消遣去读《老子》就另当别论。我相信这种人不会很多,我也希望解读《老子》的人不要成为这种人。

在《老子》五千言中,老子要教导的人主要有四类。第一类是民,第二类是士,第三类是王,第四类是圣人。

第一类是民。民是社会的基本成员,在各类人中占绝大多数,在《老子》中出现的频率也是最高的。民是构成社会的基础,在理想社会中,民应该是各层人士全心全意关心和服务的对象。

第二类是士。我们先来看"士"字怎么写?上面是一个"十"字,下面是一个"一"字。《说文解字》中说:"士,事也。"即"士"的本意为做事。孔子曰:"推十合一为士。"意思是,士是十个人中被推举出来的那一个,即十个人中推举出一个人来为大家做事,

"士"即基层的领导者和管理者。这个基层一般是指国家或单位的管理机构而言，但从广义上来讲，我们的家庭也是一个基层单位，因此，一个家庭中的家长就是士，就是家中的领导者和管理者。放在学校，一个班集体中班干部也可作为士来看待，班主任可以作为士，当然也可以作为"王"来看，即大家俗称的孩子王。这样划分后，我们就可以对照《老子》中"士"或"王"的标准来要求自己。

老子对"士"提出的标准是什么呢？《老子》第十五章说得很清楚："古之善为士者，微妙玄通，深不可识。夫唯不可识，故强为之容：豫兮若冬涉川，犹兮若畏四邻，俨兮其若客，涣兮若冰之将释，敦兮其若朴，旷兮其若谷，混兮其若浊。孰能浊以静之徐清？孰能安以动之徐生？保此道者不欲盈。夫唯不盈，故能蔽不新成。"

第一条小心谨慎：即"豫兮若冬涉川，犹兮若畏四邻"。领着大家做事，要小心谨慎，就像行走在结着冰的河面上，一不小心就会滑倒，甚至掉进冰窟窿里丢了性命。第二条是严肃认真：即"俨兮其若客"。"士"领着大家做事一般都是公共场所，要严肃认真，就像到别人家做客一样。第三条是圆融可亲：即"涣兮若冰之将释"。要懂得用令人舒适的方式与人交往，让人感到温暖可亲，就像心里的坚冰一点一点融化一样。第四条是朴实敦厚：即"敦兮其若朴"。我们这个世界最不缺的就是聪明人，但相当多的聪明人喜欢耍小心眼，卖弄聪明，其实是愚笨。"士"做事要朴实敦厚，这才是王道，才是最高境界的聪明。第五条是虚怀若谷：即"旷兮其若谷"。要胸襟宽广，能容纳不同的人和不同的意见。

此外，《老子》第六十八章第一句话是"善为士者不武"，我们可将它作为"士"的第六条标准，即不能随意使用暴力，这一条对于家长、教师更为适用，不要动不动就对孩子使用暴力。在《老子》第四十一章中，老子将"士"分为上、中、下三类，即"上士闻道，勤而行之；中士闻道，若存若亡；下士闻道，大笑之"。做基层领导的、做家长的、做老师的……，属于哪一类呢？我们的确应该认真思考一下。为了做好教育，实现教育人的目标，我们一定要争取做个"上士"。

第三类是王。按一般人的理解，王是一个国的主要领导者。老子在2500年前讲此话时的确有可能是针对一个国的领导者讲的。但我们也要清楚，古代邦国的规模都比较小，可能许多只相当于现在一个县的规模，有的可能会更小。《老子》第八十章描述的"小国寡民"可能就是一个村。因此，《老子》中的王（包括侯王）其实就是一个地方行政长官。由于家是最小的"国"，因此家长也可以算是这个意义上的"王"，现在的幼儿园老师、小学老师，他们也应该算是这个意义上的"王"。以此类推，中学老师、大学老师也可算是"王"，当然学校校长更可以算是"王"了。

老子对"王"提出的标准又是什么呢？在《老子》中，王（包括侯王）共出现13次，前后出现在9章中。我们先看《老子》第三十二章："道常无名，朴，虽小，天下莫能臣也。侯王若能守之，万物将自宾。"即要求侯王坚守"道"的朴实厚道，这样世间万物都会自然地顺从他、拥护他。《老子》第三十七章："道常无为而无不为。侯王若能守之，万物将自化。"即要求侯王坚守"道"的顺任自然，不妄为，不多为，有所为有所不为，这样万事万物就会自我化育、自我成长。《老子》第三十九章中"侯王"一词出现了三次："侯王得一以为天一贞""侯王无以正将恐蹶""是以侯王自称孤、寡、不谷"。这里的"一"是道，即侯王必须得道，不得道就危险了，国家将面临覆灭。得道的侯王以下为基，以贱为本，自称孤、寡、不谷等不好听和令人讨厌的称谓，即侯王要得道，就要少听阿谀奉承的话。《道德经》第四十二章对此又进一步作了强调。

第四类是圣人。圣人旧时一般是指人格特别高尚的、智慧特别高的人。老子对圣人的赞美毫不吝啬。圣人在《老子》中一共出现了 30 次，在 25 章中提到。"圣"字繁体字是"聖"，从耳从呈，表示耳聪口敏，通达事理。在甲骨文中，该字左边是耳朵，右边是口字，意为善用耳，又会用口。《说文解字》曰："耳顺之谓圣。"《管子·四时》曰："听信之谓圣。"《书·洪范》曰："于事无不通谓之圣。"即"圣人"的本意是指既能充分听取意见和建议又能正确表达思想更能将事情办成功的人。前面讲的三种人"民""士""王"，只要听言说话办事均达到了《老子》关于圣人的要求，都能成为圣人。

老子对圣人提出的标准又是什么呢？《老子》第二章中说："是以圣人处无为之事，行不言之教。"即将圣人做事、说话的标准提了出来。第三章中进一步提出"是以圣人之治，虚其心，实其腹，弱其志，强其骨。常使民无知无欲，使夫智者不敢为也。为无为，则无不治"。圣人要让民虚心、饱腹、减欲、强体，主要还是强调"为无为，则无不治"。第五章"圣人不仁，以万物为刍狗"，要求圣人不要偏心，要没有私心，没有分别心。第七章"是以圣人后其身而身先，外其身而身存"，要求圣人要把自己的利益放在后面，将自己置身度外。第二十二章"是以圣人抱一为天下式"，要求圣人以阴阳相互统一、相辅相成这种整体的思维范式来知与行。第二十七章"是以圣人常善救人，故无弃人；常善救物，故无弃物"，要求圣人懂规律，按规律用人、拯救人，所以没有被抛弃的人，按规律去利用万物，所以没有被废弃的东西。第二十九章"是以圣人去甚，去奢，去泰"，要求圣人要去掉过分的方式、奢靡的行为、极端的做法。第四十九章"圣人无常心，以百姓心为心"，要求圣人不要有执着之心，要"以百姓心为心"，将心比心。第六十三章"是以圣人终不为大，故能成其大"，要求圣人始终不要骄傲自大，这样才能办成大事。第六十六章"是以圣人处上而民不重,处前而民不害",要求圣人当领导不要让下面感到有压力,即"太上,不知有之",处处走在前面而民没有伤害。第七十二章"是以圣人自知不自见",要求圣人要有自知之明,不自我表现。第七十七章"是以圣人为而不恃,功成而不处,其不欲见贤",要求圣人做事不要把它作为一种倚仗、凭借甚至勒索的手段,有了功劳不占有,更不要总想着表现自己的贤能。第八十一章"圣人不积,既以为人,己愈有,既以与人,己愈多",要求圣人不要过多积累私藏,帮助别人越多会感到越富有,给予别人越多,自己收获越多。除上述章节中老子对圣人提出具体的要求外,老子在第十二章、第二十八章、第四十七章、第五十八章、第六十四章、第六十六章、第七十一章、第七十三章、第七十七章、第七十九章中对圣人也有具体要求。

　　值得进一步指出的是,《老子》中指的四类人是一个相对概念,条件环境变了,角色就会发生变化。我们举个例子来说,对于一个家庭而言,孩子的角色相当于"民",家长相当于"士"或者"王",但做得特别好的家长就成为"圣人"。孩子上了学,当了班干部,他就成为"士",若他成了学校少先队的大队长、学生会的主席或者是一个学生社团的负责人,他就成了"王",如果工作做得特别好,就成了"圣人"。而家长呢,到了工作单位,如果他只是一般的员工,他就是"民",如果他是一个小领导,他就是"士",如果他是这个单位的第一把手,他就是"王",如果领导工作做得特别好,他就是"圣人"。因此,我们要因时、因地、因条件、因环境找准自己的角色,按《老子》提出的标准来办,我们就有可能成为一个得道的人。

第三章　老子其道

老子是中国古代最伟大的哲学家和思想家，他创立的道家思想与同时代的儒家思想以及后来传入的释（佛）家思想一道，成为中华民族几千年文化、思想的重要内容。老子思想的核心内容就是道，所以，本章主要讨论道的特征，揭示道的本质，并阐明道的内涵，对老子的道进行系统、全面的分析。

一、道的特征

自从"道"这个概念问世以来，2 000 多年中对它的注解和争论就从来没有停止过。的确，要讲清楚道是极其困难的，究其原因，《老子》在第一章开篇就说出了理由，因为"道可道，非常道"。意思就是说道分可道的部分（河上公所谓"经术政道之道"）和不可道的部分（河上公所谓"自然长生之道"）。我们要解读道研究道，就不能不试图用语言来表达道。我们还是先来看老子是怎么说道的吧。

老子在《老子》第二十五章中说："有物混成，先天地生。寂兮寥兮，独立不改，周行而不殆，可以为天地母。吾不知其名，强字之曰道，强为之名曰大。大曰逝，逝曰远，远曰反。故道大，天大，地大，王亦大。域中有四大，而王居其一焉。人法地，地法天，天法道，道法自然。"其中"物"就是道的意思。就是说道这个东西是由混元聚集而成,在天地形成以前就已经存在了。它是寂静的、空虚的,它是独立存在的,是永远不会改变的。它的运动周而复始,永不衰竭,它可以作为万事万物的本源。我不知道它的名字,所以只好勉强把它叫作"道",再勉强给它起个名字叫作"大"。老子认为道是宇宙本体、万物之根源,故谓"道生一,一生二,二生三,三生万物"(《老子》第四十二章)。道生于天地万物之先,独立长存于万物之中,不断循环运行,遍及天地万物,永不止息。老子又认为道不可触摸,不可名状,故谓"无状之状,无物之象"(《老子》第十四章)。没有办法给它一个准确的名字,只能勉强用"道"来给它命名,亦可勉强称为"大"。"大"是"道"的别称或同义词。除此之外,在《老子》中"道"的别称或同义词还有:"无""有""玄"(如第一章),"谷神""玄牝"(如第六章),"一"(第二十二章、第三十九章),"始""母"(如《老子》第五十二章),"大象"(《老子》第四十一章)等。《老子》全书几乎章章说道。据粗略统计,"道"字前后共出现了 74 次,还不包括它的同义词和别称,可见道在《老子》一书中的地位了。为了参悟道的本质和内涵,我们先来了解一下道的特征特性。

1. 道是无名无形的

"道"存在于耳目见闻的现象世界外,用老子自己的话说是"玄之又玄"(《老子》第一章)。对于它的外在特征,老子时而用"恍惚""窈冥"和"混成"来加以形容,时而用"无状之状,无物之象"来加以描述,如:"道之为物,惟恍惟惚。惚兮恍兮,其中有象;恍兮惚兮,其中有物。窈兮冥兮,其中有精。其精甚真,其中有信。"(《老子》第二十一章)"视之不见,名曰夷;听之不闻,名曰希;搏之不得,名曰微。此三者不可致诘,故混而为一。其上不皦,其下不昧,绳绳不可名,复归于无物。是谓无状之状,无物之象,是谓惚恍。迎之不见其首,随之不见其后。"(《老子》第十四章)

道视之不见其色，因而称为"夷"；听之不闻其声，因而称为"希"；触之不得其形，因而称为"微"。"夷""希""微"三者浑然一体，无法对它进行深入的理论分析。道本身无"状"，而万状由之而成；它本身无"象"，而万象因之而显。它是没有形状的形状，没有形象的形象。说无却有，似实而虚，这种存在的形态就叫作"恍恍惚惚"。可是，那"惚兮恍兮"中又有其形象，那"恍兮惚兮"中又有其实体，那"恍兮惚兮"中又有其精质。

道不仅仅是无形的，也是无名的。《老子》中有这样的论述："道常无名，朴，虽小，而天下莫能臣也。"（《老子》第三十二章）"道隐无名。夫唯道，善贷且成。"（《老子》第四十一章）《老子》第一章中也说："道可道，非常道；名可名，非常名。"所以说，道是无名的，只可感知，不可言说。那么，道既然是无名的，为什么还要称为道呢？老子说："吾不知其名，强字之曰道。"（《老子》第二十五章）可见，老子也不知道这个东西叫什么名字，只好勉强把它称为道。所以说，道实在是一种很特别的东西。

2. 道是物质的

之所以说道是物质的，主要依据有两点：一是永恒存在，二是永远运动。《老子》第二十五章中说："有物混成，先天地生。寂兮寥兮，独立不改，周行而不殆，可以为天地母。吾不知其名，强字之曰道，强为之名曰大。大曰逝，逝曰远，远曰反。"可见，道不仅是永恒存在的、永远运动的，而且它还是先于天地而存在的。它不依附于任何物质，独一无二，永不改变。从流逝到遥远，从遥远再返回，道呈现这样一个循环的过程，这样一个表现"大"的过程。科学发展到今天，我们已经知道，一个永远运动、永远存在的事物，一定是物质的。

在此，我们看到的是一幅物质及其运动的画面。另外，在第二十一章里，老子对于道的物质性说得很明确。他不仅指出了

"道之为物"，而且还告诉人们：道虽然"惟恍惟惚"却是"其中有象""其中有物""其中有精"的，这种"有象""有物""有精"的东西，分明是物质的，而不是观念性的，可能有点像我们所说的暗物质和暗能量。

老子的道，并不是世间的一种或一类事物，它看不见、摸不到，只能去感知，去领会，然而，它又是永恒存在、永远运动的物质实体。所以说，老子的道是一种恍惚不清的真实存在，是无名无形的特殊物质。

3. 道是普遍存在的

在老子看来，道是普遍存在的，是宇宙间万物生成变化的普遍规律。道由于生成万物的先在性而获得了时间和空间上的永恒存在。《老子》第二十五章中有精辟的阐述，如"有物混成，先天地生。寂兮寥兮，独立不改，周行而不殆，可以为天地母"。老子认为，道不仅是普遍存在的，其地位也是至高无上的。老子告诫人们，要相信道，与道一致，按道行事，这样就会得到道，并取得成功，否则就会失掉道，就会失败。道的地位由此可见一斑。

"大道泛兮，其可左右"，道像泛滥的江河，到处流淌，上下左右，四面八方，都有道的存在。道无时不在，"自古及今，其名不去"，道是永恒存在的。道的普遍性决定了它的巨大的包容性和蕴含性。"道之在天下，犹川谷之于江海"，它能将大江大海都包容，可见它的普遍性与无限性。"上善若水"，"水"是普遍存在的，当然道也是普遍存在的了。

二、道的本质与内涵

关于老子的道，王力有这样的论述："老子之道，以自然为来源；以无为体，以有为用；以返始守柔为处世之方。其言曰：反者道之动，弱者道之用；天下万物生于有，有生于无。"这段论述是非常精辟的，不仅指出了道来源于自然，也指明了道的两种属性，即"无"和"有"。而我们后面要分析的，就是"自然""无"和"有"这三个概念。

老子的道，来源于自然，并法于自然。不过，《老子》中的"自然"不同于我们今天所说的自然。我们今天所说的自然，通常指大自然或者自然界，而《老子》中的"自然"是"自然而然"，是一种没有人为干预的天然状态，更多的时候是指人类和人类社会存在的境遇，如"功成事遂，百姓皆谓'我自然'"（《老子》第十七章）、"希言自然"（《老子》第二十三章）、"道法自然"（《老子》第二十五章）、"以辅万物之自然而不敢为"（《老子》第六十四章）等。所以，道的存在状态就是"自然"，而"自然"更是道的本质特征。

老子之道，就其潜在的无限可能性而言，它是"无"；就其生成天地化育万物而言，它又是"有"。"无"和"有"是道的一体两面，老子说它们"同出而异名"（《老子》第一章）。"无"言道之体，"有"言道之用。所以，老子之道，不仅是无名无形的，还是运动存在的；不仅生成天地化育万物，同时也作为规律引导天地万物运行。"无"和"有"还是辩证的，如"有无相生，难易相成"（《老子》第二章）、"天下万物生于有，有生于无"（《老子》第四十章）。真是"无"为"有"处"有"还"无"。这表明了事物之间相互运动、联系和转化的关系。

"自然"为老子之道的本质特征，"无"和"有"是老子之道的基本属性，这三者支撑了道的基本框架。那么，老子的道究竟是什么呢？它又有什么内涵呢？在分析这两个问题之前，我们必须先了解一下"道"这个字的含义。

在甲骨文中，暂时还没有发现"道"这个字，但在西周的青铜铭文及《诗》《易》等典籍中，"道"字却常有运用。《诗经》中有"行道迟迟，载渴载饥"（《小雅·采薇》）、"顾瞻周道，中心怛兮"（《桧风·匪风》)。《易经》中有"复自道,保其咎,吉"(《小畜》)、"反覆其道,七日来复"(《复》)。《诗经》和《易经》出现的许多"道"字,都是道路的意思。许慎在《说文解字》中说:"道,所行道也,从首,一达谓之道。"段玉裁注说:"道者人所行,故亦谓之行。首者,行所达也。"所谓一达,就是指长而无旁出路。许慎对"道"字的解说是从造字时的本意立论的,因此,"道"字的初始义就是人行的道路。

随着时代的发展,"道"的意义变得更丰富了,在这里,我们只引用先秦典籍为例说明之。《管子·形势解》云:"道者,扶持众物,使得生育而各终其性命也。"这里面的"道"是万物生命的总源泉,是世间万物发生发展的原动力。《庄子·渔父》云:"道者,万物之所由也。"这里面的"道"是宇宙万物的基础,是万物存在发展变化的依据。《大戴记·五言》云:"道者,所以明德也。"这里面的"道"是具备真善美的品格,是社会和人生的正路。可见,在不同的语言环境中,"道"有不同的意义。

综上所述,我们认为老子的道是天地万物的根本,这是道的本质。同时,道又具有规律和准则的内涵。作为规律,它指引万物"自然"地运行;作为准则,它引导人们"无为"地去生活。

1. 道是宇宙万物的本源

《老子》第一章中就清楚地表达了这一观点。即"无,名天地之始;有,名万物之母"。道是大地万物之始之母,"无"和"有"都来自道,是道的不同角度的名称,这是最为玄妙和深奥的。道是万物的本体和本源,天地万物都是由道化育而来。道作为本源,是浑然一体的东西,它"玄之又玄,众妙之门"。《老子》第二十五章中对此作了更清楚的阐述:"有物混成,先天地生。寂兮寥兮,独立不改,周行而不殆,可以为天地母。"《老子》第六章指出:"玄牝之门,是谓天地根。"《老子》第五十二章说:"天下有始,以为天下母。"也是在强调说,道是天下万物的本源,这里"始""母""根"

"门"等都有本源的意思。但是，它们有层次的区别。作为本源，它具有唯一性，它无前无后，无上无下，"吾不知谁之子，象帝之先"。它像是产生于天帝的前边，然而在它之前却没有什么存在。"有物混成，先天地生"，在天地之前，它就存在了。作为本源，它是或物非物的东西。《老子》第二十一章说："道之为物，惟恍惟惚。惚兮恍兮，其中有象；恍兮惚兮，其中有物。窈兮冥兮，其中有精。其精甚真，其中有信。"《老子》第十四章又说："视之不见，名曰夷；听之不闻，名曰希；博之不得，名曰微。"道是宇宙万物的本源，宇宙万物均从道那里化生而来，即"天地万物生于有，有生于无"（《老子》第四十章），"道生一，一生二，二生三，三生万物"（《老子》第四十二章）。

在现代科学中，关于宇宙万物本源的理论较为公认的是"大爆炸理论"。这一理论认为宇宙万物诞生于距今 137.5 亿年前的一次大爆炸，然后宇宙就如一个不断被吹大的气球，一直膨胀至现在。当初人们相信大爆炸开始于一个奇点，这个奇点是密度无穷大、体积无穷小的一个实在的点，但现在许多人相信，奇点不是一个实在的点，它可能只是一个时间界线，即宇宙是从虚无中诞生的。这个理论相比于《老子》的本源论，它们有共通点，都说宇宙是在虚无中诞生。大爆炸理论说我们的宇宙一直在膨胀，《老子》第二十五章也说："大曰逝，逝曰远，远曰反。"但距今 2 500 年前的《老子》在解释宇宙万物本源时，明显比"大爆炸理论"更科学更全面。如大爆炸之前的宇宙是什么样子？宇宙这个不断膨胀的气球之外又是什么样子？"大爆炸理论"均不能给予明确的解释，而《老子》中却给出了清楚的答案。即宇宙万物是由道而生，大爆炸的奇点是"无"，不断膨胀的宇宙之外是虚无的。不但如此，《老子》还说明了不断膨胀着的宇宙的发展趋势，即膨胀到一定程度又可能会返回原点，即"逝曰远，远曰反"。

此外,现代科学认为,宇宙是由物质组成的,即唯物论宇宙观。我们看到的所有现象界,你、我、他、房子、树木、花草、山、河、天、地、水、火、风、电、雷、日、月、星……,它们都是由物质组成的。进一步的科学研究证明,物质由分子组成,分子由原子组成,原子由原子核和核外电子组成,原子核由质子和中子组成,质子和中子由夸克组成,再进一步分就没有东西了,可能是能量,质能转化是被爱因斯坦证明了的。这就将唯物论以及现代物理学陷入"大爆炸理论"的陷阱之中。但在《老子》里面却早已把这些问题说得很清楚了,即现象界为"有",非现象界为"无","有无相生";"故常无,欲以观其妙;常有,欲以观其徼。此两者,同出而异名,同谓之玄。玄之又玄,众妙之门"。

其实,"大爆炸理论"诞生以后,唯物论和现代一些科学理论就已经画上句号了。加之相对论和量子力学的出现,是需要构建新的科学理论框架了,《老子》的思想可能会给予我们无穷的启示。

老子认为,尽管道是一种无名无形、不可言说的特殊东西,但是,它却是天地之根、万物之本,天地万物都是它所生成的。如《老子》第六章所云:"谷神不死,是谓玄牝。玄牝之门,是谓天地根。绵绵若存,用之不勤。"谷中间空空如也,谷边围着山丘,谷底有淙淙泉水。古人常用这种低洼湿润的地方来比喻女性生殖器。人们把山谷比喻为"牝",即女阴,又把"谷神"称为深幽奇妙的"玄牝","玄牝"像谷神一样虚而无形,孕育万物却不见其踪影。

人的生命都是从女阴口出生,万物的生命也都是从神妙的"玄牝"产生,"玄牝"之门就是天地之根。我们以山谷来比喻女阴——牝,以神妙的母体——"玄牝"来比拟道。牝因其虚无而孕育生命,道因其虚静而成天地。所以说,"玄牝"是天地之根,是看不见、摸不到的,而功用却不可穷尽,总是那样绵绵不绝、生生不息。

老子说"道冲，而用之或不盈。渊兮，似万物之宗"(《老子》第四章)，"道生一，一生二，二生三，三生万物"(《老子》第四十二章)，"无，名天地之始；有，名万物之母"(《老子》第一章)。讲的都是道为天地万物的本原。所以，老子之道，是宇宙之体、万物之宗。

有形的实体，不论是人还是物，都有它的限度，都有时间上的久暂、空间上的广狭、功能上的大小，超过了这个限度就会走向反面，要么质变，要么毁灭，要么消亡。再长的寿命也终归黄土——"老少同一死，贤愚无复数"；再辉煌的事业也不过是过眼云烟——"唐虞揖让三杯酒，汤武征诛一局棋"；再宽广的胸怀仍不免狭隘——"有客才眠天象动，无人不羡御床宽"，不仅床榻之侧不容他人酣睡，宰相肚里也只能"撑船"而已，最多不过是"周公吐哺，天下归心"。无论多么显赫的权势、多么巨大的财富、多么坚强自信的人，都不可成为万物的主宰，而只有道，才是独一无二的万物之宗，但它从不主宰万物，而万物却都依道而行。所以，老子说"人法地，地法天，天法道，道法自然"(《老子》第二十五章)，"挫其锐，解其纷，和其光，同其尘，湛兮似或存"(《老子》第四章)。无论"地"如何辽阔，不效法"天"它就不能保持宁静；无论"天"多么浩渺，不效法"道"它就不能有其清明。"道"磨掉了锋芒而不损其体，超脱纷争而不累其神，涵敛光耀而不显得污浊，混同尘世又不改其真性，它是那样幽深隐约，似亡而实存。所以"地"再广也不会超出"道"之所载，"天"再大也不会超出"道"之所覆，只因"道"是天地之始、万物之母。正像牟钟鉴先生所说的那样："道是一切生命的总源泉、总生机，万物源于道，又内含着道而得其生命之常。"

2. 道是万物运行的规律

太阳每天总是东升西落,月亮从来就有阴晴圆缺;每到春天,大地处处叶绿花红,一到秋天,便是四野枯黄,满目萧条;如花少女婀娜多姿、步履轻盈,八旬老翁皱纹满面、蹒跚迟缓……这是大自然运动变化的规律,也是道运行的表现。所以,《老子》第三十四章说:"万物恃之而生而不辞,功成而不有。衣养万物而不为主。常无欲,可名于小;万物归焉而不为主,可名为大。以其终不为大,故能成其大。"正因为老子知道万事万物的运动和变化都必须遵循着某些规律,所以,老子便赋予了道作为规律的内涵。尽管道具有规律这一内涵,但它本身却是物质的,它绝不是抽象的规律,它只是像规律一样去引导万物运行。道作为规律来讲,有两方面内容,即对立统一和循环运动。

(1)对立统一。

第一,相反相成。老子认为,一切现象都是在相反对立的状态下形成的。看起来对立的事物,实际上是相互依存的。这是一类共同存在的矛盾,失去一方,另一方就不会存在。如"有无相生,难易相成,长短相形,高下相倾,音声相和,前后相随"(《老子》第二章)。

第二,物极必反。老子发现,如果一物中包含否定性因素,那么,其否定性因素会在事物的发展过程中起到决定性作用。也就是说,该事物发展到极点时,必然会向自身的反面发展,即事物发展到了强的顶峰、盛的极致时,便会走向衰落。如"甚爱必大费,多藏必厚亡"(《老子》第四十四章),"祸兮,福之所倚;福兮,祸之所伏"(《老子》第五十八章),"反者道之动"(《老子》第四十章)。

第三,由反入正。既然对立的事物总是向着自己相反的方向转化,那么,为了达到正面的目标,就必须由反入正,走迂回的路。如"将欲歙之,必固张之;将欲弱之,必固强之;将欲废之,必固兴之；将欲取之，必固与之"（《老子》第三十六章），"曲则全，枉则直，洼则盈，敝则新，少则得，多则惑"（《老子》第二十二章）。

（2）循环运动。

第一，返本归初。老子认为，天下之物的运动特点是"复"，即向静态复归。物的运动最终都要回到当初的出发点，而这个出发点就是静虚渊深的大道。这样，道的循环运动就化生出天地万物。宇宙的发展虽然距离原始状态越来越远，但是，最后总要返回到初始状态。如"有物混成，先天地生。寂兮寥兮，独立不改，周行而不殆，可以为天地母。吾不知其名，强字之曰道，强为之名曰大。大曰逝，逝曰远，远曰反"（《老子》第二十五章），"知常容，容乃公，公乃王，王乃天，天乃道，道乃久，没身不殆"（《老子》第十六章）。

第二，防正转反。老子知道事物的转化是有条件的，所以，希望人们能主动接纳它的否定因素，进行局部的、及时的、不断的自我否定，做到尽量控制住自身的行为，那么，就可以使事物的否定性转化控制在自身的内部进行，不会引起根本性的变化和整体的丧失。如"知足不辱，知止不殆，可以长久"（《老子》第四十四章），"圣人不病，以其病病，是以不病"（《老子》第七十一章）。

3. 道是人类生活的准则

道除了具有规律的内涵之外，它还被人们当成了日常生活中的行为准则。然而，道毕竟是不能直接接触到的，只能为人所感知，所以，道作用于现实的任务就由德来完成。万物为道所生，万物的德性自然都从道那里得来，即"德"是"道"的本性和显现。德也是人生道德修养的最高境界，如"孔德之容，惟道是从"（《老子》第二十一章）。苏辙在《老子解》中说："道无形也，及其运而为德，则有容矣。故德者，道之见也。自是推之，则众有之容，皆道之见于物者也。"所以，道在物中，便是物的本性，可称之为"物之德"；

道在人中，便是人的本性，可称之为"人之德"。因此，人只有体现了道，才具有一种德性。

德对于万物是自然的，但具体对每个人来说却有所不同。人需要在内心进行道德修养，使自己的德符合道，符合道的自然无为的本性，因此，德成为了人们日常生活的一个标准。这实际上是强调生命主体的生存和发展，取决于自身的努力程度和进取方式，自身的努力程度和进取方式不同，就会导致不同的生命境界，即有上德和下德之分。上德虽然有德，却不自持有德，从而能够纯任自然，不任意妄为；下德自以为不失德，实际上已不是自然的流露，而是心存妄为之念了。这就是《老子》中所说的"上德不德，是以有德；下德不失德，是以无德。上德无为而无以为；下德无为而有以为"(《老子》第三十八章)。

我们要想成为有德之人，就必须唯道是从，做任何事情都要以道为前提，以德为标准。古代的圣哲们，为了"闻道""体道""证道"而耗费苦心，兀兀穷年，既执着又虔诚。且不说道家的创始者强调去如何体道和证道了，儒家的圣人孔子也说"朝闻道，夕死可矣"，告诫弟子们"任重而道远，士不可不弘毅"，而释家也有投虎求佛、面壁证道的故事。虽说儒、释、道三家各道其所"道"，但各自对"道"的虔诚是无可怀疑的。大德大贤的一举一动，无不唯道是从。所以，我们也必须在道的准则下去学习、工作和生活。

唯道是从的基本要求就是"无为"。老子说："道常无为而无不为。侯王若能守之，万物将自化。"(《老子》第三十七章)道没有什么作为，却又没有什么事物不是它的作为。表面上什么事情都没有做，而实际呢，什么事情都完成了。道为了维持"自然"的状态就要"无为"，而"无为"就成了道的核心内容。所以，老子告诉我们要"为无为，事无事，味无味"(《老子》第六十三章)。只要能做到"为无为"，其结果就是"则无不治"(《老子》第三章)。"无为"

要求我们必须要遵循道，绝不能滥用智慧而对事物妄加改变。老子用治国和为人两方面内容来阐述这个观点。下面，我们就稍作进一步展开。

（1）治国之道。

具体体现在无为而治、以奇用兵、小国寡民等方面。

第一，无为而治。老子的"无为而治"是以自然哲学的理论为基础，并立足于对社会现实的深刻观察和反省的经验上的。它不是坐而待治，而是按照自然之道、贯彻无私的原则、顺应事物的规律去治理国家。要像老子所说的那样，要"希言自然"（《老子》第二十三章）、"清静为天下正"（《老子》第四十五章）。"无为而治"是老子治国思想的核心内容，也是治理天下的根本原则，所以，老子说"治大国，若烹小鲜"（《老子》第六十章）。当然，"无为而治"的执行者必须是"圣人"。"圣人"是老子思想中的理想人物，也就是得道或者是有德的人。在《老子》中，"圣人"和"无为"大部分是一起出现的，可见，无为治国的主体部分即是"圣人"，也只有"圣人"才能做到"为无为"。所以，只要"圣人"效法自然、无主观自执之心、清静无为、爱国爱民，那么国家就会得到治理，人民就会安居乐业。

第二，以奇用兵。《老子》说："以道佐人主者，不以兵强天下。其事好还。"（《老子》第三十章）"夫佳兵者，不祥之器。物或恶之，故有道者不处。"（《老子》第三十一章）老子认为战争乃不祥之事，是人民所厌弃的，有道的明君，或者以道辅佐人主的人，都不应该轻易用兵。发生战争的原因大都是因为统治者过多的贪欲。为了满足自己的贪婪之心，才会发动战争，用武力去掠夺和奴役别人，所以，老子反对战争。万一不得不用兵，也要淡然处之。即使打了胜仗，也不可洋洋得意，以此为荣。《老子》说："善有果而已，不敢以取强。果而勿矜，果而勿伐，果而勿骄，果而不得已，果而勿强。"（《老子》第三十章）"恬淡为上,胜而不美,而美之者,是乐杀人。"（《老子》第三十一章）老子讲究"以奇用兵"（《老子》第五十七章）、"守柔曰强"（《老子》第五十二章）。其实,老子只是想把战争的损失降到最低,尽量避免不必要的牺牲,所以,老子主张"事善能,动善时"（《老子》第八章）,出奇制胜。

第三,小国寡民。在《老子》第八十章里,老子对"小国寡民"的理想社会作了生动的描述:"小国寡民,使有什伯之器而不用;使民重死而不远徙。虽有舟舆,无所乘之;虽有甲兵,无所陈之。使民复结绳而用之。甘其食,美其服,安其居,乐其俗。邻邦相望,鸡犬之声相闻,民至老死,不相往来。"在这种社会里,大道流行,人民都纯朴自然,无知无欲,一片幸福和平的景象。老子之所以会有这种理想,是因为统治者的"有为"使社会出现了许多弊端,产生了不平等的现象,所以,老子要效法自然,使社会自然化。老子的社会理想,和我们的共产主义理想是很相似的,可都是在相当时期内可望而不可及的。所以说,老子的社会理想只是一种精神的寄托,一种价值追求,反映了哲人对现实的一种超越。不过,老子"小国寡民"的社会理想也是有理论依据的。《老子》说:"天地相合,以降甘露,民莫之令而自均。"（《老子》第三十二章）这种理想的实质,也是"无为而治"。

（2）人生之道。

具体可体现在少私寡欲、为而不争、守柔处弱等方面。

第一,少私寡欲。老子说:"五色令人目盲,五音令人耳聋,五味令人口爽,驰骋畋猎令人心发狂,难得之货令人行妨。"（《老子》第十二章）他认为沉溺于声色滋味的感官享受之中,将会大大损害人的身体,所以,主张"少私寡欲"（《老子》第十九章）。要做到"少私寡欲",就要"知足不辱""功遂身退"。老子又说:"知足不辱,知止不殆,可以长久。"（《老子》第四十四章）"是以圣人为而不恃，功成而不处，其不欲见贤。"(《老子》第七十七章)在老子看来，无论是社会上的纷争，还是个人的烦恼，都起源于人的不知满足。人如果不知道满足，就会产生贪欲，就会和别人发生冲突，酿成祸患。人如果知道满足，就会适可而止，便不会引起冲突和纷争，便能生存得长久。老子还告诉我们要顺应天道，不占有功绩，不要因为功绩而滋生其他欲望。他说："功遂身退，天之道也！"(《老子》第九章)。因此，人要学会保持一颗平常心，学会知足常乐。

第二，为而不争。老子认为，人类社会的一切罪恶、一切祸乱，都起源于人与人之间为了利益而发生的相互争斗。所以，老子说："天之道，不争而善胜，不言而善应，不召而自来，绰然而善谋。"(《老子》第七十三章)"圣人之道，为而不争。"(《老子》第八十一章)这就是所谓的"不争之德"。当然，"不争"不是纯粹消极的坐以待毙，不求进取，而是要求人们从争夺利益的罗网中解脱出来，心态平静地去面对得失。"不争"，是指不争名利、不争地位、不争是非等。它的意义就在于以"不争之争"来消融人与人之间的无谓之争，而实质上，"不争之争"也是一种争，不过，它不同于一般以利己为目的的外在之争，它是从利人利物的角度出发的深层意义上的争。因此老子说："善为士者不武，善战者不怒，善胜敌者不与，善用人者为之下。是谓不争之德，是谓用人之力，是谓配天，古之极。"(《老子》第六十八章)同时，老子还告诉我们要"挫其锐，解其纷，和其光，同其尘"(《老子》第四章)。也就是说，人要学会隐藏自己，学会保全自己，不能锋芒毕露，否则就会成为众矢之的，招致败亡。所以，为人要谦虚谨慎，不骄不躁，保持"为而不争"的美德。

第三，守柔处弱。《老子》说："人之生也柔弱，其死也坚强。万物草木之生也柔脆，其死也枯槁。故坚强者死之徒，柔弱者生之徒。是以兵强则灭，木强则折。强大处下，柔弱处上。"(《老子》

第七十六章）坚强与死亡相连，柔弱和生命相连，生命体在旺盛时期都柔软而富有弹性，其衰亡阶段都僵硬枯槁，所以，"守柔处弱"为生存之道。在老子眼里，柔弱胜刚强。"上善若水。水善利万物而不争，居众人之所恶，故几于道。"（《老子》第八章）"天下莫柔弱于水，而攻坚强者莫之能胜，以其无以易之。弱之胜强，柔之胜刚，天下莫不知，莫能行。"（《老子》第七十八章）。老子认为世间没有比水更柔软的东西了，然而，攻击刚强的东西，天下却没有任何东西能胜过它。在这里，"柔弱"不是通常所说的软弱无力的意思，而是含有无比坚韧的性格，即生命力旺盛，适应能力强，反应灵活，弹性大，不易受伤。尽管水的特点是很柔弱，但是，它却可以善利万物，化解强大的冲击力，战胜刚强，因为柔弱之物多带有韧性，带有深层的连绵不断的创造力和生命力，这就是老子所说的"弱者道之用"（《老子》第四十章）。总之，刚的东西容易折断，柔的东西反而难以摧折，所以，最能持久的东西不是刚强者，而是柔弱者。

老子从治国和为人两方面向我们阐释了"无为"的玄妙。他告诉我们，不仅治国要无为，为人也要"为而不争"，顺应万物，守柔处弱。老子教会我们的，不仅仅是认识道、理解道，更主要的是如何去顺应道，如何去悟道、修道、用道和行道。

第四章　教育之道

一、老子教育之道

由于《老子》中未对教育作直接阐述，导致老子的教育思想长期处于潜隐状态，一直未引起教育工作者和家长们的广泛重视。随着对老子哲学研究的深入，对教育外延概念的不断扩大，老子的教育思想开始成为越来越多国内外学者高度重视和探索研究的主题，如张瑞璠的《中国教育史研究·先秦分卷》就明确指出，我国古代教育思想有两大渊源，一是以孔、孟、荀为代表的儒家教育思想，二是以老、庄为代表的道家教育思想，两者施教的核心内容分别是"礼"和"道"。陈鼓应于 2013 年在《老子注译及评价》中明确指出，老子既注重"为学"，又注重"为道"，可视为间接认同老子以道为核心的教育。随着对老子教育之道的理解和深入，我们更深刻地感受到老子教育思想不仅博大精深，而且具有重大的现实指导价值。

1. 教育遵循的原则和人才培养目标

老子教育之道遵循"道法自然"的原则，采用的是以天道明人道的思想路线。道为老子教育教学思想的哲学基础。在老子看来，道是教学的核心和理论基础。《老子》第二十一章说："孔德之容，惟道是从。"在老子哲学思想中，道是万事万物的本源，是超越有形万物之上形而上学的总和。教育将受教育者内在的本体性质作用于其修德的过程,就是教育主体顺应自然本性的过程,即"立德"源于"守道"。一方面,"道生之,德畜之",德来源于道,道需要德载之,所以,"道之尊,德之贵,夫莫之命而常自然"(《老子》第五十一章),尊道贵德是自然而然而不加人为因素的;另一方面,德是显性的,而道是隐性的,"常德乃足,复归于朴",即由修德复道而实现对道的本质把握,才能达到"修之于身,其德乃真"的目的。离开了道,德也就变成了无源之水、无本之木。

老子秉持道法自然原则,大力弘扬人的存在价值,强调人性之初"见素抱朴,少私寡欲"。老子强调人是自然人。理想的自然人应该效法自然法则,"天行健,君子以自强不息;地势坤,君子以厚德载物"。宇宙万物都按其生命轨迹运行着,人也应该这样,要尽到人的本分,守着自己的生命轨迹。因此,我们在教育孩子时,就一定要顺应孩子的天性。天性就是万物从道中得到的秉性(即老子所称的"德"),孩子是什么天性就尊重其天性实施教育,违背这一原则就会犯错误。如一棵桃树,它的天性就是结桃子,如果你非要让它结梨,这就违背天性了,肯定得不到预想的结果。具体点说,即我们教育孩子应尽量按照孩子的特点、兴趣和个性来培养他,按照孩子的身心发展规律来帮助他,使他"复归于朴"。有些家长和老师总是忽视这些东西,按自己的意志和动机强行塑造孩子,这样,结果往往适得其反。法国教育家、哲学家、思想家卢梭就倡导教育必须遵循自然,必须顺应人的自然本性。他在《爱弥儿》一书开卷就写道:"出自造物主的东西都是好的,而一到了人的手里,就全变坏了。"他反对的就是那种不顾孩子身心发展、违背教育规律的做法,这和老子教育之道的思想是高度一致的。

2. 教育的情怀和方法

推行老子的教育之道，需要我们有一种天下为公的情怀，要放下我执、我见、我念，要以孩子心为心。《老子》第四十九章说："圣人无常心，以百姓心为心。"教育的宗旨是：一切为了学生，为了学生的一切。这就需要家长们、老师们大公无私，不以自己的名利作考量，不以自己的主观意识来区别好坏、真假、善恶、高下，努力克服以自我为中心，努力体认孩子们的内在需求，努力做到《老子》第二章提出的"生而不有，为而不恃，功成而弗居"。

"生而不有"告诫我们：孩子虽然是父母所生、老师所教，但都是社会的成员，绝不是父母的私有财产、老师实现自己私利的工具。他们是属于国家的、民族的、天下的，他们要成为党和国家的接班人，他们将来要造福于国家，要造福于人民。我们培养他们，是为了国家，为了党，为了天下，为了民族的长远发展。所以，无论是家长、老师还是其他人，都不能采取强制性手段来管制他们，教育中不能把他们当作私有财产或为了实现自己的各种私欲而任意妄为。

"为而不恃"告诫我们：家长和老师虽然都在尽心尽力地教育孩子、帮助孩子，但他们都不应该从自己的私念出发。家长教育孩子的目的不是为了老有所养、光耀门庭，老师更不能把孩子的成绩作为炫耀的资本和晋升的阶梯。如果做不到这些，就不能很好地推行老子的教育之道，就不能正确地、公平地、无私地对待孩子，就不能做到因材施教、有教无类，就不能很好地实现教育目标。

"功成而弗居"告诫我们：为了教育好孩子，家长、老师要有一种让功于天下的胸怀，要遵循老子的教育之道，做到"果而勿矜，果而勿伐，果而勿骄"（《老子》第三十章）。要甘做孩子们的铺路石、垫脚石，帮助孩子们取得超越自己的成就，做到"后其身而身先,外其身而身存"(《老子》第七章),做到"不敢为天下先,故能成器长"(《老子》第六十七章)。能够做到功遂身退,这才是"天之道"、教育之道。

教育除了要有情怀,还要讲究方式方法。《老子》第三十七章说:"道常无为而无不为。侯王若能守之,万物将自化。"第五十七章说:"我无为而民自化,我好静而民自正,我无事而民自富,我无欲而民自朴。"作为家长和老师,如果能深刻理解并自觉遵循老子的这些思想,就基本懂得教育孩子的方法了。

"我无为而民自化"告诫我们:在孩子教育方面的无为不是什么都不做什么都不为,而是指不扭曲做作不任意妄为,是"为之于未有,治之于未乱",是"复众人之所过,以辅万物之自然而不敢为"(《老子》第六十四章)。家长、老师要做孩子们的引路人,将孩子引上正路,随时纠偏,帮助孩子养成良好的习惯,而且做到"处无为之事,行不言之教"(《老子》第二章)。具体地说,要想让孩子做到什么,自己需要先做到。如:不让孩子玩手机,自己就要带头不玩手机。同时,做到"慎终如始",这样才能"无败事"。想达到一个教育目标,必须一步一个脚印,让孩子懂得"合抱之木,生于毫末;九层之台,起于累土;千里之行,始于足下"(《老子》第六十四章)。

"我好静而民自正"告诫我们:家长和老师在教育孩子的过程中,要努力为孩子创造一个安宁的环境,帮助孩子养成一种静定的功夫。如果做不到这一点,整天在孩子面前唠唠叨叨,甚至一不如意就大吼大叫或动用家法,孩子就会心烦意乱,失去心灵的主宰,严重的还可能患上抑郁症。《老子》第二十六章说:"重为轻根,静为躁君。"孩子们长期处在一种心浮气躁的状态下,既学不进去,也听不进去,哪有成才之可能。孩子只有安定了,才能生出智慧。《老子》第十七章中说:"太上,不知有之;其次,亲而誉之;

其次，畏之；其次，侮之。"做家长和老师的，至少应该做到前两者。等他们学习、事业成功了，他们皆谓"我自然"。

"我无事而民自富"告诫我们：做家长和老师的，要尽可能地不要去搅扰孩子，不要过多地干涉孩子。《老子》第六十章说："治大国，若烹小鲜。"说的是治理大国就像烹饪小鱼一样，千万不要在锅里翻来翻去，否则就把小鱼搞烂了不能吃了。其实教育也是一样的。老师和家长要努力做到"为无为，事无事，味无味"（《老子》第六十三章）。在现实中，许多教育孩子中发生的事端都是由家长和老师引起的。教育家周弘于 2000 年在其所著的《赏识你的孩子》中打比喻说："没有种不好的庄稼，只有种不好庄稼的农民。"意思是说没有教不好的孩子，只有教不好孩子的家长和老师。现在社会上一些被资本绑架者在到处高喊"不要让孩子输在起跑线上"，并抓住许多家长望子成龙、望女成凤的急切心态，忽悠家长让孩子们上这样或那样的补习班，许多各类学校在招生中还有意无意地给予配合。这让无数的家长不惜金钱不惜时间，省吃俭用让孩子参加各种各样的培训班。大量的作业和培训占用了孩子们几乎所有的课余时间，他们不但丧失了快乐的童年，而且还失去了学习的兴趣、探索未知的好奇心。这样，不但伤害了孩子，也危害了国家和民族的未来。要真正消除和解决这些问题，推行老子的教育之道不失为"灵丹妙药"。

"我无欲而民自朴"告诫我们：人的欲望是无穷无尽的，如果过度追求欲望的满足，就会导致身心难宁，就会伤害人的本性和自然状态，破坏人与自然的和谐关系。我们教育孩子，一定要努力做到"无欲"，正如《弟子规》所讲"衣贵洁，不贵华。上循分，下称家。对饮食，勿拣择。食适可，勿过则"。要让孩子们明白，纵有大厦万千，只能夜眠六尺；纵有家财万贯，也只能一日三餐。节俭的生活才能培养人的好性情，这方面颜回为我们做出了表率，

"一箪食,一瓢饮,在陋巷,人不堪其忧,回也不改其乐"(《论语·雍也》)。质朴符合自然之道,所以"无欲"可以培养孩子高尚的品德。此外,我们要教育孩子,应该只管播种,少问收获。不要对孩子期望值太高,更不能在欲望驱使之下,无道地为孩子设定一个又一个不切实际的目标,这样会直接或间接伤害到孩子,结果可能事与愿违。

3. 教育艺术与智慧

教育孩子不但需要明确目标,采用好的方法,而且需要艺术和智慧。《老子》第七十八章说:"天下莫柔弱于水,而攻坚强者莫之能胜,以其无以易之。"第四十二章说:"强梁者不得其死,吾将以为教父。"我们教育孩子要像水一样温柔,要懂得包容孩子,做到"常善救人,故无弃人;常善救物,故无弃物。是谓袭明"(《老子》第二十七章)。《老子》第二十二章说:"曲则全,枉则直,洼则盈,敝则新,少则得,多则惑。"因此,家长和老师在教育孩子时要学会巧妙应用曲的智慧,千万不能直来直去,想骂就骂,想打就打,随心所欲,这样做往往会在不知不觉中伤害到孩子。《老子》第七十六章说:"兵强则灭,木强则折。强大处下,柔弱处上。"逞一时之快发泄情绪的家长和老师,在孩子教育中一般不会取得成功,最坏的结果是:仇人相见,分外眼红。

总之,老子的教育之道是教育者在遵循"道法自然"的原则下,满怀"利而不害,为而不争"情怀,以"无为而无不为"为方法,以"柔弱处上"为智慧,在孩子教育的道路上,与孩子携手同行,在一起走向成功彼岸的过程中,一路撒下欢歌笑语。

这里列举《简书》《史记》《孔子家语》等典籍中记载的老子启发孔子、孔子评价老子的几个片断,其中蕴藏着深刻的人生智慧和教育智慧,家长和老师如果能从中细细品味老子的教育之道,相信定能受益无穷。

【片断一】

老子送别孔子，赠言道："吾闻之，富贵者送人以财，仁义者送人以言。吾不富不贵，无财以送汝，愿以数言相送。当今之世，聪明而深察者，其所以遇难而几至于死，在于好讥人之非也；善辩而通达者，其所以招祸而屡至于身，在于好扬人之恶也。为人之子，勿以己为高；为人之臣，勿以己为上。望汝切记。"

孔子顿首道："弟子一定谨记在心！"

【片断二】

行至黄河之滨，见河水滔滔，浊浪翻滚。孔子叹曰："逝者如斯夫，不舍昼夜！黄河之水奔腾不息，人之年华流逝不止，河水不知何处去，人生不知何处归？"

老子道："人生天地之间，乃与天地一体也。天地，自然之物也；人生，亦自然之物。人有幼、少、壮、老之变化，犹如天地有春、夏、秋、冬之交替，有何悲乎？生于自然，死于自然，任其自然，则本性不乱；不任自然，奔忙于仁义之间，则本性羁绊。功名存于心，则焦虑之情生；利欲留于心，则烦恼之情增。"

孔丘解释道："吾乃忧大道不行，仁义不施，战乱不止，国乱不治也，故有人生短暂不能有功于世、不能有为于民之感叹矣。"

老子道："天地无人推而自行，日月无人燃而自明，星辰无人列而自序，禽兽无人造而自生，此乃自然为之也，何劳人为乎？人之所以生、所以无、所以荣、所以辱，皆有自然之理、自然之道也。"

【片断三】

老子手指浩浩黄河，对孔子说："汝何不学水之大德？"

孔丘曰:"水有何德?"

老子道:"上善若水:水善利万物而不争,处众人之所恶,此乃谦下之德也;故江海所以能为百谷王者,以其善下之,则能为百谷王。天下莫柔弱于水,而攻坚强者莫之能胜,此乃柔德也;故柔之胜刚,弱之胜强坚。因其无有,故能入于无间,由此可知不言之教、无为之益也。"

孔子闻言,恍然大悟道:"先生此言,使我顿开茅塞也:众人处上,水独处下;众人处易,水独处险;众人处洁,水独处秽。所处尽人之所恶,夫谁与之争乎? 此所以为上善也。"

【片断四】

老子曰:"欲观大道,须先游心于物之初。天地之内,环宇之外。天地人物,日月山河,形性不同。所同者,皆顺自然而生灭也,皆随自然而行止也。知其不同,是见其表也;知其皆同,是知其本也。舍不同而观其同,则可游心于物之初也。物之初,混而为一,无形无性,无异也。"

孔子问:"观其同,有何乐哉?"

老子道:"观其同,则齐万物也。齐物我也,齐是非也。故可视生死为昼夜,祸与福同,吉与凶等,无贵无贱,无荣无辱,心如古井,我行我素,自得其乐,何处而不乐哉?"

孔丘道:"先生之言,出自肺腑而入弟子之心脾,弟子受益匪浅,终生难忘。弟子将遵奉不怠,以谢先生之恩。"说完,依依不舍地告别老子。

【片断五】

孔子回到鲁国,众弟子问道:"先生拜访老子,可得见乎?"

孔子道:"见之!"

弟子问:"老子何样?"

孔子道："鸟，吾知它能飞；鱼，吾知它能游；兽，吾知它能走。走者可用网缚之，游者可用钩钓之，飞者可用箭取之，至于龙，吾不知其何以？龙乘风云而上九天也！吾所见老子也，其犹龙乎？学识渊深而莫测，志趣高邈而难知；如蛇之随时屈伸，如龙之应时变化。老聃，真吾师也！"

二、人的成长规律与教育规律

老子的道包含着万物运行的规律，也包含着人的成长规律和教育规律，是我们开展各种教育的重要指南。

1. 人的成长规律

人的成长规律是教育之道的核心，对教育发挥着极其重要的作用和影响。中国在这方面早有研究，《易经》中的《蒙》就清楚地说明了这一点："蒙：亨。匪我求童蒙，童蒙求我。初筮告，再三渎，渎则不告。利贞。"其结构如下。

▬▬ 　上九：击蒙，不利为寇，利御寇。

▬ ▬ 　六五：童蒙，吉。

▬ ▬ 　六四：困蒙，吝。

▬ ▬ 　六三：勿用取女，见金夫，不有躬，无攸利。

▬▬ 　九二：包蒙，吉。纳妇，吉。子克家。

▬ ▬ 　初六：发蒙，利用刑人，用说桎梏，以往吝。

该卦的主要意思是：消除蒙昧，能使一个人健康地成长。不是我求这个孩子接受我的启蒙教育，而是他感到有需求，主动来请求我帮助他消除蒙蔽。第一次可以告诉他，如果他就一个问题再三地询问，就是对老师的亵渎，同时也证明这个人是一个缺乏实践能力的人，一个少有魄力、勇气去单独承担责任的人，这样就不应该再告诉他什么了。启迪蒙昧后能让一个人最终获得成就并有完美结局。

"物有本末,事有始终",人的成长与发展,有其内在规律性和基本特征。简单来讲,人的成长规律和基本特征包括以下内容。

（1）成长、发展与成熟。

成长和发展一般指人生理方面的改变,是细胞增殖的结果。表现为机体整体和各器官的长大,即机体在量方面的增加。成长和发展是生命中有顺序、可预期的功能改变,包括身、心两个方面,表现为细胞、组织、器官功能的成熟和机体能力的演进。发展是学习的结果和成熟的象征。

成熟是成长和发展的结果,狭义的成熟是指生理上的生长发育,广义的成熟包括心理的发展。其显著的特征是:由遗传基因所决定,但又受环境影响。人的成熟可表现为:从依赖到自治、从被动到主动、从主观到客观、从无知到有见识、从承担责任少到承担责任多等。

（2）基本特征。

人的成长与发展的基本特征主要包括顺序性、阶段性、不平衡性、互补性、差异性等。

顺序性指身心发展由低级到高级,由简单到复杂,由量变到质变。人的发展在一些方面是不可逆并且不可跨越的,如人的思维发展由直观动作思维向具体形象思维再向抽象逻辑思维发展。老子教育之道对教育工作者的启示是:应遵循学生的发展顺序进行施教,做到循序渐进,切忌拔苗助长和陵节而施,否则,欲速则不达。

阶段性指不同年龄阶段有不同的特征及主要矛盾,面临着不同的发展任务,如学生在童年期、少年期、成年期和青年期等阶段表现出不同的特点,有不同的发展任务。老子教育之道给教育工作者的教学启示是:必须根据不同年龄阶段的特点分阶段进行,在教育教学的要求、内容和方法的选择上，不能搞"一刀切""一锅煮"，还要注意各阶段间的衔接和过渡。亚里士多德就提出对儿童进行分阶段的教育，应与人的自然发展相适应。现在幼儿教育小学化、小学教育成人化，都是违背人的成长规律的，危害极大。

不平衡性主要表现在人成长过程中同一方面以及不同方面在不同时期发展速度不平衡，时快时慢，如有的人身体先成熟，心理却后成熟。人的身体在出生后的第一年和青春期发展最快。老子教育之道给教育工作者的教学启示是：教育要适时而教，抓住人发展的关键期或最佳期及时地进行教育。例如狼孩就是因为错过了语言发展的关键期，所以回到人群中之后难以融入。

互补性强调个体身心发展各组成部分的相互关系。一方面是指机体某一方面的机能受损甚至缺失后，可通过其他方面的超常发展得到部分补偿，如盲人虽眼睛失明但嗅觉、听觉大都十分灵敏。另一方面，互补性也存在于心理机能和生理机能之间，如身患重病或身体有残疾的人，可能具有顽强的意志。老子教育之道给教育工作者的教学启示是：要结合学生实际长善救失，扬长避短，注重发现学生的自身优势，促进学生的个性化发展。

差异性主要表现在两方面。一方面是群体和群体的差异。首先表现为男女性别的差异，不仅是自然性别上的差异，还包括由性别带来的社会角色、交往群体等的差别。另一方面是个体和个体的差异。其中有些是发展水平的差异，有些是心理特征表现方式上的差异，如有的人聪明早慧，有的人大器晚成。老子教育之道给教育工作者的教学启示是：教育必须因材施教，根据学生的实际特点进行有针对性的指导和教育。

现在全民都重视教育，家长望子成龙、望女成凤，如果忽视了人的成长规律，其结果一定是事与愿违，难以达成预期目标。古人主张"幼儿养性，童蒙养正，少年养志，成年养德"，将教育的阶段性划分得很清楚。孔子在《论语·为政》中说："吾十有五而志于学,三十而立,四十而不惑,五十而知天命,六十而耳顺,七十而从心所欲,不逾矩。"这也体现了人的成长是分阶段的。现在很多家长在孩子很小的时候就让他们学这学那,而忽视了他们人格的培养,结果造成了很大的社会问题。孩子在幼儿时如果家长陪伴不够、关心不够,会造成很大的心理问题,长大之后很难纠正,有的甚至会给家庭和社会造成危害。

实际上,如果我们了解了人成长的规律性,就会发现一个十分重要的情况:在这个世界上,没有一个职业比做家长更复杂的了。在教育孩子的问题上,有时候一个不经意的眼神可能就会导致孩子的心理发生巨大变化。所以,在家庭教育的问题上,就像面对高端精密仪器,里面的精微器件,动坏任何一个,就会导致出现问题。实际上,人的精神世界里,在看不见的距离之间就有无数细胞,要比计算机精微得多!我们面对他人时,因为自己本身也是人,所以我们有一个基本的思维方式叫"以己推人",我们容易把自己在成长中的经验当成真理去教育孩子,这是目前很大比例家长的做法。在苛责、打骂、不通情达理的环境下长大的孩子,长大以后自己做父母时可能会出现两类极端:一类是严厉管教孩子,"我爸我妈就是这样做的……我在那样的条件下都……";另一类是"我决不让孩子受我那样的苦……"。第一类人是一点反思能力也没有,是上一辈人教育方式的翻版,后一类人则很容易走上溺爱的教育歧途。孩子的成长规律需要我们通过学习甚至接受训练才能掌握,可实际上98％的家长都没有经过训练,很多人是"一不小心"做了家长,因此,家庭教育可能是中国教育当下最大的短板。

2. 教育规律

教育要回归规律,这是诸多有识之士的共识。在当前教育形势下，更需要我们认真思考什么是教育规律以及怎样才能给孩子营造一个健康的成长环境。

（1）要"顺其自然"。

老子"无为"的思想，就是要尊重客观规律，在"道法自然"的基础上有所作为。所谓"道法自然"，就是顺任事物的自然本性，以及因性而动所表现出来的自然规律。万物的生长都必须"惟道是从"，人也应该如此。心理学对孩子身心发展研究所得出的结论是：学习作为个体变化适应环境变化的活动来说，需要以个体一定的成熟为基础和自然前提，而成熟则为学习提供物质的可能性。实践证明，学习并不以教育者的意志为转移。在一定阶段中，学习什么？从何开始？都要以学习者相应的成熟度为条件。强行教一个语言器官和其他机能尚未发展到一定程度的儿童演讲，肯定是行不通的，而且这种超过儿童身心发展限度的强制性学习，对儿童是一种巨大的伤害。因为，它不仅会使儿童的大脑负担过重，同时这种由外部强行灌注的方法，只能训练儿童的机械记忆，而不能使儿童变得聪明并学会理解和独立思考，这样做会抑制儿童的兴趣和好奇心。这种伤害将直接影响其今后个性的形成和学习能力的增强。事实证明，如果学习的要求与其相应的成熟状态相距太远，不是徒劳无功，就是得不偿失，因此，早期教育要注意适时性，不宜过早。意大利著名的幼儿教育家玛利亚·蒙台梭利认为："儿童具有强大的自发学习的能力，当他们的身体与心理发展到一定的程度，他们会对能够帮助他们更好发展的行为与事物产生强烈的兴趣，甚至可以在一种忘我的状态中专注于他们自己的学习。"父母在这个过程中需要做的，有时仅仅是为孩子们提供一个合适的环境与一些合适的物品，在保证孩子们安全的情况下，让他们自由自发地去学习。

从《老子》的角度看，教育问题究其根本，是一个"合道"与"离道"的问题。不顺应自然,实施强制、过分说教、急功近利、投机取巧等,都是违背自然且离经叛道的表现。老子要求我们要"万物尊道而贵德"。"道之尊,德之贵",在于任由万物顺其自然地生长,而不是强制它们。从事教育,不仅要看是不是合理,更重要的是要看是不是合道。如果以教育的名义对孩子进行控制和压迫,剥夺和戕害他们的自由天性、兴趣和好奇心,这就不仅是离道,而且是"盗夸"的行为了。

（2）尊重孩子身心发展的规律。

教育的基本规律之一,就是要尊重孩子身心发展的规律,在孩子不同的成长发育阶段,创造适合于孩子、有利于孩子成长的环境和氛围,帮助孩子自主成长。比如,幼儿阶段的孩子由于脑神经系统还没有完整地髓鞘化,因此他们对周围的环境有着特别的需求,他们善于使用比喻的、幻想的、共同感受的与魔法般的方式来接近这个世界。我们需要给孩子创设各种游戏的情景,帮助孩子来接近世界、了解周围的人和事。而小学阶段的孩子,最渴望的就是了解这个世界是如何运作的。孩子们会使用他们的想象力、好奇心和满脑子的问号去主动探索这个世界,家庭和学校就要为他们认识这个世界、主动探索这个世界创造良好的条件。

孩子在幼儿园到小学的学习过程中,游戏、玩耍是最重要的事情,这也是他们了解、探究世界最为重要的方式。在 2002 年诺贝尔物理学奖得主小柴昌俊看来,他最难忘的就是小时候在学校后山与同学追逐赛跑、拔农家蔬菜等肆意玩耍的那段时光,童年的快乐生活极大地影响了他的科研事业。达尔文小的时候整天掏蚂蚁窝、捉蝴蝶、摸鱼虾、研究臭虫,就是不愿意学习。他的父亲气急败坏,认为他"除了打鸟、养狗、捉老鼠外,有用的事一样都不会干,将来会丢全家的脸",但他的父亲并没有严厉禁止他做自己喜欢的事情,因此世界上多了一位伟人。

在鲁迅先生的《从百草园到三味书屋》中，我们可以感到，鲁迅先生追怀着置身于百草园和三味书屋的那一份温馨，深含着先生童年时代的情趣向往。百草园里有着绚丽多彩的自然风物，菜畦是碧绿的，石井栏是光滑的，皂荚树高大，桑葚紫红，何首乌根牵连不断，覆盆子又酸又甜。百草园里还有惹人注目的鸣禽飞虫，夏蝉在树叶里长吟，黄蜂娇憨地伏在菜花上，轻捷的云雀忽然从草间直窜向云霄里去了。少年鲁迅是何等陶醉。"三味书屋后面也有一个园，虽然小，但在那里也可以爬上花坛去折蜡梅花，在地上或桂花树上寻蝉蜕。最好的工作是捉了苍蝇喂蚂蚁，静悄悄地没有声音。"高墙之内的四角天空下，少年鲁迅就是这样充满童趣，天真纯朴。

我也经常回想起自己的童年生活。或许是因为处于特殊时期，学校的学习是没有多少负担的，每天有大量的时间可以自由支配。我和同龄的小朋友们春天在田野里采摘各种野草野花，夏天用丝线做成的套子去捉知了，秋天盯着树上各种熟透了的果子，冬天在白雪皑皑的地里追赶野兔。家里的农活也没有少干，打猪草、割牛草、照看妹妹等，农忙的时候还要作为小劳力在生产队里挣工分。晚上也不会闲着，用各种材料自己制作弹弓、弓箭、火柴枪、板板车、水枪等玩具，或者几个人挤在一起听大人讲故事。这样的"放养"，让我身心愉快地走过了义务教育阶段的历程。童年的生活对人的一生有着非常重要的影响。和今天的孩子相比，我当时学到的文化知识应该远远少于他们，但童年阶段培养出来的好学习惯，让我受益到今天。

曾看到过这样一个故事：印度有一个名叫布提亚·辛格的小男孩，他在4岁半时就完成了全程马拉松的比赛，被人们称之为神童。5岁那年，辛格计划用10天的时间跑完500公里的行程，但就在他准备启程的时候，被警方叫停了。印度政府的理由是：

辛格只是一个 5 岁的孩子，500 公里的路程，对他的体力和情绪都是一个负担。让一个孩子去尝试不属于他年龄的生活，是一种极大的残忍。国家可以不要神童，但有责任保护一个孩子的生命健康。因为尊重孩子身心发展的规律，才会有"要孩子，不要神童"的抉择。不尊重孩子身心发展的规律，对孩子成长的影响是巨大的。意大利教育家马拉古兹说："我们非常留意和尊重儿童的时间，我们真的需要放慢脚步，给予儿童所需要的时间，我们需要等待孩子。"在当下的中国，我们务必要遵循孩子身心发展的规律，让教育远离折腾，让教育自然地发生。

（3）遵循学生自我发展规律。

英国著名数学家、哲学家和教育理论家怀特海反复强调：学生是有血有肉的人，教育的目的是为了激发和引导孩子的自我发展。孩子的自我发展主要表现在以下几个方面。

一是全面发展。文化课只是孩子学习的内容之一，还有比之更为重要的学习内容，包括道德观念的提升、社会运行规则的体认、待人处事方法的学习、好奇心的培养、良好习惯的养成等。尊重孩子自我发展的规律，就是要让孩子在学校学习期间，在诸多方面都能得到发展。

美国营养学家戴维斯在研究了当下人们的饮食结构和疾病特点之后指出，当下的人们具有"相对营养过剩，绝对营养不足"的特点。随着人们饮食习惯、饮食结构的大调整，人体摄入的某些营养过多，但人体健康所需要的很多微量元素却严重不足，从而导致各种疾病的产生。今天的教育，也面临着和饮食相同的问题。戴维斯说，我们的教育把学生关在一个叫教室的地方，过量地灌喂给学生诸如脂肪、蛋白质、碳水化合物等营养成分，学生却很少有机会摄取其他微量元素。最可怕的是，大家都看到了这一问题的严重性，但谁也不愿意改变自己，依然拼命地将各种所谓的营养成分强灌给学生。

二是自主发展。陶西平先生所提出的"阳光法则"很值得每一位教育工作者思考。他说阳光有两个特点：一是不加选择地照耀着所有的人；二是阳光不代替你生长，但为你创造有利于生长的环境。这一原则完全符合老子的思想。教育也是如此，应该平等对待每一个孩子，让所有的孩子都能享受公平地接受教育的权利；同时为每一个孩子营造良好的教育氛围，让其能够在这样的环境中得到有效的成长。

教育的公平，是近些年大家都非常关注的一个话题。从机会公平、起点公平到过程公平、结果公平，还有很长的一段路要走。近些年来政府在这方面已经采取了一系列举措，相信再经过一段时间的努力，其效果会逐渐显现的。在一所学校内部，同样也存在着教育公平的诸多话题。每一个孩子的成长潜质各不相同，在实施教育的过程中，要注意了解孩子的个性特征，尊重孩子发展的需求，并为孩子的个性化需求提供服务和保障。法国历史学家、政治家和政治学的奠基人托克维克曾提出这样的问题：为什么当文明扩展时，杰出的个体反而少了？为什么当知识变得每个人都能获得时，天才反而再难见到？其原因可能是多维的，但一刀切、不尊重学生个性特长的教育方式，显然是其中一个重要原因。

三是主动发展。学生在校学习的时间有限，信息时代知识又呈现出爆炸式的增长，这样巨大的矛盾冲突要求今天的人们必须成为终身学习者，必须成为主动学习、主动发展者，这样才能应对未来世界的挑战。

学习是孩子自己的事情，家长和老师都无法替代。每个孩子都是好学的，教育的任务就是要努力呵护他们的这种向学之心，在关键的时候帮扶他们一把，让他们拾级而上。判断教育是否成功,关键就看学生是主动自觉地学习,还是在外界的逼迫下学习。诺贝尔文学奖获得者、爱尔兰剧作家萧伯纳说:"我们希望看到的是儿童追求知识,而不是知识追求儿童。"这也特别突出了主动学习的意义和价值。现在教育面临的另一个问题,是强压式学习,包括整堂灌输、大量的作业和练习、频繁的考试和排名等,许多教育工作者期望以这样的方式出成绩,但这样做恰恰违反了教育的常识。著名诗人泰戈尔说:"不是铁器的敲打,而是水的载歌载舞,使粗糙的石块变成了美丽的鹅卵石。"这句话,希望广大教育工作者仔细品味。

（4）家庭教育规律。

其实,上述规律中已经包含了家庭教育的诸多讨论,但我还是想把家庭教育拿出来再做一些专门讨论。

在汤勇的《回归教育常识》这本书中,我读到了这样一则故事:2015年上半年,广州发布了一项全市家庭教育调查报告,其中,亲子间的沟通障碍竟成为本次调查的重大发现。为什么最亲的人之间反而出现了沟通障碍? 作者认为,一是现在的父母为了生计,没有时间陪伴孩子;二是一些父母虽然在孩子身边,但却喜欢做甩手掌柜,将孩子交给爷爷奶奶照看,自己忙自己的事情。另外,我想还有一个原因,就是家长对孩子文化课的学习注入了太多的热情,孩子点点滴滴的课余时间都被各种辅导班占满,这也无形中阻隔了孩子和家长的沟通。

我们这一代人出生的那个年代,还没有计划生育这件事情,所以一个家庭中有几个孩子是很正常的。那个时候的父母都比较忙,家中孩子多,大的孩子可以陪伴小的孩子,哥哥姐姐无形之中就承担了父母的很多责任。因为相互之间年龄差距不大,也不存在代沟,相互沟通起来非常顺畅,很多思想问题、情绪问题等通过兄弟姐妹之间的相互沟通就化解了。现在的情况有了很大的不同，很多年轻的父母自己就是独生子女，养育的孩子也是独生子女。独生子女一个最大的问题就是缺少陪伴，不仅在自己的家里找不到同龄人，在自己的周围也很难找到玩伴。很多家长为了孩子所谓的成长，都把他们"圈"了起来，或放在了各种辅导班中。因为缺少陪伴，孩子成长过程中的很多思想、情绪、心理等方面的问题很难得到化解，持续积蓄在自己的心中，就会导致各种心理问题。

真正的家庭教育在于陪伴，陪孩子说说话，陪孩子读读书，陪孩子看看动画片，陪孩子走进大自然，陪孩子参加有益的活动，陪孩子慢慢长大。要通过陪伴，培养孩子关爱、信任、理解、负责、尊重等品格，帮助孩子走好人生的关键步。很多孩子在成长过程中出现的问题，都与童年时期缺少陪伴、缺少关爱、缺少基本的信任、缺少最起码的沟通有关。教育只有按规律来进行，孩子才有可能健康成长！

（5）若干被忽视的方面。

一是意识、潜意识与教育。心理学与教育学研究表明，人类的意识就像是一座冰山，浮出水面的显现部分是显意识，约占整个意识的 5%，而潜在水下不易被看到的部分是潜意识，约占整个意识的 95%。潜意识潜在人的心灵深处，如果不去唤醒，就永远都看不到。当下的教育主要针对显意识展开，对潜意识部分基本没有太多的关注。

按照心理学观点，潜意识包括感觉、情感、情绪、价值观、信念、观念、认同、隐藏的意识型能量、遗传基因意识型能量、超意识等。这些占了意识的绝大部分，对一个人一生的成长和发展极为重要，而这些东西很多被我们的教育忽略了，因此，加强潜意识的教育应该成为我们教育的重要内容。潜意识教育在很大程度上对应于老子的"无言之教"。

潜意识教育是指运用我们大脑中被定为"潜意识"的能力来学习新知识，从而起到灵活运用、随用随取的目的。潜意识的学习是一种重要的学习，往往通过自己的无意注意、无意记忆以及本能的好奇、模仿、揣摩，将别人需要经过艰苦努力才能学到的东西轻易掌握，而不会导致不愉快的情绪和造成过重的负担。著名学习力教育专家余建祥认为潜意识教育是一门系统的教育体系，并将潜意识教育融入到其学习力教育体系中，丰富了学习力教育体系。

二是大脑学习与身体学习。很多人都认为，学习是大脑的事，与身体没有关系。实际上，这是极大的误解。以我们学骑自行车为例，如果你用大脑学习，即使将自行车的所有知识都背熟，你也不会骑自行车，只有通过身体的实践才能学会。一旦学会了，即使你多年不骑，给你一辆自行车，身体稍微适应一下就又会骑了，这便是身体学习的典型例子。大国工匠、工艺美术大师、画家、书法家、音乐家等往往既靠大脑学习也靠身体学习。

三是真我与假我。我们每天都会说很多次"我"，可是我是谁？我从何处来？要往何处去？我们是否也曾这样追问过？又有多少人用这些问题启发过孩子或学生？这些问题虽然是哲学问题，但对于教育也有重要的意义。由于"真我"被身体、角色、称谓、身份、情绪、欲望、思想等包裹，一些人活了一生，也没有认识到"真我"。老子讲"道法自然"，人与万物都根源于道，道是人一切实践活动的出发点和归宿。人只有遵循自然法则，才能为自然所接纳。我们只要"致虚守静"，保持内心的安宁平静，放下身体、角色、称谓、身份、情绪、欲望、思想这些"假我"的束缚，就可以接近于道，而这个道就是"真我"，也就是妙明真心。

四是知识与智慧。在过去的2000多年，知识发生了翻天覆地的变化，但是，我们人类的智慧却似乎没有太大进步。知识是可以学来的，而智慧则是一种体验。国家与国家之间、民族与民族之间、人与人之间的竞争是智慧的竞争、体验的竞争。未来的100年是智慧的时代，是体验的时代，是服务的时代，是科技的时代，我们需要改进当下的教育方式，重视智慧的发展，这样，我们才能更好地完成民族复兴的大业。

第二篇 分　　说

《老子》一书最初既无名字，也没有分章。后人在进行图书分类时，将先秦诸子著的书称为"子书"，按照这个做法，老子著的书就称《老子》。到了西汉时期，有一个名叫河上公的人最早将老子著的书分成了81章。为什么分成81章呢？一种说法是：在中国文化中，阳数最高的数字是九，九九归一，河上公就根据这个数字的神秘指向，把这本书分成了81章。由于在河上公《老子章句》中，前37章为《道经》，后44章为《德经》，故《老子》又有了《道德经》之名，本书仍主要称该书为《老子》。本书第二篇便以河上公的分章为基础，对《老子》各章内容大意作简要注释，并在此基础上，结合我国当下教育的实际，对有关教育的一些问题，特别是有关家庭教育方面的问题作简要评析。

第一章

原 文

道可道，非常道；名可名，非常名①。无，名天地之始；有，名万物之母②。故常无，欲以观其妙③；常有，欲以观其徼④。此两者，同出而异名，同谓之玄⑤。玄之又玄，众妙之门⑥。

译文大意

道这种东西是可以用言语来表述的，但是可以用言语表述出来的道，它就不是永恒不变的道了；名这种东西也是可以讲得出来的，但是如果可以讲得出来的名，它就不是永恒不变的名了。无，它用来表述天地形成之前混沌未开的状况；有，它用来表述宇宙天地开始形成后万物产生的根源。所以，从永恒的无中，可以观察到道的幽渊高妙；从永恒的有中，可以观察到道的运行规律和边界。无和有两者来源相同，只是名称不同罢了，它们都非常幽深玄妙。幽深玄妙又幽深玄妙，它们都是天地万物和一切奥妙的总门径。

注 释

① 道可道,非常道;名可名,非常名:此句出现三个"道"字和三个"名"字。第一个"道"和第三个"道"是名词,是老子首先提出来的哲学名称,泛指宇宙之本源、天地之本始、造化之枢机,支配着物质世界的变化和规律。第二个"道"是动词,指解释、表述以及用语言来说明等意思。此句中的第一个"名"和第三个"名"是名词,亦是老子哲学的重要范畴。先秦时期人们所说的"名"指名词和概念,认为"名"是对"实"即客观事物的真实性和本质性的反映,是人们表述思想的工具。凡名必须副实,才是确切的"名",否则取无意义。第二个"名"是动词,指用言语正确表达概念。

② 无,名天地之始;有,名万物之母:"无"和"有"与"道"共同成为老子哲学的核心概念。正确理解"无"和"有"的内涵成为学习老子哲学的关键,但要做到这一点并非易事,《老子》中有多处明确表达,如第一章中"故常无,欲以观其妙;常有,欲以观其徼";第二章中"有无相生";第十一章中"有之以为利,无之以为用";第四十章中"天下万物生于有,有生于无"。始,混沌未开的状态。母,本源。

③ 妙:深邃奥妙。

④ 徼:读 jiào,边际,边界,可引申为端倪的意思。

⑤ 玄:玄妙,深奥。

⑥ 众妙之门:一切奥妙变化的总门径。此处用来比喻宇宙万物的唯一源头"道"的门径。

教育评析

"道可道,非常道;名可名,非常名。"这是《老子》的开篇之句,似乎揭示了一个困境，"道"是存在的，但很难准确言说和定义，然而又不得不言说和定义。其实，教育之道也是如此，想说说不好，不说又不行。不过，《老子》主张不可言说的"道"，完全可以少说，甚至可以不说，那就是"行不言之教""夫物芸芸，各复归其根"和"多言数穷，不如守中"。归根守中是一种返璞归真、向内悟道的精神。

教育是人类的复杂活动，有无数难以界定和解释的现象。这些现象，每一位师生都在时时刻刻经历着，如果没有悟道的精神，就很难领悟到教育的本质，也很容易失去方向。

我们如何来理解教育之道呢？老子一开始就告诉我们，"道"这个东西可从恒无来观察它的幽渊高妙，从恒有来观察它的规律和边界。恒无与恒有，如果我们不用形象的语言来表述，就不太好理解。谁看见过风？没有人清楚地看见！这叫无。风在吹时，树在摇摆、水在起浪……，这些大家是能看得到的，这叫有。这说明风是存在的，不仅存在，而且发挥着巨大的作用，一场超级台风过后，所产生的后果大家都能感觉到。我们在报刊上经常看到民风、作风、家风、国风、校风，大象无象，却力量无穷。再举一例，我们人都是一个肉体，这叫有，每个人都有精神世界，这个精神世界是无形的，但如果没有精神世界，只剩下一个肉体，那叫行尸走肉。所以，任何一个事物都有"无"和"有"两个方面，我们观察一个事物要从"无"的角度观察它的妙处，从"有"的角度来观察它的规律和边界。教育之道也同理，而且在教育中往往看不见的部分比看得见的部分更重要。如教育中"道"与"术"。"道"是指什么支配着你（如规律、道德、精神、爱心、孝心、品质等）；"术"是指你能支配着什么（如方法、技巧、仪式、知识等）。进一步拿道德与知识来说，在远古时期，我们的祖先虽然没有丰富的科技知识，但他们却都知道照顾老人、哺育幼儿，并把得到的食物分给族群分享，而现在许多人却不一定能做到这些。老子说："失道而后德，失德而后仁，失仁而后义，失义而后礼。"(《老子》第三十八章)在教育中我们一定要把握好"无"和"有"的辩证关系，特别是要高度重视看不见的"无"的部分。

第二章

原 文

天下皆知美之为美，斯恶矣；皆知善之为善，斯不善矣①。故有无相生，难易相成，长短相形，高下相倾，音声相和，前后相随，恒也②。是以圣人处无为③之事，行不言之教。万物作焉而不辞，生而不有，为而不恃，功成而弗④居。夫惟不居，是以不去⑤。

译文大意

天下人都知道美是什么，那事情就坏了；都知道何谓善，实际上就不好了。因为知道了美与丑、善与恶，分别心和二元对立也就随之产生出来了。所以，有和无相伴而生，难和易相辅相成，长和短相比较而显现，高和下相对比而依靠，音与声相恃而谐和，前和后相互跟随，这些都是普遍存在的。所以圣人处事没有二元对立之心，而是顺乎自然，崇尚无为，实行不言的教导。任凭万物自然生长而不干涉，生养万物而不据为己有，为万物尽了力而不自恃己能，功成业就而不居功自傲。也正因为他不居功自傲，所以他的功绩永存不灭。

注 释

① 天下皆知美之为美，斯恶矣；皆知善之为善，斯不善矣：这句话很不好理解，为什么天下人知道善恶不好呢？我们的长辈、师长，不都是告诉我们要明辨是非、好坏、善恶、对错吗？我们做好人有什么不好呢？这段话其实讲到了二元对立的概念。一般的人都喜欢从自我的立场出发，去界定所谓的好坏、是非、善恶、美丑。在老子看来，大自然和人类是有区别的，它没有人类的那些虚妄分别心。大自然不会因为这朵花开得大，就是美的，就是好的；那朵花开得小，就是丑的，就是不好的。其实，说白了，人类这样的分别心，在每个人身上大多都有体现。那些虚妄的分别心产生之后，自然而然地就产生了冲突、矛盾、对立。

② 故有无相生，难易相成，长短相形，高下相倾，音声相和，前后相随，恒也：所以有和无互相依存，难和易互相形成，长和短互相显示，高和下互相补充，合音与单声互相谐和，前和后互相接应，这是永恒不变的。

③ 无为：这是老子社会政治思想最重要的原则，意思是对于世事应该顺乎自然，不必管束和干涉，任凭人们不经意地去做什么或不做什么。

④ 弗：不。

⑤ 不去：不失去。

教育评析

"二元对立"这个词看起来很专业，但基本上属于那种不需要解释就能懂的概念。黑与白是对立的，好与坏是对立的，对与错是对立的，在二元的世界里，一切都非常简单。老子反对二元对立，因为它的危害极大。

正是因为二元对立极其简单而常见，所以非常适合孩童了解和适应这个世界。毕竟孩童理解不了复杂事物，也接受不了复杂事物。看电视，他们眼里只有好人和坏人；交朋友，他们心中不是喜欢就是讨厌；玩游戏，他们认为结局不是赢了就是输了。总之，很难有第三种可能。孩子在这种氛围中成长，长大后必定将此作为认识世界、了解社会和与人相处的基本方法，可想其后果的严重。我们做父母的很多也是在这种氛围中长大的，因此我们在教育孩子时也或多或少带有二元对立的气氛。例如，一些父母经常说："你管好自己的学习就行了，其他的事不用你操心了。"学习好就好，学习不好就坏。事实真是如此吗？更奇怪的是，我们的许多老师也来凑热闹，也将二元对立思想带入教育和人才培养中。好学生与差学生、听话学生与不听话学生、城市学生与农村学生、富学生与穷学生、容貌好的学生与容貌差的学生……不同省份学生读名校的难度差别相当大，各种各样的分别心在中国教育的各个层面广泛存在。如果从更大的层面上讲，教育的本质不应该存在分别心，但要有分辨心。所谓有教无类，就是不要因出生地区、容貌、成绩而贴上标签，令学生失去公平受教的权利；不要因才智、性格、特点而有所取舍，令学生失去知耻知过的心性与勇气。人的心性本无善恶之分，一如山川草木，只因受尘世沾染，才心生善念或恶念。而要去恶扬善，必要先学会分辨何为善何为恶，即所谓分辨心。

受二元对立思维的影响，长期以来教学被看作是确定的、技术性的活动，产生了理论与实践、专家与新手、共性与个性的区分与对立。要实现对立双方的辩证统一，老师要充分认识教学的复杂性，确立智慧性教学观；要坚持终身学习理念，建立专业共同体；要打破知识霸权，确立多元知识观。

在第二章中，除了反对二元对立，反对在教育中有分别之心外，老子还提出"行不言之教"以及"生而不有，为而不恃，功成而弗居"等，这些观点老子在后面的许多章节中还会强调，我们也将在后面的章节中再作论述。

第三章

原 文

不尚贤①,使民不争;不贵②难得之货,使民不为盗③;不见④可欲,使民心不乱。是以圣人之治也,虚其心⑤,实其腹⑥,弱其志⑦,强其骨⑧。常使民无知无欲⑨,使夫智者⑩不敢为也。为无为,则无不治⑪。

译文大意

不推崇标榜所谓的贤人,可使民众不起争夺之心;不炒作炫耀难得的货物,可使民众不去做盗贼;不展示足以引起人私欲的东西,可使民众之心不被迷乱。所以圣人治理的原则是:使民众内心虚静,吃穿保障,欲望减弱,体魄强健。使民众常保持无智巧、无贪欲的自然淳朴状态,使那些自恃才高八斗而又诡计多端的人不敢妄为造事。按照"无为"的原则来治世,则没有治理不好的。

注 释

① 尚贤：推崇有才德的人。尚，即崇尚、尊崇。贤，即所谓有德行有才能的人。

② 贵：珍贵，珍视。

③ 盗：盗贼。

④ 见：通"现"，出现，显露。这里是显示、炫耀的意思。

⑤ 虚其心：使人内心宁静、谦虚、无思无欲。

⑥ 实其腹：使人衣食住行有保障。

⑦ 弱其志：使奢欲减弱。

⑧ 强其骨：使人体魄强健。

⑨ 无知无欲：无智巧、无贪欲的自然淳朴状态。

⑩ 智者：自恃才高八斗又诡计多端的人。

⑪ 治：治理。这里指将天下治理太平。

教育评析

教育中的"五唯"（即唯分数、唯升学、唯文凭、唯论文、唯帽子。下同）是老子在本章中提出的"不尚贤，使民不争；不贵难得之货，使民不为盗；不见可欲，使民心不乱"反证法的显著体现。

就人才培养而言，科学的教育评价观是开展教育评价的重要前提，发挥着教育"指挥棒"的重要作用。目前存在的"五唯"评价标准"一刀切"，扭曲了人们的教育价值观和教育评价观，已经成为制约学生全面健康发展的重要因素，成为阻碍新时代教育改革和发展的顽疾，这里主要就"五唯"对人才培养的危害作简要论述。

一、唯分数。分数一般是指考试或测评的成绩，虽然是检验学生学业水平、衡量老师教学效果的重要标准，但不是唯一标准。

"唯分数"是指处处以分数而论,主要表现在:将考试成绩作为评价学生的唯一标准,甚至把学生成绩的"四率一分"(及格率、优秀率、高分率、低分率、平均分)作为老师绩效考核的重要评判标准。"唯分数"泛滥导致高中、初中教育的异化。具体而言,"唯分数"论的危害之一在于"考什么就教什么"。老师直接灌输知识点,为了考试成绩大搞"题海战术",重知识轻能力,考试成了教学的最终目的。危害之二在于"教什么就学什么"。学生为了考高分死记硬背,抹杀了个性发展和全面发展,缺乏独立思考的能力。在这种情况下,学生沦为考试的机器,其结果也必然是人才的平庸化和创造力的退化,妨碍了创新性人才的培育与发展。

二、唯升学。升学通常是指通过统一的招生考试,依据考试成绩,学生从初中升入高中、从高中升入大学。升学率是衡量一所学校办学质量和发展水平的重要指标,但不是唯一指标。"唯升学"是指政府、学校、老师、学生将升学作为唯一的追求,主要表现在:片面追求"升学率""上线率""重点率"等。在这种教育评价观的误导下,学校办学方向偏离,培养"四有青年"目标缺失。学校的领导和老师拼命抓学习成绩,其他方面的教育则被"边缘化"。对于要计入中、高考总分的科目高度重视,其他科目沦为"副科",上课时间常常被挤占。与此同时,家长为了让孩子上名校,给孩子报各种辅导班,课外辅导机构泛滥,造成学生校外"课业负担"愈发严重。

三、唯文凭。唯文凭是指把文凭作为社会、政府、学校评判人才的唯一标准,主要表现在:把文凭与能力画等号,将高学历、名校奉为圭臬;为文凭而读书,不求真才实学,致使"有文凭而无水平",导致当前不论是学校、家长、学生,还是就业市场和用人单位,都对高文凭趋之若鹜,落入"学历主义"的窠臼。更让人不解的是,许多高水平大学在带头"唯文凭"。人才招聘唯文凭,非

985大学毕业的不聘，甚至在招收研究生时，也非985大学毕业的不招。这种现象越来越广泛地存在，说明了我们的教育"唯文凭"问题的严重程度。

四、唯论文。唯论文是指仅以论文的发表数量和刊物水平作为评价标准。在"唯论文"导向的激励下，学生急于求成，导致学术基础不扎实，研究能力和创新意识不足，难以有较大发展。更有甚者，出现论文剽窃、抄袭等造假现象，导致学术不端，学生培养质量频遭诟病。我们一些高水平大学的研究者曾被国际高水平学术期刊发现学术造假，这种现象甚至存在于一些所谓的学术顶尖人物中，可见其危害之大、祸乱之深。

五、唯帽子。"帽子"通常是社会身份的象征，在一定程度上反映了人才的层次和水平，体现在学校教育中则为名目繁多的荣誉称号和干部头衔等。唯帽子是指以"帽子"作为学生就业和晋升发展的唯一依据。一些用人单位片面强调以"帽"取人，甚至针对"帽子""头衔"设立高额奖金；一些学校过分强调"三好学生""优秀学生干部"等荣誉称号和学生干部经历，并与升学、留校、就业和奖学金等直接挂钩。

破解"五唯"顽疾是当今教育的重大命题，老子在本章中提出的思想值得我们领会和参考。要努力让教育者和受教育者将心静下来，宁静才能致远。要把立德树人作为检验教育工作的根本标准，要"常使民无知无欲，使夫智者不敢为"。

要深化教育体制改革，健全立德树人落实机制，扭转不科学的教育评价导向，坚决克服唯分数、唯升学、唯文凭、唯论文、唯帽子的顽瘴痼疾，从根本上解决教育评价"指挥棒"问题。

第四章

原 文

道冲^①，而用之或不盈^②。渊兮^③，似万物之宗^④。挫其锐^⑤，解其纷^⑥，和其光^⑦，同其尘^⑧。湛兮似或存^⑨。吾不知谁之子，象帝之先^⑩。

译文大意

道虽然虚空无形，但它的作用却是无穷无尽。渊博深远啊！它好似万物的祖宗。它磨掉了锐气，解脱了纷乱烦扰，隐蔽了光芒，把自己混同于尘俗。其深远幽暗又好像无处不在。我不知道它是从哪里产生出来的，好像在天帝出现之前就已经存在了。

注 释

① 冲：虚空。

② 盈：充满之意，引申为尽。

③ 渊兮：渊博深远。兮，语气词。

④ 宗：祖宗，祖先。

⑤ 挫其锐：消磨掉它的锐气。挫，消磨，折去。锐，锐气。

⑥ 解其纷：解脱了纷乱烦扰。

⑦ 和其光：隐蔽了自身的光芒。

⑧ 同其尘：把自己混同于尘俗。"挫其锐，解其纷，和其光，同其尘"中的四个"其"字，都是说的道本身的属性。

⑨ 湛兮似或存：形容道的隐而无形，但又确实存在的状态。湛，意为深沉。似或存，意思是好像存在又好像不存在。

⑩ 象帝之先：似产生于天帝之先。

教育评析

这一章告诉我们，道以"虚空"或"无"的形态存在，但它有着无穷无尽的能量。道渊博深远，是世间万物的本源。教育之道也是如此。如果我们在教育之中依道而行，那我们的工作就会"虚而不屈，动而愈出"（《老子》第五章），也就是越来越有成效地向前发展。

"用之或不盈"讲的是道的无穷性和多变性。一个人很难看清道的全貌，它的玄妙之处正是在于你永远看到新的东西，却又永远不知道其背后还有什么。可以这样说，我们正是处在一个"有限的无限"的时空下，用"有限"的精力做人做事，用"无限"的心量容人容事，如《菜根谭》中所说"君子之心事，天青日白，不可使人不知；君子之才华，玉韫珠藏，不可使人易知"。在对道的体悟中，感受到"有限"和"无限"的各自好处，是极其不易的。

很多人熟悉的一种教育方法叫"启发式教学"，就是通过启发和推动，一层一层地揭示知识和道理，并在这个过程中，训练学生的某一项或某几项技能。这种"启发式教学"，恰是某种意义上的"用之或不盈"，它可以不断地推导和延展，有时候是完全超脱预计之外的。柏拉图和色拉叙马霍斯就"正义"话题的辩论，就好像是一位谦和的老人和叛逆的孩子之间的启发教学，话题不断被展开和延伸，或有交锋，或有责问，或有感悟，于不知不觉之中完成了一个教育的过程。我们的家长和老师，在教育孩子的过程中应该以此为参照，在不知不觉中完成教育过程，实现育人目标。

第五章

原 文

天地不仁①，以万物为刍狗②；圣人不仁，以百姓为刍狗。天地之间，其犹橐籥③乎？虚而不屈④，动而愈出。多言数穷⑤，不如守中⑥。

译文大意

天地无所谓仁慈仁爱，对待万事万物就像对待刍狗一样平等；圣人也无所谓仁慈仁爱，对待百姓也像对待刍狗一样平等。天地之间，不就像一个大风箱吗？它空虚但不穷尽，越鼓动出的风就越多。言语烦琐又无道理反而更加使人困惑，不如持守虚静。

注 释

① 天地不仁：天地不是人格神，没有意志，没有所谓的仁慈仁爱之心。

② 刍狗：用草扎成的狗。古代专用于祭祀之中，祭祀完毕，

就把它扔掉或烧掉,比喻轻贱无用的东西。在本文中指天地对万物、圣人对百姓都不经意、不留心而任其自长自消,自生自灭。

③ 橐籥:风箱,冶炼时为炉火送风助燃的器具。

④ 屈:竭尽,穷尽。

⑤ 多言数穷:言语烦琐又无道理。

⑥ 守中:守住内心的虚静。

教育评析

在这一章中,老子给我们强调了不偏不倚、公平平等的极端重要性,因为天地对万事万物是公平平等的,圣人对万事万物也应该是公平平等的,即所谓"天地不仁,以万物为刍狗;圣人不仁,以百姓为刍狗"。教育公平是社会公平的重要基础。我们的教育最重要的目标是,要不断促进教育发展成果更多更公平地惠及全体人民,以教育公平促进社会公平正义。要加强对基础教育的支持力度,办好学前教育,均衡发展九年义务教育,基本普及高中阶段教育。要优化教育资源配置,逐步缩小区域、城乡、校际差距,特别是要加大对革命老区、民族地区、边远地区、贫困地区基础教育的投入力度。

教育公平是指公民不分种族、民族、性别、职业、社会地位、财产状况、宗教信仰等,在受教育方面享有公平平等的权利,每个人有平等的入学机会,在教育过程中受到公平对待,以及有公平地取得成就的机会。这是世界各国普遍的教育思想。

教育公平的涵义包含四个原则。

第一,人即目的原则。人受教育的最终目标是个体自由和谐发展,只有尊重每一个个体的基本人权与自由发展,才符合教育公平的原则。

第二,教育权利公平原则。这是相对于政治、经济上的平等权利来说的。

第三，教育机会公平原则。良好的教育制度是每个人有均等的入学机会，在教育过程中有均等地被对待和获得成功的机会。

第四，差别性对待的原则。由于教育的效果会因受教育者个人的天赋、机会与机遇而不同，机会公平不可能机械地实现，因此，教育公平的实现必然要对每一个个体实行因材施教。要把教育看成是走向社会公平的一个十分重要的途径，通过因材施教，让每一个个体的潜能和价值得到充分发挥。

以上是从大的方面讲的，对于老师们实施的具体教育和教学过程，公平平等地对待学生，也是教育之道，因为教育的真谛往往就蕴藏在老师的公平行为中。每一个孩子来到这个世界上，都是一个独立的个体，每个孩子的身上都蕴藏着巨大的潜能和成功的希望，老师唯有公平平等地对待每一位学生，才有可能激发蕴藏于学生身上的潜能和希望。

相关机构曾以最受学生欢迎的老师特征做过一次调查，结果"正直""不偏爱"排在最前面，后面依次是"责任心强""幽默开朗""知识丰富"等。由此看来，学生也不喜欢根据个人好恶偏爱包庇优生、歧视嫌弃差生的老师。

本章老子提供给我们的另外的教育智慧是："多言数穷，不如守中"。一些家长在教育孩子时，不知道怎样和孩子进行有效的沟通，往往沉浸于表达自我感受，一直唠唠叨叨，却忽略了孩子的感受。比如说，看到孩子看动画片、玩手机、贪玩、不做家庭作业时，父母就会反复对孩子说"快去做作业"。其实孩子早就说过"看完这一集后就去做作业"，但因为父母不停地唠叨，孩子就产生了厌烦心理甚至逆反心理进而故意不去做作业了。有的父母当孩子犯错时不能做到就事论事，而是喜欢翻旧账，把此前孩子做错的许多事都拿出来说并且说个不停，结果让孩子产生了抵触心理。其实,孩子犯一些错是正常的,孩子就是在不断犯错不断纠正的过程中成长起来的。对于孩子犯的错,父母应当一事一议,不能乱说一通,更不能反复去唠叨。在孩子身体发育的阶段,有些事情会特别容易激发孩子的不良心理反应,唠叨就是其中最为常见的一种。在被别人唠叨中,孩子会产生很多心理疾病。要么在唠叨中沉默,变得越来越孤僻自闭,要么在唠叨中和唠叨的父母一样,慢慢也变得唠叨起来。

父母的爱是最无私的,他们一心一意为孩子着想,大事小事都想为孩子安排得妥妥帖帖。当孩子犯了错,他们反复劝说,很累很辛苦,但是孩子却往往不领情。这是因为听多了单调重复的话,孩子首先会产生心理疲怠感,进而产生厌倦逆反感,接着就是满不在乎。唠叨的正面效果微乎其微,而负面效果却可能呈几何倍数增长。

家长爱唠叨,后果很严重。家长爱唠叨,什么事都要管,孩子可能会产生依赖心理,因而变得懒惰、散漫,没有责任感。在孩子年幼不懂事的时候,家长的唠叨会使其产生不自信、自尊感差等心理问题。家长唠叨过多,孩子就算听从家长的话了,也会在内心产生抵触或怨恨等负面情绪。家长们应该学习老子"多言数穷,不如守中"的智慧,少说多做。

教育孩子,说难也难,说简单也简单。作为家长,只需做好榜样,当一面无比光亮美好的镜子,孩子自然能从中找到自己该有的样子。言教不如身教,榜样是给孩子最好的礼物!

第六章

原 文

谷神不死①，是谓玄牝②。玄牝之门，是谓天地根③。绵绵若存，用之不勤④。

译文大意

谷神（道）永存不灭，可称作玄妙的母性。玄妙母性的生育产门，是天地万物产生的根源。它连绵不绝地存在，它的作用无穷无尽。

注 释

① 谷神不死：谷神（道）是那样神妙而永恒。谷神（道）空灵通神，虚静莫测，虚怀若谷，永生不死，故称不死。

② 玄牝：玄，是现代汉语次常用字，最早见于甲骨文。其本义是赤黑色。赤黑色较为模糊，由此引申出深奥、玄妙等意思。"玄"为"悬"的古字，表示由绳悬挂，又引申出天空、幽远等意。玄在《老子》中有深远、神秘、微妙难测的意思。牝，本义是鸟兽中的

雌性,与"牡"相对。天地自然乃无极之极,无极生太极,太极生妙有,称之为"牝"。"牝"属母性,生之根,生之门,是谓玄牝。

③ 玄牝之门,是谓天地根:玄牝从无极到太极,一气流行,生生不息。万物有归于无,其根归于道。这个道是天地万物的生生之门,从不间断。

④ 绵绵若存,用之不勤:生生之门柔弱绵绵,似有非有,似无非无,触之不可及,视之不可见,但又永恒存在。看似无,却可以生生不息,用之不尽。这里"勤"作"尽"讲,表示取之不尽、用之不竭。

教育评析

和老子的道一样,教育之道也客观存在,但却很难言说和定义。教育之道虚无莫测,永存不灭,它是我们从事一切教育活动的根本遵循,是开展各级各类教育的依据。它绵绵若存,用之不尽。

老子五千言中并未直接涉及教育之道,但与老子同时代的孔子却对教育之道有深刻全面的阐述。中国文化儒道互补,何况孔子与老子有师生之谊,孔子也是讲道的。孔子曾说:"朝闻道,夕死可矣。"又说:"道也者,不可须臾离也。可离,非道也。"因此,孔子对教育之道的论述,仍是我们深窥教育之道的重要途径。

孔子是我国古代最伟大的教育家,活了 73 岁,有 40 多年在从事教育活动,培养了"弟子三千,贤人七十二",创造了春秋时期我国古代教育的辉煌。2005 年 9 月 29 日,联合国教科文组织设立"孔子教育奖",褒奖世界上对教育事业做出贡献的组织和个人。当前,孔学方兴未艾,孔子学院遍布全球,传播中华文化,弘扬孔子的教育思想。孔子的教育思想是教育之道最全面最科学的体现,对当下开展教育,乃至纠正教育偏差仍有巨大的指导和借鉴作用。其为学之道为"志于道，据于德，依于仁，游于艺"。另外，"学以致用，学贵有恒"也是其为学之道的重要内容。孔子为教之道的核心内容包括有教无类、因材施教、诲人不倦、循循善诱等。

孔子教育之道在当下仍不过时。孔子教育之道的众多论述说明，教育之道的确用语言是难以完全表达清楚，即便是伟大的先师孔子也不能几句话就把教育之道说清楚，真所谓"道可道，非常道"也。

老子对教育之道没说过一句话。其实无言也是一种教育，即"不言之教"。正如孔子所言："天何言哉，四旱行焉，百物生焉，天何言哉。"教育之道是教育规律、教育思想、教育活动、教育行为的总根源，它"绵绵若存，用之不勤"。我们从事教育的，不管处于什么位置，都应该认真研究教育之道，严格按教育之道办事，不然所实施的教育就是"非道"了，当然其后果也是可想而知的。

老子的出生地，不管是现在认为的河南鹿邑，还是安徽涡阳，它们当年都属于楚文化的地盘。楚文化有一个重要的特点，就是对母亲的崇拜——生殖崇拜。大家知道生殖崇拜这只是一种形式，它的本质是对母亲的尊重和对生命的尊重。奥地利有一个小镇叫维伦纽夫，这个小镇非常小，却是世界级的名镇。为什么？就因为在这个小镇出土了人类历史上最早的一尊人类雕像，是一尊女性的雕像。这尊雕像距今 25 000 多年了，只有 11 厘米高，脸都看不见，被头发遮住了，可是和养育生命、抚养生命相关联的部位凸显得非常明显，所以人们把它叫作大地母神，它标志着我们人类历史上曾经有过一个生殖崇拜的时期。小学美术课本里边收录了这个大地母神雕像。中华民族在距今 4 000 年前仍主要处于母系社会，直到今天，我们的一些少数民族仍保留着母系社会的文化遗存，如摩梭族的走婚文化。这种生殖崇拜的正能量是什么呢？就是对母性的尊重，对生命的敬畏。曾经有媒体报道，一个小孩子因母亲不让他玩手机，他竟五秒钟连踹母亲五脚！还有极个别孩子不尊重生命，认为自己的生命是自己的，说放弃就放弃。对母亲不尊重，对生命不敬畏，这是目前我们教育面临的大问题。对于家长和教育工作者来说，《老子》这一章具有重大的借鉴意义，大家应该认真研读和领会。

第七章

原 文

天长地久。天地所以能长且久者，以其不自生①，故能长生②。是以圣人后其身③而身先④，外其身⑤而身存。非以其无私邪⑥？故能成其私。

译文大意

> 天长地久。天地之所以能长长久久地存在，是因为天地大公而无私，按照道的规律自然地运行着，所以能够长久存在和运行。有鉴于此，得道的圣人总是遇事谦让不争，反而得到众人的爱戴和拥护；将自己置之度外，自身反而能得以保全。这不正是由于他们无小我吗？故反而能够成就大我。

注 释

① 以其不自生：指天地的运作不为自己，或其生存不为自己。

② 长生：长久地生存。

③ 身：自身，自己。以下三个"身"字同。

④ 先：居先，占据了前位。此是高居人上的意思。

⑤ 外其身：外，是方位名词作动词用，使动用法，这里是置之度外的意思。

⑥ 邪：助词，表示疑问的语气。

教育评析

这一章讲的道理主要有两个方面。第一个方面是讲天道。天道告诉我们这样一个道理：我们为什么对天地有一种敬畏？为什么天长地久？因为天地并不以自己的私利为目标，提供阳光雨露、土壤空间，任由万事万物自由生长。天地要求有什么回报吗？没有。这告诉我们一个道理，天地做事正因为其不自私，不以自己小我的生存为目的，所以才能够长长久久，才能得到大家的敬畏和尊敬。第二个方面是讲人道。我们人做事也应该有天地的境界，要"后其身而身先，外其身而身存"。这样的人谦让不争，大公无私，将自己置之度外，最后反而成就了大我，成为人人尊敬的圣人。在现实中，我们的教育也应顺应天道与人道，培养造就谦让不争、大公无私的人。

对于家长来说，望子成龙、望女成凤本来是无可厚非的事，但是如果一味注重孩子智力的发展，而对孩子的人格培养置若罔闻，显然是不明智的。

现在的孩子中有相当一部分很自私。如此自私的孩子又是谁养成的呢？答案主要是家长，是家长对孩子的过分溺爱、娇纵的结果。现在的孩子大多是独生子女，生活条件优越。家长将孩子置于说一不二的核心位置，助长了孩子的独占欲，强化了他们的自我中心意识。孩子只知道享受和索取，却忘了付出和奉献，长此以往，就容易养成自私自利的性格，甚至成为精致的利己主义者。

精致的利己主义者是北大著名教育家钱理群教授在对我国当下教育和人才培养过程长期观察后发现的一种非常可怕的现象。由此，他提出了这样的看法："我们的一些大学，包括北京大学，正在培养一些精致的利己主义者，他们高智商、世俗、老到，善于表演，懂得配合，更善于利用体制达到自己的目的。这种人一旦掌握权力，比一般贪官污吏的危害更大。"

钱教授的话引起了教育界和社会的广泛讨论。笔者在大学工作多年，因为工作关系，接触基础教育也比较多，我也发现这种现象在一定程度上是存在的，有时可能还会较为严重。更可怕的是，其中一部分孩子失去了信仰，唯一支撑他的东西就是个人利益。

出现这些问题，有十分复杂的原因，有各级各类教育存在的问题的原因，更多的可能与家庭教育和社会风气有关。当我们的孩子一旦成为精致的利己主义者，一举一动都笼罩着利益的影子，或是把利益当作唯一驱动，原则、信念都可以为了利益让路；或是吃透规则甚至潜规则，善于钻空子、找漏洞达到自身目的。长此以往，他们不但不能走远，而且可能会危害家庭，危害社会，成为社会和历史的罪人。家长、老师和教育管理者，对此一定要引起高度重视。我们要学习老子的智慧，教育孩子"以其不自生，故能长生。是以圣人后其身而身先，外其身而身存。非以其无私邪？故能成其私"。

第八章

原 文

上善若水①。水善利万物而不争,处众人之所恶,故几于道②。居善地,心善渊③,与善仁④,言善信,正善治⑤,事善能,动善时⑥。夫唯不争,故无尤⑦。

译文大意

最善的人好像水一样。水善于恩泽万物而不与万物相争,处在众人所厌恶的地方,所以水是最接近于道的。最善的人,居处善于选择地方,心胸善于保持沉静深远,待人善于真诚、友爱和无私,说话善于恪守信用,为政善于把国家治理好,处事善于发挥所长,行动善于把握时机。最善的人因为有不争的美德,所以才不犯过失,也就没有怨咎。

注 释

① 上善若水:这里老子以水的形象来说明"圣人"是道的体

现者,因为万物莫不依赖水的润泽,而水对待万物的态度却是"天之道,利而不害"(《道德经》第八十一章)。圣人的言行类似于水,而水德是近于道的。上,最的意思。

② 处众人之所恶,故几于道:水常处于低洼、阴暗、肮脏、寂寥等众人不喜欢的地方,清静自守,无为不争,所以说水的美好品德如同天道一般。

③ 渊:沉静,深沉。

④ 与善仁:待人真诚、友爱和无私。与,指与别人相交相接。

⑤ 正善治:为政善于治理国家。

⑥ 动善时:行为动作善于把握有利的时机。

⑦ 尤:怨咎,过失,罪过。

教育评析

我们做教育的,无论是家长、老师还是教育系统的管理者,都应该效法水的精神。"水善利万物而不争",无形无状,无私无我,滋养万物却不与之相争,成就万物却甘于居下。如果我们都以这样的胸怀和境界来教育孩子,培养学生,那么,我们离教育之道就不远了。

水是老子钟爱的一种事物。除本章提到水外,在其他很多章也提到了水。如"譬道之在天下,犹川谷之于江海"(《老子》第三十二章);"鱼不可脱于渊,国之利器不可以示人"(《老子》第三十六章);"大国者下流,天下之交,天下之牝"(《老子》第六十一章);"江海所以能为百谷王者,以其善下之,故能为百谷王"(《老子》第六十六章);"天下莫柔弱于水,而攻坚强者莫之能胜"(《老子》第七十八章)。通览这几章,水几乎成为道的代名词。所以我们从事教育工作,想要了解教育之道,向水学习是个好办法。除此之外,教育也要善地、善渊、善仁、善信、善治、善能和善时。

教育要"善地"。这方面最好的诠释莫过于"孟母三迁"的故事了。这个故事的大意是，孟子小的时候非常调皮，孟母为了让他接受良好的教育，花了很多的心血。有段时间，他们住在墓地附近，孟子就和邻居的小孩玩起了办理丧事的游戏，一起学着大人的样子跪拜、哭嚎。孟母看到后皱起了眉头，心想："不行，我不能让我的孩子住在这里了！"于是她就带着孟子搬到市集旁边去住。到市集旁边居住后，孟子又和邻居的小孩一起学起了商人做生意的样子。一会儿鞠躬欢迎客人，一会儿招待客人，一会儿和客人讨价还价，学得像极了。孟母知道后又皱起了眉头，心想："这个地方也不适合我的孩子居住。"于是，他们又搬家了。这一次，他们搬到了学校附近。孟子开始变得守秩序，懂礼貌，喜欢读书。这个时候，孟母很满意地点着头说："这才是我儿子应该住的地方呀！"孟母三迁的故事说明良好的教育环境（善地）对孩子的成长是何等的重要。物以类聚，人以群分。近朱者赤，近墨者黑。对于一个孩子来讲，和谁在一起学习是很关键的。孩子的心智发育还不是很成熟，很容易被周围的一些行为所引导。

在现代社会中，很多家长为了给孩子提供一个良好的学习环境，出现了许多的"孟母"。家长们为了给自己孩子的学习找一个好环境，找一个好学校，找一群好同学，可谓是绞尽脑汁。进了名校后，为了让孩子节省上学放学的路上时间，很多家长放着装修豪华的房子不住，选择在学校旁边租房子居住，每天蜗居在设施简陋的房间，真的是"为伊消得人憔悴"，但依旧是"衣带渐宽终不悔"。这些家长的做法虽然无可厚非，但如果做得太过分，效果可能会事与愿违，反而会对孩子造成伤害。

教育要"善渊"。《老子》第四章说："道冲，而用之或不盈。渊兮，似万物之宗。"荀子的《劝学篇》中说："积水成渊，蛟龙生焉。"庄子在《逍遥游》中说："北冥有鱼，其名为鲲，鲲之大，其不知几千里也。"可见，没有水之广、水之深，无以成就蛟龙。深水养大鱼，良好的环境能够让处于其间的鱼更好地"安身立命"。由此我们想到了《世说新语》里的一则故事。有一个名叫客有的人问陈季方："足下家君太丘，有何功德，而何天下重名？"陈季方曰："吾家君譬如桂树生泰山之阿，上有万仞之高，下有不测之深；上为甘露所霑，下为源泉所润。当斯之时，桂树焉知泰山之高、渊泉之深？不知有功德与无也。"正是父亲陈寔的博识高德才孕育了陈季方的龙凤之姿，只有大师才能造就大师！大师厚重的思想让学生敬畏，大师渊博的学识让学生敬仰，大师博大的情怀让学生温暖。杨振宁和李政道是我们华人的骄傲，但我们也不能忘了他们的恩师叶企孙的教导之功。先生之风，山高水长。作为家长和老师，我们是不是也应当努力让学生感到"水很渊深"？

教育要"善治"。由于政府管理主体的单一性以及教育管理市场化取向的弊端，我们的教育出现了诸多问题。我们必须对教育体制进行有效治理（善治）。以政府为治理主体，多元主体积极参与努力营造共同治理机制。要实现教育善治，就要从政府、社会、学校三个方面考虑，针对出现的问题采取与之对应的措施来促使教育善治目标的实现。

教育要"善时"。水是山的知音！因为水的耳语，春山如笑；因为水的呐喊，夏山如怒；因为水的倾诉，秋山如妆；因为水的轻唱，冬山如睡。山的四季，因为有了水的睿智而美丽、快乐。如何让我们学生的心灵四季风景如画呢？卢梭说，学生是孩子，不是小大人，他在不断地发展，训练应适合于发展的每一个阶段。20世纪初，杜威创办的学校正是秉承了这种"进步教育法"理念。陶行知先生也把这种理念带到了中国。可时至今日，我们的很多学校与家庭仍然执着于名利，训神童，造天才，奥数与作文齐补，委屈与无奈一色。在这个时候，我们关注到孩子的渴望了吗？

除此之外,教育要善"仁"、善"信"、善"能",这些教育先师老子都给我们作了强调。"多言数穷,不如守中"(《老子》第五章);"持而盈之,不如其已"(《老子》第九章)。教育要"上善若水"! 我们的家长和教育工作者,要从水的特征中找到智慧,从中领悟到教育之道。

第九章

原 文

持而盈之，不如其已①。揣而梲之，不可长保②。金玉满堂，莫之能守。富贵而骄，自遗其咎③。功遂身退④，天之道⑤。

译文大意

抱持满盈态度，不如适可而止；利器锻造得锐利，难以保持长久。金玉满堂，无法长久守藏。炫富耀贵而又骄横，会给自己留下祸根。功业成就圆满而不居功自傲，才是符合天道天理。

注 释

① 持而盈之，不如其已：持执盈满，自满自骄，不如适可而止。持，意为抱持。已，意为止。

② 揣而梲之，不可长保：把铁器磨得又尖又利，不能长久保存。揣，锻造的意思。梲，读 ruì，通"锐"。长保，指长久保存。

③ 咎：过失，灾祸。

④ 功遂身退：功成名就之后，不再身居其位，而应适时退下。"身退"并不是退隐山林，而是不居功贪位。

⑤ 天之道：指自然规律。

教育评析

"富不过三代"是中国民间较流行的一个说法，是由孟子"群子之泽，五世而斩"演变而来，完整的句子为"道德传家，十代以上，耕读传家次之，诗书传家又次之，富贵传家，不过三代"。这句话也是本章"持而盈之，不如其已。揣而锐之，不可长保。金玉满堂，莫之能守。富贵而骄，自遗其咎"的最好注解。

从中国社会的实际情况看，富过三代的家庭的确是比较少，不是因为财富不够丰厚，问题主要出在家庭教育上。表面上，富不过三代是孩子不努力，而真相是孩子背后的家庭动能系统出现了问题。真正幸福的家庭不是车子多豪华，而是能否安全行驶到家；不是房子有多大，而是家里的灯能否按时亮起；不是官位升得多高，而是家里是否有欢声笑语。

一个人，即使赚再多的钱，置再多的产，当再大的官，死的时候一样也带不走，如果子孙没有教育好，不出多长时间，家里的财富就可能被败得干干净净。这种现象，很容易让我们想起袁世凯的家庭故事。

袁世凯是中国近代"风云人物"，在世的时候一心想称帝，不肯把财产拿出来赈济百姓。后来，他在全国人民的反帝风暴中死去了，家庭财产被子嗣们瓜分。这么高的地位，这么多的财富和资产，后来他的子孙们又怎样了呢？答案是大部分过得都很凄惨。四儿子袁克端疯了。二儿子袁克文拿到钱后，吃喝嫖赌样样都来，很快就把家产败光了。他的家眷在分到家产后，很多抽鸦片上了瘾。袁世凯家族在这之前可谓是名门望族。清咸丰年间，袁家共出了 6 位一品大员、3 位二品官员、1 位四品官员和 3 位七品官员。可是到了袁世凯之后，几乎完全没落了。

当下类似于袁家情况的也并不罕见。在这些家庭中，家长从小斥巨资培养孩子，一路名校读到国外，这样良好的家庭环境、教育背景，按常理说应该成就一代英才，但出乎意料的是，这些孩子中的很多人并没有阔步前进，而是碌碌无为，个别的甚至堕落了，最后走上了犯罪道路。

如何解决这一问题呢？这在中国可能是千年难题。许许多多的人，包括一些教育家都会陷入泥潭而难以自拔。但也不是没有成功的例子，曾国藩家庭的故事就可能会给我们一些重要启示。

众所周知，曾国藩在中国近代史上是举足轻重的大人物，曾被一些学者认为是中国历史上两个半圣人中的半个，与孔子和王阳明排在一起。他曾率领湘军打败了席卷半个中国的太平天国，后来还创立了两淮盐票。这里面有个细节，外人很少知道。在那个年代，盐票非常珍贵，每张票价二百两，后来卖到两万两，盐票每年的利息就有三四千两。当时，谁家里只要有一张盐票，就可称为富翁了。但曾国藩下了死命令，曾氏一家人都不准领取，而且在他死后很多年，曾家也没有领一张盐票。以曾国藩的权力，家庭成员搞几张盐票不过是小事一桩，但曾国藩就是这么"死心眼"。

曾国藩死的时候，家里并没有多少银子，除了老家的祖屋外，他并未在省城里建造一间房子，也没有留多少财产给子孙后代。后来曾国藩家族过得怎么样呢？可以毫不夸张地说，这个家族是中国近 200 年以来最成功的家族，没有之一。有人曾做过统计，曾国藩家族八代中，没有一个是败子，三代之后依然是人才不断。湘乡曾氏文化世家，是湖湘文化世家的典型代表，构成这个文化世家主体的是一个庞大的人才群体。在科举考试时代，这个人才群体中有秀才、监生、优廪生、优贡生、举人、进士达 20 余人。废除科举考试之后，这个人才群体中有 160 多人接受了高等教育，不少人还出国留学，其中取得博士、硕士、学士学位，获得教授、研究员、高级工程师等职称和院士称号的多达百余人。曾氏文化世家成员中，除曾国藩、曾国荃等因军功受到清政府封赏外，另有一大批杰出人才在许多领域为社会做出了积极的贡献。

让我们一起认真领悟老子在本章中所展现的智慧吧！

第十章

原 文

载营魄①抱一②，能无离乎？专气③致柔，能婴儿乎④？涤除⑤玄览⑥，能无疵乎？爱民治国，能无为乎？天门⑦开阖⑧，能为雌⑨乎？明白四达，能无知⑩乎？生之畜⑪之，生而不有，为而不恃，长而不宰，是谓玄德⑫。

译文大意

人的身体和魂魄能合而为一不分离吗？聚结精气能够使人达到柔和温顺，能像婴儿那样自然、无欲无求吗？清除杂念而深入观察心灵，能让心灵没有瑕疵吗？爱民治国能不遵行自然无为的规律吗？感官与外界的对立变化相接触，能守住雌柔宁静吗？明白四达，能不用心机诈术吗？让万事万物生长繁殖，产生万物、养育万物而不占为己有，为万物尽了力而不自恃有功，助万物生长而不主宰他们，这就叫作"玄德"。

注 释

① 载营魄:指人的身体如车一样载着人的魂和魄。营魄,指人的魂与魄。

② 抱一:意为魂魄合而为一,二者合一即合于道。又解释为身体与精神合一。

③ 专气:即集气。专,结聚之意。

④ 能婴儿乎:能像婴儿一样吗?

⑤ 涤除:扫除、清除污垢灰尘。涤,扫除、清除。

⑥ 玄览:指人心灵深处明澈如镜、深邃灵妙。玄,奥妙深邃。览,镜子。

⑦ 天门:天门有多种解释。一说指耳目口鼻等人的感官;一说指兴衰治乱之根源;一说指自然之理;一说指人的心神出入即意念和感官的配合等。此处依"感官说"。

⑧ 开阖:即动静、变化和运动。

⑨ 雌:宁静的意思。

⑩ 知:通"智",指心智、心机。

⑪ 畜:养育、繁殖。

⑫ 玄德:深不可测、永无止境的大德。

教育评析

在这一章中,老子告诉我们的核心思想之一就是要虚静,只有虚静了,我们才能做到身体与灵魂不分离,才能做到如婴儿般专气致柔,才能做到涤除玄览,没有瑕疵。对于教育来讲,只有做到了上述这些方面,我们才能看清楚教育的本质,才能不受外界诱惑的干扰,实现各种教育的目标。

这里笔者想展开讨论的是老子"生而不有,为而不恃,长而不宰"的智慧，这一智慧被老子称为"玄德"，即是深不可测、永无止境的大德。在一般中国传统观念里，孩子首先是家庭的，至少在原生家庭中，外人随意染指孩子的教育往往被认为是多管闲事。无论是鼓励式的素质教育、严厉的棍棒教育，还是报班去听课或照着书本教育，那都是家庭自己的事，无论如何孩子是家庭的"私产"。然而，家庭教育仍然是矛盾重重，父母和孩子之间本来的爱和亲情有时会被生而有、为而恃、长而宰的教育冲淡，有时候甚至会变成仇恨。

有一部电影名叫《刮痧》，讲的是发生在美国的一个华裔家庭的故事。长期生活在中国的爷爷刚到美国，因为看不懂药的英文说明书，就给正在发着烧的孙子来了一次刮痧。随后孩子因为其他意外事件被送往医院检查，孩子背上的刮痧痕迹引起了医生的关注，医生以为发生了什么家庭暴力就报了警。在警察调查过程中，又发现孩子父母亲曾将未满 12 岁的孩子单独放在家中，还曾经当着一个朋友的面打过孩子。结果，孩子被社会福利院带走了。法院判处孩子的家人们禁止靠近孩子。

虽说这是一部电影的故事情节，但它把美国社会对孩子"生而不有"的做法体现得淋漓尽致。在美国人看来，孩子并非是家庭和个人的私有财产，他们是未来的社会公民。父母只是给了孩子生命，除了血缘关系外，父母和孩子之间的联系非常微弱。这个孩子的成长和健康是这个社会的责任，孩子成长好将是社会的一个重要建设者，成长不好则是社会的负担。

当然，中国文化和美国文化有较大的差异，我们照搬美国的教育模式并不明智，但美国的家庭教育方法的确有许多是值得我们借鉴的，过度限制孩子不是好事，打着"为孩子好"而妄为的做法更应该禁止，更不能把孩子当"私产"。我们应该多给孩子一些尊重，遇事把他们当成一个独立的个体、一个朋友来对待，这样会让他们更加从容,更加自信。如果我们认真品味老子的智慧,或许我们的家庭教育问题会减少许多,可能会收到"我无为而民自化,我好静而民自正,我无事而民自富,我无欲而民自朴"的效果。

第十一章

原 文

　　三十辐^①共一毂^②，当其无，有车之用^③。埏埴^④以为器，当其无，有器之用。凿户牖^⑤以为室，当其无，有室之用。故有之以为利，无之以为用^⑥。

译文大意

　　三十根辐条插到一个毂筒当中，有了毂筒空的地方，才有车的作用。揉和陶土做成器皿，有了器皿中空的地方，才有器皿的作用。开凿门窗建造房屋，有了门窗四壁内的空虚部分，才有房屋的作用。所以，有给人便利，无发挥着作用。

注 释

　　① 辐：车轮中连接轴心和轮圈的辐条，古代的车轮由三十根辐条所构成。此数取法于每月大约三十日的历次。

　　② 毂：读 gǔ，车轮中心的圆筒状构件，中有圆孔，即插轴的

地方。

③ 当其无，有车之用：辐和轴均是实体，毂筒是中空的，正因为中空，车轮才可以转动，所以有了车毂中空的地方，才有车的作用。

④ 埏埴：读 shān zhí，意思是用水和泥制作陶器。埏，用水和泥土。埴，制作陶器用的黏土。

⑤ 户牖：门窗。牖，读 yǒu，开在墙壁上的窗。

⑥ 有之以为利，无之以为用：这句话是讲实体与空间的利与用关系，恰如"有无相生"，是相辅相成的。利，是由实体的存在来表达的。用，则是实体所具备的作用与功能。

教育评析

对于教育之道，韩愈在《师说》中是这样说的："古之学者必有师。师者，所以传道授业解惑也。""传道"就是传授道理，"授业"就是教授学业，"解惑"就是为学生解答疑难。三者之间，就其形式和内容来看，"传道""解惑"是空、是无，"授业"是实、是有。对于老师而言，"传道""解惑"更为重要，实际上是教会学生怎样做人，"授业"则主要是教会学生如何做事。学会了做事，虽说借此可以有口饭吃，但若人都做不好，这口饭也不一定能吃好，或空有做事的本领而无用武之地。更有甚者，如果人做不好，用学会的做事本领做坏事，那情况就糟糕了，有时还会给家庭、社会带来危害。

在具体的教育过程中，教育者和受教育者是一对矛盾统一体。实践证明，好的教育都是以受教育者为主体，教育者（包括老师和家长等）为引导，如果我们把教育过程看作是一出戏，老师或家长只有扮演好自己的角色，才能有效地调动学生或孩子的积极性，使教育的舞台更加多姿多彩。老子在本章中讲"有之以为利，无之以为用"，意思是说，"有"使万物产生效果，"无"使万物发挥作用。那么，我们在教育过程中如何利用这一智慧呢？

在当下的教育中，我们对"有"强调较多，重视程度也较高，家长会给孩子买很多书、玩具、教具、乐器等，还有丰富的穿的和吃的，甚至为了孩子专门租房子。我们的学校盖气派的教学楼、办公楼，购置最好的仪器和设备，修建最好的运动场所等，可以毫不夸张地说，现在我们许多学校的硬件条件已超过许多西方发达国家。但我们往往较为忽视"无"的部分。这里所说的"无"的部分，对家庭教育而言，包括家庭的氛围、家风、家长的修养、家长的教育思想、孩子的成长规律、孩子的兴趣爱好、孩子的个性和发展目标等；对学校而言，是学校的教育思想和管理理念，是校长们的教育情怀。许多校长主要是行政领导、政治家或科学家，而不是真正的教育家，更不是有理想、有追求、有水平的教育名师，由他们来治理学校，学校存在这样或那样的问题，就不难理解了。著名教育家梅以琦曾说："所谓大学者，非谓大楼之称谓也，谓大师之称谓也。"

除了校长的思想和老师的水平这些属于"无"的东西外，校风、校园文化、校园氛围等这些看不见摸不着的东西也很重要。我在大学做教务处长时，经常与国内兄弟大学的同行们探讨学校最重要的东西是什么？长期的交流使我得出一个结论性观念，"办大学就是办氛围"。氛围好了，一切都会好。就好比春天到了，埋在土里的种子自然就会发芽、生长，然后开花、结果。现在大棚里开展的现代农业核心也是在营造一个适宜于植物生长的氛围。我们大家都很怀念曾经的西南联大，它是在十分困难的条件下坚持办学的。"有"的部分没有办法与现在一所普通学校相比，但"无"的部分我们现在几乎没有学校可以与之相比。因为它有十分优秀的氛围，所以成就了中国近现代教育不可超越的"神话"。

现代很多人很讲究实利，实利有实利的好处，可是别忘了，如果把那一面看得太重了，也就是只重功利而忽视大象无形的精神作用，那就会走向反面。我们应该牢记老子的话"有之以为利，无之以为用"。

第十二章

原 文

五色①令人目盲②，五音③令人耳聋④，五味⑤令人口爽⑥，驰骋畋猎令人心发狂⑦，难得之货令人行妨⑧。是以圣人为腹不为目⑨，故去彼取此⑩。

译文大意

五彩缤纷、光怪陆离的色彩使人眼花缭乱，鼓乐喧天的嘈杂音调使人听觉失灵，过于丰盛的食物使人味觉错乱，纵情狩猎使人心情放荡发狂，稀有的物品使人行为不轨。因此，圣人但求吃饱肚子而不追逐声色之娱，摒弃物欲的诱惑而保持安定知足的生活方式。

注 释

① 五色：指青、黄、赤、白、黑，来源于中华传统色彩理论中的五色观。这里指色彩多样。

②目盲:意思是眼花缭乱。眼睛之明,在于能够辨别青、黄、赤、白、黑五色,各种颜色过于缤纷夹杂,会使人眼睛不能明辨而若盲。

③五音:指宫、商、角、徵、羽。它们是中国五声音阶中五个不同音的名称。这里指各种各样的音乐声。

④耳聋:意思是听觉不灵敏,分不清五音。各种音调齐响,就会使耳朵听不出都是些什么音调而若聋。

⑤五味:指酸、甘、苦、辛、咸五种味道。这里指多种多样的美味。

⑥口爽:意思是味觉失灵。爽,败坏,伤害。

⑦驰骋畋猎令人心发狂:在野外骑马狩猎,纵横奔跑,会使人心狂乱。驰骋,纵横奔走,比喻纵情放荡。畋猎,打猎获取动物。

⑧难得之货令人行妨:珍稀难得的财货,是引发人心贪婪的祸根,会导致人去争夺强抢,甚至引发杀机。难得之货,珍稀难得的财货。行妨,行为损害别人的利益。

⑨为腹不为目:只求温饱安宁,而不为纵情声色犬马之娱。"腹"在这里代表一种简朴宁静的生活方式。"目"代表一种巧为多欲的生活方式。

⑩去彼取此:摒弃物欲的诱惑,保持安定知足的生活。"彼"指"为目"的生活,"此"指"为腹"的生活。

教育评析

"五色令人目盲,五音令人耳聋,五味令人口爽,驰骋畋猎令人心发狂,难得之货令人行妨。"这句话对当下社会许多方面都有借鉴意义。为什么呢?各种各样的颜色、各式各样的声音、各种被资本裹胁的所谓的"五彩缤纷",这些好不好?很多人肯定说好，但副作用有没有人去想？这就坏了，尤其是对尚处于成长中的并无太多是非判断力的孩子们来说更加令人担忧。对精神上的伤害先不讲，就从身体上的伤害而言，手机和电脑的"五色"，已经让许多孩子过早地近视；行走时经常戴着耳机听音乐，使不少孩子听力出现了问题；过于丰盛的食物，使不少孩子体重大大超标，各种疾病相伴而生；负能明星崇拜，让孩子们的世界观和价值观出现巨大偏差……。诸如此类，不值得家长和老师深思吗？

在具体的教育中，家长或老师如果不懂教育之道，而是迷失于高科技带来的技术、方法和手段之中，最终将遭到教育之道的惩罚。在教育过程中，要化繁为简，归根守中，要从心灵出发，把静化和启发学生心灵作为循道和行道的根本。反之，如果家长和老师的精神长期游离于教育之道的外围，这对于孩子来说是一种可怕而悲哀的教育过程，也是一种盲目而妄为的教育过程。

老子在本章告诉我们的一个核心智慧是"无欲"，即为"腹"不为"目"。老子说："我无欲而民自朴。"（《老子》第五十七章）老子说的"无欲"也就是他的三宝之一，即"俭"。它有两层含义，一是物质生活上的节俭，即人要摆脱物欲的诱惑；二是心灵上的知足。老子说："祸莫大于不知足，咎莫大于欲得。"（《老子》第四十六章）一切的罪恶来源于人的欲望，自身的祸根莫过于要求太多。人应该内心空明宁静，使自己的本性回归到虚静淡泊的状态，正如老子所说"致虚极，守静笃"（《老子》第十六章）。

我们在教育孩子时，应做到只管播种，不问收获。我们对孩子的期望值不能太高，不能在欲望的支配下无限制地要求孩子达到一个又一个目标，这不是在培养孩子，而是在满足自己的虚荣。如果我们淡化自己的欲望，不苛求于我们的孩子，那么亲子之间、孩子之间也许会更加自然和谐，而且孩子们在一种轻松愉快的氛围里学习成长，还会收到我们意想不到的成果。

第十三章

原 文

宠辱若惊，贵大患若身①。何谓宠辱若惊？宠为下②，得之若惊，失之若惊③，是谓宠辱若惊。何谓贵大患若身？吾所以有大患者，为吾有身；及吾无身，吾有何患④？故贵以身为天下，若可寄天下；爱以身为天下，若可托天下⑤。

译文大意

受到荣宠和受到侮辱都好像受到惊吓一样感到惊恐，重视大患就如同重视自己的身体一样。那什么叫作得到荣宠和受到侮辱都感到惊慌失措？荣宠是别人给予的，是卑下的，得到荣宠者因为怕失去荣宠而感到惊恐，失去荣宠者则更感惊恐不安，这就叫作得到荣宠和受到侮辱都会感到惊恐。那什么叫作重视大患就如同重视自己的身体一样？我之所以有大患，是因为我有身体；如果我没有身体，我还会有什么祸患呢？所以，对于重视自己的身体是为了治理天下的人，就可以将天下寄希望于他;对于爱惜自己的身体是为了奉献天下的人,就可以把天下寄托于他。

注 释

① 宠辱若惊,贵大患若身:受到荣宠和受到侮辱都好像受到惊吓一样感到惊恐,重视大患就像重视自己的身体一样。宠辱,荣宠和侮辱。贵,珍贵,重视。身,身体。人因为有了身体,才能有生命,不重视自己的身体就是不重视自己的生命。

② 宠为下:因为宠是被人宠,宠的人在上,被宠的人当然就在下。受宠的人在下,即宠为下。

③ 得之若惊,失之若惊:被宠的一方,得到了怕失去而感到惊恐,一不小心失去了当然更感惊恐。

④ 及吾无身,吾有何患:意为如果我没有身体了,生命也就不存在了,有什么大患可言呢?

⑤ 贵以身为天下,若可寄天下;爱以身为天下,若可托天下:对于重视自己的身体是为了治理天下的人,就可以将天下寄希望于他;对于爱惜自己的身体是为了奉献天下的人,就可以把天下寄托于他。贵以身,即贵身,意为重视自身。老子强调贵身,贵身也是中国传统文化的核心观念之一。《孝经·开宗明义章》明确指出:"身体发肤,受之父母,不敢毁伤,孝之始也。立身行道,扬名于后世,以显父母,孝之终也。夫孝,始于事亲、中于事君、终于立身。"

教育评析

珍惜身体和生命是本章的核心观念之一,因为只有珍爱自己身体和生命的人才可以寄天下，才可以托天下。理所当然，珍惜身体和生命也应该成为我们教育的核心观念。然而，现实情况却不容乐观。北京大学公共卫生研究院曾在全国做过一项调查研究，该项目一共调查了 141 580 名学生，其中男生 69 091 名，女生 72 489 名，平均年龄 16.3 岁。调查结果是：有 20.4％的学生曾经考虑过自杀，6.5％的学生曾为自杀做过计划。

生命是灿烂的、美丽的，生命也是脆弱的、短暂的，处于人生花季年龄的孩子们，为什么会曾考虑选择自杀这一决绝的方式告别世界？生命是何等的珍贵，可我们的孩子们却曾考虑轻易地将它抛弃！调查数据让我们不得不深思，到底是什么原因让他们会有此想法？

认真分析起来，可能原因很多，但恶劣的教育环境是其中的重要原因之一。据《中国教育发展报告（2014）》显示，"成绩下滑或不理想""老师行为失当""作业没完成""家长期望值过高""被家长批评"等是导致学生自杀的最主要的直接原因。我们的家长、学校和教育主管部门的确都应该认真地进行反思。

学习老子的贵身智慧，让我们的孩子们在基础教育阶段就养成正确的生命观，对生命有一份敬畏之心，让孩子们做人做事都"宠辱不惊"，而非"宠辱若惊"。这样教育出来的孩子，或许比一味追求升学率，一味强调"听话""乖巧"，一味高位攀比孩子的成绩要好得多。

第十四章

原 文

视之不见,名曰夷;听之不闻,名曰希;搏之不得,名曰微①。此三者不可致诘,故混而为一②。其上不皦③,其下不昧④,绳绳⑤不可名,复归于无物⑥。是谓无状之状,无物之象,是谓惚恍⑦。迎之不见其首,随之不见其后。执古之道,以御今之有⑧,能知古始⑨,是谓道纪⑩。

147

译文大意

道啊!看它看不见,这叫作"夷";听它听不到,这叫作"希";摸它摸不着,这叫作"微"。夷、希、微这三者均大象无形无法追问探究,它们原本就浑然而为一,归一为"无"。道啊!表面上看并不显得光明亮堂,内在去看也不显得阴暗晦涩,无头无绪、延绵不绝而不可名状,返本归根又空不见物。这就是所谓的没有形状的形状,不见物体的形象,就是"惚恍"。迎着它,看不见它的前面,跟着它,也看不见它的后面。

把握着早已存在的道，来驾驭当今现实中存在的具体事物。能知道宇宙的初始，这就叫作认识了道的规律。

注 释

① 视之不见，名曰夷；听之不闻，名曰希；搏之不得，名曰微：大道是虚无的，看不见它；大道是无声的，听不到它；大道是无形的，用手触摸不到它。但不等于不存在，它屹然不动，无处不在。夷，无色。希，无声。微，无形。夷、希、微三个名词都是用来形容人的感官无法把握住道。这三个词都是幽而不显的意思。

② 此三者不可致诘，故混而为一：夷、希、微这三种不可名状的状态，无法追问探究，所以，从根本上讲，它们都归一为"无"。诘，意为追问。一，指道。

③ 皦：清白、清晰、光明之意。

④ 昧：阴暗之意。

⑤ 绳绳：意为无头无绪，不清楚，延绵不绝。

⑥ 无物：无形状的物，即道。

⑦ 惚恍：若有若无，闪烁不定。即没有名状的状况，没有实物的景象。

⑧ 有：指具体事物。

⑨ 古始：宇宙的原始或道的初始。

⑩ 道纪：指道的规律。

教育评析

本章主要讲了两件事情，一是告诉大家道是大象无形的，看不见、听不到、摸不着，但从古至今都存在；二是告诉大家，道虽然看不见、听不到、摸不着，却无处不在，就像我们周围的空气一样。了解了这古往今来的大道，才能够更好地了解今天的事情，掌握今天的事情，做好今天的事情。教育之道同样如此，只有把握了早已存在的教育之道，才能充分认识教育规律和人才成长规律，才能够较好地做好我们正在实施的教育。不管是家庭教育、学校教育，还是社会教育，概无例外。

　　教育的对象是人，人的生命成长是内在的、无形的，是漫长的，并且是静悄悄的，因此，有人说教育是慢的艺术，即所谓"十年树木，百年树人"。那些真正的教育是内化在孩子或学生生命中潜移默化的东西。真正的学校也是无形的，有形的东西只是权力需要的，无形的东西才是真教育。著名思想家威廉·詹姆期1903年在哈佛大学开学典礼上曾经说过这样一段话："真正的哈佛是无形的哈佛，藏于那些较为追求真理、独立而孤隐的灵魂里……这所学府在理性上最引人称美的地方，就是孤独的思考者不会感到那样的孤单，反而得到丰富的滋养。"这段话可谓是对哈佛大学的最精妙的描述，同时也是对大学精神的高度概括。在这里强调的是无形的东西的巨大作用，而不是那些外在的东西。

　　当下的中国教育的确是存在一些问题，问题之一就是忽略了无形无状的教育之道，而太关注于那些外在有形有象的东西。许多家长、老师、校长乃至政府官员，大多表现得非常焦虑不安，他们常常要求教育立即显现成效，什么都要求立竿见影，教育作为百年大计，却被分数、政绩、欲望肢解得支离破碎了。大家喜欢看得到的东西，不是学生作为一个生命的成长，不是他们作为一个人的真正感受，而是那些可以看得见、摸得着、摆得出的所谓的措施、改革、分数、升学率、排名。可怜的孩子们从幼儿园开始就被要求不要输在起跑线上，而不要输在起跑线上的唯一要求也就是考试的分数，但没有多少人静下来分析一下那些分数究竟能够代表什么人格、素质和能力。

第十五章

原 文

古之善为士者①,微妙玄通,深不可识。夫唯不可识,故强为之容②:豫兮若冬涉川③,犹兮④若畏四邻⑤,俨兮⑥其若客⑦,涣兮⑧若冰之将释⑨,敦兮其若朴⑩,旷兮其若谷⑪,混兮其若浊⑫。孰能浊以静之徐清⑬？孰能安以动之徐生？保此道者不欲盈⑭。夫唯不盈,故能蔽不新成⑮。

译文大意

古时候善于修道、得道和行道的人士,微妙通达,让人感觉深不可测。正因为让人感到深不可测,所以只能勉强地形容一下他的样子。他小心谨慎啊,好像冬天行走在结着冰的河面上一样;他警觉戒备啊,好像防备着邻国的进攻一样;他恭敬郑重啊,好像要去别人家赴宴做客一样;他和蔼可亲啊,好像春来冰雪消融一样;他纯朴厚道啊,好像那未经雕琢的原木一样;他旷远豁达啊,好像深幽的山谷一样;他延揽万事万物于胸啊,好像浑浊的水无所不包一样。谁能够在事物动荡混浊的情况下使之停止动荡慢慢地恢复清静? 谁又能够使事物在无声无息的情形下使之发动起来慢慢地显现出生机? 保持这个道的人不会自满。正因为他从不自满,所以能够去故更新。

注 释

① 善为士者:指善于修道、得道和行道之人。

② 容:作形容、描述讲。

③ 豫兮若冬涉川:小心谨慎啊,好像冬天行走在结着冰的河面上。豫,原是野兽的名称,性好疑虑。豫兮,引申为小心谨慎。

④ 犹兮:形容警觉、戒备的样子。犹,原是野兽的名称,性警觉。

⑤ 若畏四邻:害怕遭到周围的进攻。

⑥ 俨兮:形容端庄、严谨、恭敬的样子。

⑦ 客:到别人家去做客。

⑧ 涣兮:形容和蔼可亲的样子。

⑨ 若冰之将释:形容如春天到了河上的冰慢慢消融的样子。

⑩ 敦兮其若朴:形容敦厚老实的样子。

⑪ 旷兮其若谷:形容心胸开阔、旷达。

⑫ 混兮其若浊:形容延揽万事万物于胸,像浑浊的水无所不包。

⑬ 孰能浊以静之徐清? 孰能安以动之徐生:谁能在事物动荡混浊的情况下使之停止动荡,不知不觉因为静而慢慢呈现澄明清澈? 谁能使事物在无声无息的情形下使之发动起来,不知不觉

因为动而慢慢呈现勃勃生机。

⑭ 不欲盈：意为不求自满。

⑮ 蔽不新成：意为去故更新。

教育评析

对于做教育工作的人来说，这一章极为重要。"古之善为士者，微妙玄通，深不可识。"这句话启发我们，善于教育之道的人，不管是家长、老师还是教育管理者，应该是微妙通达，其水平深不可测。按老子"强为之容"的方法，他们的水平和素质应该达到什么标准呢？以下作简单描述。

第一，要谨慎，因为老子在本章中说"豫兮若冬涉川，犹兮若畏四邻"；第二要严谨，即"俨兮其若客"；第三要温暖，即"涣兮若冰之将释"；第四要厚道，即"敦兮其若朴"；第五要宽容，即"旷兮其若谷"；第六要平等，切勿高高在上，要平等对待孩子，与他们打成一片，即"混兮其若浊"。作为家长、老师、教育管理者，谨慎、严谨、温暖、厚道、宽容、平等应该是必须具备的基本素质。

下面以家庭教育为例，对教育需谨慎作简要讨论。按照这一思路，大家可以思考其他方面的问题，领悟老子的智慧。

关于家庭教育，总有说不完的话题，因为每一个孩子都是独一无二的，因此，每一个家庭的教育方式都会有所不同。当然了，在这千百种不同中又有那么多相同之处，比如许多父母常犯一些共同的错误。过多的批评指责、过高的期望、过度的溺爱等就是其中较为典型的。因此，作为家长，教育孩子一定要十分谨慎。

过多的批评指责，会让孩子无措。作为父母，如果一味地对孩子表示不满，评头论足，求全责备，那么你可能会痛心地发现，你给孩子带来的会是负面的信息。如果你一味地告诉孩子他某一方面不行，那么久而久之他真的会认为自己不行。俗话说，好孩子是夸出来的。我们常把表扬比作"加油站"，找出孩子的优点并加以表扬就是给孩子营养和水分。因此，在家庭教育中表扬、赞美、鼓励是不可缺少的。

过高的期望，会使孩子压力过大。望子成龙、望女成凤都是人之常情，但千万不要盲目地把期望的高度定到孩子无法达到的水平，就算真的强逼孩子达到了期望，进了重点大学，也将面临同样的考验，许多人从高考状元到成绩平平，从备受关注到默默无闻，心理落差之大，是一般人难以承受的。如果家长们以孩子考上重点大学作为终极目标，不断施压，那么结果可能是悲剧。逼子成龙，龙就会变成虫；逼女成凤，凤会变成鸡。正如德国诗人海涅所言："即使播下的是龙种，收获的也可能是跳蚤。"

过度的溺爱，会使孩子无能。我从上海某学校听到过这样一则故事：该校组织学生去崇明岛学农，一位家长让自己的孩子带了许多橘子，因为那名学生最喜欢吃橘子。一个星期后，那名学生原封不动地把橘子带回来了。家长问他为什么不吃。他回答说不会吃。因为之前在家里都是家长剥好皮让孩子吃，孩子从来没有亲自剥过橘子，所以不会。我初次听到这事时，简直不敢相信，但它却是真实的。

以上这些问题，在现在不少家长身上或多或少地都存在。"孰能浊以静之徐清？孰能安以动之徐生？"我们教育孩子、培养孩子，贵在"润物细无声"中的久久为功。要以教育之道为指导，去观察孩子的个性、兴趣、爱好和发展目标，并引导其向正确的方向发展。要尊重其成长的规律，要为他们德、智、体、美、劳全面发展创造良好氛围。因此，我们要学习老子的智慧，教育要谨慎、严谨、温暖、厚道、宽容和平等，不要在这些方面犯严重的错误。

试想，我们努力工作、学习，最终到底是为什么？生命的价值何在？我们若能知止而后定，定而后静，静而后安，安而后生，则人生将会达到"不欲盈"的无为而无不为的最好境界。

教育的根本目的是人的教育，而不是知识的教育，更不是考试的教育。教育是陶冶，陶冶是人之所以为人的心灵、心智和情感的养成。真正的教育，是对朴素人心的赞美，是对优秀公民的培养，是对高尚人性的感召。

ot0

5iiiii

iiii。

第十六章

原文

致虚极，守静笃①。万物并作，吾以观复②。夫物芸芸③，各复归其根。归根④曰静，是谓复命⑤。复命曰常⑥，知常曰明⑦。不知常妄，妄作凶⑧。知常容⑨，容乃公⑩，公乃王⑪，王乃天⑫，天乃道，道乃久，没身不殆。

译文大意

除去一切妄念，断却一切妄为，使内心空灵、守静，达到至虚至静的极致境界。用致虚极、守静笃的功夫面对宇宙万物的运动变化，才能观察到万事万物蓬勃并生的规律，才能明白万事万物循环往复的道理。万事万物纷纷芸芸，各自返回它的本源。返回到它的本根就叫作清静，这就是回归于性命本原。复命就叫作自然，认识了自然规律就叫作明智，不认识自然规律的轻举妄动，往往会出乱子和灾祸。认识自然规律的人是宽容的，宽容就会坦然公正，公正就能周全，周全

了就符合自然,自然才算是符合道,符合自然的道才能长久,
终身不会遭遇到危险。

注 释

① 致虚极,守静笃:意思是除去一切妄念,断却一切妄为,使
内心空灵、守静,达到至虚至静的极致境界。这是老子教给我们
的修道、得道和行道的方法。

② 万物并作,吾以观复:凭借老子教给我们的"致虚极,守静
笃"方法,我们就能观察到万事万物蓬勃并生的规律,就能明白万
事万物循环往复的道理。作,意为生长、发展、活动。复,意为循
环往复。

③ 芸芸:意为茂盛、纷杂、繁多。

④ 归根:即复归于道。根,指道。

⑤ 复命:复归本性,归于道的本体,使生命复归而再孕育新
的生命。

⑥ 常:指万物运动变化的永恒规律,即守常不变的规则。

⑦ 明:明智,明白。

⑧ 凶:凶险,灾凶。

⑨ 容:宽容,包容。

⑩ 公:公正,公道。

⑪ 王:周全,周到。一般认为"王"是"全"的讹字。

⑫ 天:指自然,或为自然界的代称。

教育评析

教育是培养人的事业,可是当下的教育却越来越深陷应试教

育的泥潭而不能自拔。在日益喧嚣的应试教育浪潮中，教育离育人的宗旨越来越远，越来越成为组织升学的工具。教育的功能异化了。在教育被异化的大背景下，扑面而来的各种变化，让家长和老师本已充满焦虑的心变得更加脆弱。大社会与象牙塔遥遥相望、互不交集的时代已成历史。理念的碰撞，方法的冲突，利益的博弈，心灵的挣扎，期望与怀疑并存，责任与权力剥离，恰如一个巨大的漩涡，将学生、家长、老师、校长、教育主管领导等都席卷其中。

教育出了问题，我们经常将责任归于校长，但在这样一个教育大变革的时代，老问题悬而未决，新问题又层出不穷，上有领导要求，下有群众呼声，作为各级学校的校长们，很多时候就是一个"三明治"，内心的确有迷茫，有纠结。

有一篇名叫《废墟》的短文中写道："看到一幢楼被拆毁成废墟的模样。废墟庞大而沉重，仿佛无缘无故叫人去承受它本身的力度，逼迫你去想，究竟是倒塌还是重建。废墟荒凉，杂草丛生。而杂草丛生亦是一种生机，逼迫你去想，究竟是任其枯萎还是使之翠绿。废墟很颓唐地闯入你的视线，望去，满眼碎砖碎瓦。不由地，你会觉得，无法过分去依赖什么。你该担负起自己那部分，与他人无关。你该隆重地，去收拾好那些支离破碎，留守你的静默。"初看此文，就被它蕴含的哲思所吸引，不由地想到了我们坚守着的那份叫作教育的事业。也许把当前教育的大变革比作废墟并不合适，但教育形势发展得让人始料不及的那份迅捷、教育理念与手段那个可以称得上颠覆的情形，却与"废墟"有类似点。用淡泊的心接受教育大发展带来的变革，不论它是让你所坚守的东西变成了碎砖碎瓦，还是给了你等待打磨的颗颗珍珠，让我们收起那份已经出现的浮躁与不安，明确自己的坚守，带着对教育的那份理想，学习老子的智慧"致虚极，守静笃"。坚持那份理想，需要智慧。

做教育的人要放得开心胸，淡泊明志；要耐得住寂寞，静等花开；要担负起自己那部分责任，留守你的静默而致远；要以欣喜的心态迎接新事物的挑战。

教育是人类社会的一种特殊活动，有其自身的规律。如果以此观照一下我们当下的教育，许多问题同样发人深省。十年树木，百年树人。教育以周期长、效益滞后为主要特征，这就是规律，也是常识。青少年求学成长，有一个漫长的锻炼历程，此中的曲折艰难、成败起落更是必然的，因此，办学要有战略远见，要有耐心，要按照规律办事。但是，当急功近利绑架了我们的教育教学，家庭、学校、社会都或多或少地陷入了一种集体无意识的"有为"却"妄为"的状态；患上"证书狂热症"的家长们驱赶着孩子们奔波于各种兴趣班，剥夺了孩子们的童真童趣；沦陷在"唯分数"泥淖中的学校加班加点拼体力，却忽视了学校本应承担的育人责任；严重"近视"的社会只盯着重点率、就业率，却往往没看到一所学校到底为社会培养了多少合格的现代公民……。种种"有为"虽给教育带来了表面的繁荣，却违背了教育的初衷。它剥离了情感，失却了人性人情，加深了学生的精神危机，而学生的精神素养又将决定未来中国数十年乃至上百年的精神水准和社会面貌。

老子认为导致"妄为"的根源是人的"意欲"，或名或利。如何克服"意欲"呢？答案是"致虚极，守静笃"，也就是要保持空灵、宁静的心境。老子提出："万物作焉而不辞，生而不有，为而不恃，功成而弗居。"（《老子》第二章）他还以水来比喻上德者的人格："上善若水。水善利万物而不争……"（《道德经》第八章）这样的人坚忍负重，居卑忍辱，尽其所能地贡献自己的力量去帮助别人，但不和别人争功争名争利。唯有这种虚静的心灵，才能培养出高远的心志与质朴的气质，也只有这种虚静的心灵才能导引出深厚的创造能量。

用老子的"虚静"和"无为"检省自己，我们会找到自己身上存在的许多问题，它们是那么眼熟，甚至有时让我们熟视无睹。在匆促浮华、繁忙躁进的社会大潮的裹挟下，我们用功利的追求取代了孩子美丽的梦想，我们用枯燥的学习抢占了学生多彩的生活，"情趣课堂""梦想课堂""有效课堂"便在所谓的"有为"中渐行渐远，教育的价值也在不断流失。

教育者应"有为"，将孩子培养成合格的"人"，这是我们的责任。教育者要尽量少为，不要因自己不懂教育而磨蚀孩子美好的心灵。教育者应有所为有所不为，让神圣的教育成为一片清静地，让孩子们专心致志学习他们想学的东西。教育者要"不妄为"，致虚守静磨炼自己，这是为人师表的真谛。希望我们能在先哲的智慧中找到前进的方向，实现真正的教育理想。

第十七章

太上①,下知有之;其次,亲而誉之;其次,畏之;其次,侮之。信不足焉,有不信焉②。悠兮③,其贵言④。功成事遂,百姓皆谓"我自然⑤"。

译文大意

　　最有智慧的领导叫"太上",他做到了上无为而下有为,以至于人民可能不知道他的存在;第二等的领导,亲力亲为,事必躬亲,人民亲近他,称赞他,第三等的领导严厉严酷,人民畏惧他;最差的领导,人民反对他,羞辱他。做领导人如果不讲诚信,人民才不相信他呢。最好的领导是多么的悠闲,他很少发号施令。该做的事情圆满成功了,老百姓都说"我们有这样的结果是自然而然的事情"。

注 释

　　① 太上:即最好的,这里指最好的领导或统治者。

② 信不足焉,有不信焉:领导和人民群众之间彼此不信任,领导悖离了清静无为之道,胡作非为,人民群众就必然背离淳朴自然之道。这样,就很难相互取信,上令无法下达,规章难以施行。

③ 悠兮:悠闲自在的样子。

④ 贵言:指不轻易发号施令。

⑤ 自然:本来就是如此的状态。

教育评析

对于教育而言,这一章主要是针对学校教育管理者的,特别是针对学校校长说的。"太上,下知有之;其次,亲而誉之;其次,畏之;其次,侮之。"对管理各级各类学校的校长,我们也可用这四个标准来评价。如果这位校长能够做到令人尊敬但似乎又不被人知晓,可学校的教育事业却在不断进步,师生和谐、校园有序、家长放心、社会满意,这才是做校长的至高境界,也应该是各级各类校长的永恒追求。

时下的中国教育,各地各类学校的教育教学改革令人眼花缭乱,打着改革旗号进行瞎折腾的情况也屡见不鲜,有些新上任或轮岗的学校校长急于标新立异,一上任就想着给学校动"大手术"。最能展现学校面貌的自然是校园文化,而校园文化最直观的体现是学校的景观,因此,有些学校的文化墙、文化带换了一遍又一遍,连绿化地带、地板砖都不能幸免。浪费资源,影响教学,这样的校长是得不到"亲而誉之"的。

这样的例子还是小折腾,各种大折腾也不鲜见。例如,曾有一阵子中国的大学兴起了办公司的热潮。高校最根本的任务是培养人才,这本是一个毋庸置疑的问题,遗憾的是,在这个基本问题上,就在不久前,中国的不少高校甚至一些名牌高校却产生了怀疑和动摇,以至于一些大学校长特别热衷于办公司挣钱,不少教授也整日忙于"课题研究"而不愿意上课,教育部甚至不得不为教授必须上课这样天经地义的事情发文件做规定。中国人民大学前任校长纪宝成曾分析说,这些情形的存在背离了大学精神,纯属瞎折腾。一些高校如此心态浮躁、急功近利,不能不说是这些大学的办学指导思想出了问题。

这类乱折腾,不知道会祸害多少人。教育有教育的规律,人的成长有其成长的规律。为了所谓的超越发展,一顿瞎折腾,除了拔苗助长和搞坏风气外,似乎没有多大的作用,反倒是危害居多。

现在的评价体系,发一篇高影响因子的文章,就可以让一个普通人一步登天。如果这些工作是扎扎实实地一步步做出来的,也算是可以理解。但是,现在部分这类文章除了对个人评职称和获取利益有用外,对这个社会进步有什么促进作用? 当然,也不是没作用,作用还是有的,一是学校评估的指标,二是促使更多人去写高影响因子的文章。对于这两个好处,若理性点来思考,不觉得好笑吗? 这就是大学的根本任务? 大学是做什么的? 我认为首先是育人,其次是创新。我们的大学不是为了堆积数据和评估。

如果要搞评估,也要从学校口碑、人才培养和社会贡献来评,而且是专业人士来评,绝不是数据的堆积和对比。是时候让教育回归其本质了! 如果不懂教育之道,不理解教育教学改革的目标和意义,所谓的改革不过是在道义的旗号下变着花样地瞎折腾,我想说,大多数教育同行是不喜欢这种瞎折腾的。

第十八章

原 文

大道废，有仁义^①；慧智出，有大伪^②；六亲不和，有孝慈^③；国家昏乱，有忠臣^④。

译文大意

大道被荒废了，才有人站出来提倡仁和义；聪明智巧的现象出现了，就会伴随有大奸大伪盛行；家庭出现不和睦了，才能显示慈父孝子的必要；国家陷于昏乱之时，才能看得出谁是忠臣。

注 释

① 大道废，有仁义：大道被荒废了，于是宣扬仁义。老子重点给我们讲两个字，即道和德。这两个字是有历史顺序的，按照老子的思想，有道的时候，德可以不管它，当道出现问题了，就得提倡德了。如果人人都有道德，何谈仁义。但德不管用了，就开始讲仁义了。越缺什么越提倡什么，这是老子在本章中的核心

逻辑。

② 慧智出，有大伪：慧智，即智慧。智慧这里指的是智巧。一些人一旦有了智巧，心眼也就多了起来，就开始想骗人了。用智巧来骗人的人，就成为伪君子。典型的例子如西汉的王莽。后人感慨："周公恐惧流言日，王莽谦恭未篡时。向使当初身便死，一生真伪复谁知。"

③ 六亲不和，有孝慈：如果家庭里父子、兄弟、夫妇不和了，才会体现有孝有慈的必要性。六亲指父子、兄弟、夫妇。孝慈的意思是指对上孝敬，对下慈爱。孝敬父母、慈爱子女、亲善兄弟姊妹，这不仅是我国传统道德规范的一个重要内容，也是中华民族的传统美德之一。

④ 国家昏乱，有忠臣：国家昏乱了，于是凸显忠臣、标榜忠臣。这里的国家是社会学意义上的国家。大家想想，不就是这么一回事吗？历史上的那些忠臣，不都是在国家混乱的状态下凸显出来的吗？

教育评析

我们当下实行的教育，除了为国家培养了大批建设人才外，也正在培养一些所谓的精致的利己主义者。这些精致的利己主义者，他们高智商、世俗、老到、善于表演、懂得配合，更懂得利用规则达到自己的目的。他们精心"打扮"表象，甚至伪装成"利他主义者"，追求物质生活，一切行为活动都以利己为核心。出现这种现象实际上就是老子所说的"智慧出，有大伪"。这些人如王莽之流。王莽早年恭俭，勤奋好学，孝事父母，养护寡嫂兄子，以德行著称。后来，他不但篡夺了汉朝皇帝的皇位，而且还杀了自己的三个儿子，给国家、社会、家庭均带来了极大的灾祸。那么，为什么会出现这样的现象？原因诚然是复杂的，从心理学角度上来看，有所谓的价值观缺陷导致的心理障碍。正如某位社会心理学家所说："这是种具有虚假的人格魅力内心却毫无道德观念的'反社会'人格类型。"也就是俗话中说的"穿着西装的毒蛇，披着羊皮的狼"。

当下，多数家庭、学校关注的焦点都聚焦在学生的考试分数上，都在为如何考上好学校而奋斗。初中生奋斗的目标就是考上好的高中，考上好高中的目的就是为了考上好的大学，考上好大学的目的就是为了找到好的工作，找到好工作的目的就是有好的生活……然后呢？然后就没有然后了。这就是大部分学生所接受的学习目的及人生观教育。

尽管父母的初衷是好的，主要是为了孩子将来生活得更好，但问题是孩子觉得现在就很好。孩子们觉得，现在衣食无缺，不愁吃喝，有电视，有手机，有房子，有车子，有票子，有游戏，应有尽有，为什么还要学习呢？或许将来会更好或更差，但这些想象的未来不能成为学习的动力。另外，将来真的会如同家长描述的那么美好或悲惨吗？看看自己的父母，即使名牌大学毕业或没有上过大学，但他们现在的生活真的值得向往或非常悲惨吗？为什么就不能玩游戏呢？为什么要那么努力地学习呢？活在当下享受人生又有什么错呢？

精致的利己主义人生观让我们的孩子心中缺乏大爱、责任感、使命感，变得自私、狭隘、自我。除了从今日的吃喝玩乐或获得表扬的成就感中获得快乐外，找不到别的生活的乐趣、生命的意义、奋斗的动力。一旦玩游戏的权力被剥夺或因学习原因受到压力时，顿感人生没有乐趣，活着没有意义。

要让孩子懂得，学习并不只是为了自己，也是为了家庭、集体和社会有一个更加美好的未来。父母有义务教育孩子使孩子懂得，在这个真实的世界里，每一个人都要承担相应的家庭、集体和社会责任。每个人都是在为爱、责任、使命奋斗中实现人生的价值并体验生命的快乐。

只有引导孩子树立正确的人生观，才能唤醒他们心中的梦想，点燃他们奋斗的激情。只有孩子的心灵得到滋养，他们才会变得勇敢坚强，他们的生命之花才会绽放。

第十九章

原 文

绝圣弃智①，民利百倍；绝仁弃义，民复孝慈；绝巧弃利，盗贼无有。此三者②，以为文③不足，故令有所属④：见素抱朴⑤，少私寡欲，绝学⑥无忧。

译文大意

抛弃智谋算计和巧言令色，人民可以得到百倍的好处；抛弃所谓的仁义，人民可以恢复孝慈的天性；抛弃巧诈和货利，盗贼也就没有了。对于圣智、仁义、巧利三者，仅作文字条文的规定是不够的，所以还要经常有人来耳提面命地提醒，以使思想认识深入到一切事理中去：要保持自然朴实本性，减少私欲、杂念，抛弃圣智礼法的浮文，这样就没有忧患了。

注 释

① 绝圣弃智：抛弃智谋算计和巧言令色。此处"圣"不作"圣人"讲，而是自作聪明之意。

② 三者：指绝圣弃智、绝仁弃义、绝巧弃利。

③ 文：指规定、条文。

④ 属：深入到事理中去。

⑤ 见素抱朴：意思是保持原有的自然本色。"素"是没有染色的丝。"朴"是没有雕琢的木。

⑥ 绝学：指弃绝仁义圣智之学。

教育评析

老子教育之道的目的是培养自然人。老子强调的人是自然人。人的本性是无知无欲，见素抱朴，如婴儿那样纯净质朴。人应该效法天地的精神："天行健，君子以自强不息；地势坤，君子以厚德载物。"宇宙万物都在按其生命的轨迹运行着，人也一样，要尽到自己的本分，守住自己的生命之道。因此，在教育上，我们要顺应孩子的天性。《孙子兵法》中说："知己知彼，百战不殆。"这句话不只是在打仗时适用，在很多领域都是适用的。比如说教育孩子，要想把孩子培养成一个人才，必须得了解孩子，很多父母就是因为按照自己的意愿来培养孩子，不尊重孩子的天性，以至于在培养孩子这条路上走进了一个误区。

孩子有哪些天性呢？不同的人有不同的看法，但有一些应该是大家都认同的。

第一，爱玩。鲁迅曾说过这么一句话："游戏是儿童最正当的行为，玩具是儿童的天使。"孩子天性爱玩，他们带着好奇与探索的眼光来观察这个世界，对于很多事物都会表现出特别的兴趣。

所以，面对孩子爱玩这个天性，父母不但不要阻止，还要陪他们一起玩。合格的父母要懂得跟孩子一起"玩"。玩游戏并不代表不学无术，反而是一种开拓孩子创造力的有效方式。只要多加引导，多多陪伴，成长也是可以通过游戏开始的。

第二，比较情绪化。知道为什么那么多人都想当孩子吗？因为孩子想哭就哭，想笑就笑，可以毫无顾虑地表达自己的情绪。情绪化是孩子的另一个天性，他们可以上一秒开心得不得了，下一秒就哭得天翻地覆，孩子的世界其实很简单，单纯自在。所以，在针对孩子这个天性时，父母不要强行制止，比如说孩子哭的时候，不要因为觉得烦就不准孩子哭，要让孩子好好释放情绪，总有一天，他们会开始自动收敛自己的喜怒哀乐。当然，在孩子闹情绪的时候，父母除了有足够的耐心，还要细心地、有方法地加以疏导，平复孩子们的情绪。

第三，爱问。学问学问，不懂就要问。一个合格的父母一定要经得起孩子们的十万个为什么，孩子们问问题的过程其实就是他们智力提升的过程，不要嫌孩子烦，更不要没有耐心。其实跟孩子交流的时候，父母也能体会到一种特别的幸福感。我们不但要尊重孩子们的发问，并且还要多培养孩子们的独立思考能力和习惯，比如说带孩子们去了解一些新奇的事物，培养他们看书的爱好。

第四，爱思考，爱学习。在很多人眼里，孩子贪玩调皮，对于学习的事一点兴趣都没有，其实不是这样的。每个孩子都有很强烈的求知欲，他们十分爱学习，也常常会思考，关键是父母要足够了解他们。大部分孩子们并不会无理取闹，他们在做每件事时都有自己的理由。不是孩子不爱学习，而是父母的很多行为让他们失去了学习的兴趣。对许多孩子来说，面对老师都有一种敬畏心理，他们对老师的信任有时候要超过父母，因为孩子们知道老师是带领他们学习的。我们既要刺激孩子的求知欲，又要引导他们自己去寻找答案。

第五，对所有的人都保持善意。孩子的世界是最单纯的，那里没有高低贵贱之分，也没有好坏之分。面对任何人，孩子都会以善意的胸怀去对待，这样有好处也有坏处。孩子对生活中的每个人都抱着感恩与善意的心，这种品质是值得赞扬的。但这样会导致孩子缺乏自我保护意识，毕竟这个世界上还有很多不好的人。所以，针对孩子这个天性，父母一定要让孩子学会明辨是非，在向别人表达善意的同时还要保护好自己。对于这个问题，家长们一定要引起高度重视。

第六，对于父母有种与生俱来的依赖感。由于社会发展带来的问题，现在许多孩子大部分时间都是由爷爷奶奶或外公外婆照顾带大的，特别是农村留守儿童。可是爷爷奶奶或外公外婆对孩子再好，在孩子心里始终还是跟爸爸妈妈亲。孩子对于自己的父母有一种与生俱来的亲切感，这是谁都无法替代的，所以，请珍惜这个特别的缘分，珍惜这份亲子感情，多陪陪孩子。冰心说过："让孩子像野花一样自然生长，要尊重儿童的天性和选择。"孩子们有他们自己的生长姿态，不要为了所谓的目标，去破坏这种天性与姿态。每个人的成长都有其自身的规律，父母要做的就是以自身的经验引导他们，让孩子少碰点壁。但愿每个孩子都能在父母的呵护下度过每一段美妙与特别的时光。

所谓天性，我们可以打一个比喻来作进一步强调，即孩子如果是一颗石榴树，我们就让他结石榴，不要强迫他结苹果。也就是要按照孩子的特长和个性来培养他，按照孩子的身心发展规律来促进他的成长，使他"复归于朴"。有些父母和老师总是想按照自己的意愿来强行塑造孩子，结果往往适得其反。法国教育家卢梭提出了自然教育的观点。他认为，教育必须遵循自然，顺应人的自然本性。他在《爱弥儿》一书中开卷写道："出于造物主的东西都是好的，而一到了人手里，就全变坏了。"

孩子的天性是这个世界上最宝贵的东西，很多人长大后都会怀念儿童时期，其实怀念的不过是那时天真无邪、自由自在的状态。所以，父母在教育孩子的过程中，一定要尊重他们的天性，保护他们的天性，这种天性会随着时间慢慢消逝，然后随着成长慢慢成为刻在骨子里的美好品质，从而让孩子们受用一生。

第二十章

原文

唯之与阿,相去几何?①善之与恶,相去若何?人之所畏,不可不畏。荒兮②,其未央③哉!众人熙熙④,如享太牢⑤,如春登台⑥。我⑦独泊⑧兮其未兆⑨,如婴儿之未孩⑩。儽儽兮⑪若无所归。众人皆有余⑫,而我独若遗⑬。我愚人⑭之心也哉!沌沌兮!俗人昭昭⑮,我独昏昏⑯;俗人察察⑰,我独闷闷⑱。澹兮⑲其若海,飂兮⑳若无止。众人皆有以㉑,而我独顽且鄙㉒。我独异于人,而贵食母㉓。

译文大意

恭敬地应诺与严厉地呵斥,有多大差别呢?善念与恶念,差距又有多大呢?人们所畏惧的,不能不敬畏。这风气自远古以来就是如此,好像无边无际的样子!众人都熙熙攘攘、兴高采烈,如同去参加盛大的宴席,如同春天里登台眺望美景。而我却独自淡泊宁静,一切无动于衷,如同婴儿还不会嘻笑一样。疲倦闲散啊,好像还没有归宿一般。众人都富足有余,而我却感到自己有那么多的不足。我真是只有一颗愚笨的心啊!一切混混沌沌的!众人光辉自炫,唯独我迷迷糊糊;众人都那么严厉苛刻,唯独我这样淳厚宽宏。恍惚啊,像大海一般汹涌;恍惚啊,像漂泊一般无处停留。世人都精明灵巧有本领,唯独我愚昧而笨拙。我唯独与这些人不一样啊,关键在于按道行事做人。

注 释

① 唯之与阿,相去几何:恭敬地应诺与严厉地呵斥,有多少差别呢? 唯,恭敬地应诺。阿,通"呵",斥责。

② 荒兮:荒芜、广大、无边际,形容无边无际、广漠遥远的样子。

③ 未央:未尽,未完。

④ 熙熙:形容兴高采烈的样子。

⑤ 享太牢:牛、羊、猪三样祭品齐全,谓之太牢。此句意为参加丰盛的宴席。

⑥ 如春登台:好似在春天里登台眺望。

⑦ 我:可理解为老子自称,也可理解为"体道之士"。

⑧ 泊:淡泊,恬静。

⑨ 未兆:没有征兆、没有预感和迹象,形容无动于衷、不炫耀自己。

⑩ 孩:同"咳",形容婴儿的笑声。

⑪ 儽儽兮:形容疲倦闲散的样子。

⑫ 有余：富足充裕。

⑬ 遗：形容不足的意思。

⑭ 愚人：纯朴、直率的状态。

⑮ 昭昭：智巧光耀的样子。

⑯ 昏昏：愚钝暗昧的样子。

⑰ 察察：严厉苛刻的样子。

⑱ 闷闷：纯朴诚实的样子。

⑲ 澹兮：辽远广阔的样子。

⑳ 飂兮：漂泊的样子。飂，读 liú，漂浮。

㉑ 有以：有用，有为，有本领。

㉒ 顽且鄙：形容愚陋、笨拙。

㉓ 贵食母：母用以比喻道，道是生育天地万物之母。此句意为贵在遵循道做事做人。

教育评析

本章是老子的自画像，也是得道者的自画像。作为教育的重要参与者——老师和学生，我们也应该给自己画一幅自画像。

老师肩负着教书育人的重要使命，首先应该把教育事业当作自己终生的理想和追求，"我独泊兮其未兆"，把自己的全部精力用于教育教学工作中，为国精育良才，而不是与其他行业的人比吃穿、比富有、比享受。孔子说："志于道，而耻恶衣恶食者，未足与议也。"当然，老师也是人，老师付出的艰苦劳动，理应得到社会的尊重。正如诸葛亮在《诫子书》中说的那样："非淡泊无以明志，非宁静无以致远。"我们要教育学生成为一个有理想有信念的人，一个终生追求真理的人。

时下，在学校教育中，有一种现象令人不安，有些学生不比学习比家庭，不拼成绩拼老爸，不讲品德讲享受。你骑 500 元的自行车，我一定要超过你，骑 1 000 元以上的自行车；你家住 100 平方米的房子，我家住别墅。这些不正常的攀比，一方面说明社会上的不良风气已影响到学校，污染了孩子们的心灵；另一方面也说明，这些攀比的孩子胸无大志，缺乏理想信念。

老子说："人之所畏，不可不畏。"社会上的各行各业，都有各自的规则，大家都应按规则做，任何人也不能例外。对学生而言，也是有许多规则要遵守的，如国家法律、校纪校规、学生守则等。这要求我们教育孩子要从小开始，从家庭教育开始。我们知道，人没有绝对的自由，就像高飞的风筝需要线的牵引，孩子们也应该时刻遵守各类规则。无规矩，不成方圆。中国是一个有着五千多年历史的文明古国，中华民族素来是一个温文尔雅、落落大方、谦恭礼让的文明礼仪之邦。但我们也不无遗憾地发现，目前校园中仍存在着一些有待改进的地方。例如，作为大学生，吃完饭后，你是轻轻地将餐盒放到合适的位置，还是自以为潇洒地随手一扔？见到老师，你是恭恭敬敬地问一声好，还是装作没有看见悄悄地走开？看到校园里的垃圾，你是弯腰捡起来，还是若无其事地走开？对于校规校纪，你是认真遵守，还是置若罔闻？

学生到学校接受教育不止是学习知识，更重要的是学习如何做人。校规就是学生学习做人的行为准绳。学生要以校规、校纪为准绳，用诸如《学生守则》《学生日常行为规范》等对自己的言行进行礼仪约束，提高思想认识，提高对养成文明礼貌良好形象重要性的认识，自觉规范自己的言行，并逐步养成良好的行为习惯。

第二十一章

原 文

孔德①之容②，惟道是从。道之为物③，惟恍惟惚④。惚兮恍兮，其中有象⑤；恍兮惚兮，其中有物。窈⑥兮冥⑦兮，其中有精⑧。其精甚真⑨，其中有信⑩。自今及古⑪，其名不去，以阅众甫⑫。吾何以知众甫之状哉？以此⑬。

译文大意

大德的形态，是由道所决定的。道这个东西，是迷离恍惚难知的。但是，它虽然是那样的迷离恍惚，其中却有形象显现；它虽然是那样的恍惚迷离，其中却有东西存在。它虽然是那样的深远暗昧，其中却有精质存在。这精质是非常真实的，是可以验证的。从当今上溯到古代，它的名称一直存在并未消失，依据它，才能观察万物的初始和本源。我怎么能知道万事万物开始的情况呢？是根据道来认识的。

注释

① 孔德：这里是大德、厚德、甚德、广德的意思。孔德是道的显现和作用。

② 容：意为形态、运作等。

③ 物：这个"物"我们不要把它当作物质来理解，它相当于我们现在经常用到的一个词："东西"。

④ 惟恍惟惚："恍""惚"，我们不能按现在恍恍惚惚的意思去理解，这里真正的意思是心里忽然对某个问题有一种感悟或理解，与顿悟有相近的意思。

⑤ 象：作形象或具象讲。

⑥ 窈：深远，微不可见。

⑦ 冥：暗昧，深不可测。

⑧ 精：最微小的原质，极细微的物质性的实体。

⑨ 甚真：是很真实的。

⑩ 信：信实，信验，真实可信。

⑪ 自今及古：从现今上溯到古代。

⑫ 甫：在古汉语中一般指男性、父辈，这里引申为开始。

⑬ 此：指道。

教育评析

我们经常把立德树人当作教育的根本任务，但在老子看来，道才是核心。老子说："孔德之容，惟道是从。"在老子的思想中，"道"是万事万物的本体和本源，是超越有形的万物之上的总和，受教育者把内在本体的性质作用于自己修德的过程，就是教育主体顺应自然本性的过程，即"立德"源于"守道"。一方面，"道生之，德畜之"（《老子》第五十一章），德来源于道，道需要德载之，所以，"道之尊，德之贵，夫莫之命而常自然"（《老子》第五十一章），说的就是尊道贵德是自然而然而不加人为因素的。另一方面，德是显性的，而道是隐性的，"常德乃足，复归于朴"（《老子》第二十八章），即由修德复道而实现对道的本质把握，才能达到"修之于身，其德乃真"（《老子》第五十四章）的目的。离开了道，德也就变成了无源之水、无本之木。

遵从教育之道，我们必须承认：人在才能、智力、性格、心情、体质等方面是存在差异的。我们开展教育工作，一定要唯道是从，顺性而为，依道行事，和易以思，尊重学生主体。

以下作简要展开。

其一，顺性而为。唐代柳宗元在《种树郭橐驼传》中讲了这样一个故事。郭橐驼是一位驼背老人，以种树为业，名重京城。他所种的树"或移徙，无不活，且茂硕，早实以蕃"。有人问他有什么绝技，他回答说："……能顺木之天以致其性焉尔。"所谓"顺木之天"，就是尊重树木的本性、天性，相信每一颗树种、每一棵树苗都有长成参天大树的潜质。唯其"顺木之天"，才能使这种潜质和天性得以正常发挥。教育孩子也同理，也要尊重孩子的天性和本性，让每个孩子自主、自由发展。卢梭在《爱弥儿》中指出，教育要遵循自然的法则，顺应孩子的天性。"

其二，教有道，志于道，追求道，顺其道。《论语》中说："可与共学，未可以适道；可与适道，未可以立；可与立，未可与权。"此"道"可与今天"教育有法，但无定法"中的"法"相通，有异曲同工之妙。

其三，和易以思，因材施教。《礼记》有论："君子之教，喻也。道而弗牵，强而弗抑。道而弗牵则和，强而弗抑则易，开而弗达则思，和易以思，可谓善喻矣。"和易以思的前提是因材施教。家长和老师要从孩子的实际情况出发，从个体差异着手，有的放矢地进行差别化的教育，使每个孩子都能扬长避短，获得最优发展。

其四，尊重孩子或学生主体地位。人文主义思想家蒙田认为："人类的最大任务就是学会成为自己的主人。"我们一定要清楚孩子是学习的主体，我们对其实施教育的目的在于引导他们进行自主的学习，让他们学会自己去探索和实践。我们不能做主，更不能包办。教育方法万变不离其宗，有的转换说法，有的改变流程，有的关注局部，有的把握整体……。凡此种种，本质上都要尊重孩子的主体地位，关注其个性发展。

第二十二章

原 文

曲则全,枉①则直,洼则盈②,敝则新③,少则得,多则惑。是以圣人抱一为天下式④。不自见⑤,故明;不自是⑥,故彰;不自伐⑦,故有功;不自矜⑧,故长。夫唯不争,故天下莫能与之争。古之所谓"曲则全"者,岂虚言哉?诚全而归之⑨。

译文大意

委曲可求全,屈枉可趋直,低洼可充盈,破旧可立新,少取可多得,贪多反生迷惑。所以有道的人坚持把道作为天下事理的范式。不自我表现,反能明达;不自以为是,反能明辨事理;不自我夸耀,反能显得功劳卓著;不自负自夸,与人交往共事才能长久。正因为持不争之道,所以普天下没有人能与他相争。古时所谓"委曲能求全"的道理,怎么会是空话呢?只要我们诚心诚意践行就能够达到目标。

注 释

① 枉：屈，弯曲。

② 洼则盈：水流的时候，哪个地方低洼，哪个地方就先充盈灌满。

③ 敝则新：凋敝于是更新。它强调的是这个宇宙中生生不息的变化规律，如果任何事物都能长久存在，没有更替，这个世界也就不能够生生不息了。敝，凋敝。

④ 是以圣人抱一为天下式：所以有道的人坚持把道作为天下事理的范式。抱一，"抱"为守，"一"讲的是统一，即阴阳两者相辅相成，相互统一，形成一个整体，所谓"一阴一阳之谓道"。一，即"道"。式，即范式。

⑤ 不自见：即不自我表现。

⑥ 不自是：即不自以为是。

⑦ 不自伐：即不自我吹嘘。

⑧ 矜：夸耀。

⑨ 诚全而归之：只要诚心诚意、实实在在地践行，就一定能够达到目标。诚，诚心诚意、实实在在。归，得到或达到。

教育评析

我们教育孩子或学生是需要方法的，但如果执着于方法，我们就会失去智慧。教育的智慧来源于对教育的忠诚，对教育对象的忠诚，也包括对自己未来的忠诚。那何为教育智慧呢？其中之一就是本章的中心思想：曲。《易经》云："所谓屈成万物而不已。"这里面的"屈"即"曲"，就是说能够弯曲而圆，就可以做成一切东西。地球是圆的，地球围绕太阳转的轨道是圆的……。从这个意义上讲，只有圆才能周全。所谓"圆满"，即只有圆才能满。"委曲求全"就是"古之所谓'曲则全'者,岂虚言哉？诚全而归之"的智慧。

教育重视"曲"的智慧,乃是因为教育的过程是一个漫长的过程,是一个慢慢累积的过程,即所谓"十年树木,百年树人"。因为"曲"而生成教育的路径和能量,教育切不可追名逐利。在清代中叶长篇中说《歧路灯》中,作者用生动流畅的文笔展现了一个孩子的曲折成长历程,其核心内容就充分证明了这一点。

在现实当中,我们的孩子或学生和别人发生冲突是难免的事,我们要教育孩子"曲则全"的智慧,如果不是原则性问题,应该努力做到"大事化小,小事化了",争一时之气,有时可能真的会毁掉你的一生,现实中这样的实例很多。忍一时风平浪静,退一步海阔天空。

当然,事物有两面性,一味委曲求全,可能也会产生不良后果。贾平凹在《我不是个好儿子》一文中有这样一段话:"母亲教育我的'忍'字使我忍了该忍的事情,避免了许多祸灾发生,而我的错误在于忍了不该忍的事情,企图委曲求全未能求全。"

对于学校存在的不良老师,我们就要教育孩子不能曲从。曲从可能会有两个恶果:一是对孩子产生非常严重的误导,使孩子不能树立正确的是非观。遇到矛盾冲突时,不能以正确的是非标准指导自己的行动,而是错误地根据权势高低、力量强弱等来解决问题。自己处于强势时,仗势欺人,自己处于弱势时,则委曲求全,这样会扭曲孩子的人格,将孩子引入歧途。第二是助长不良老师的错误,使他们不能及时改正错误,他们将可能继续犯同样的错误,甚至会变本加厉。

即便是遇到不良老师,我们在处理相关问题时,也应该采用"曲"的智慧,多数情况下,应避免正面冲突对抗,采取迂回的方法寻求解决问题之道,如向校长反映,或找政府相关部门协助解决。直接对抗，多数情况下很可能会达不到目标，或造成两败俱伤。越王勾践以"曲"求胜的处事方式有时候还是值得我们学习的。

第二十三章

原 文

希言①自然。故飘风②不终朝,骤雨③不终日。孰为此者?天地。天地尚不能久,而况于人乎④?故从事于道者⑤,道者同于道,德者同于德,失者同于失⑥。同于道者,道亦乐得之;同于德者,德亦乐得之;同于失者,失亦乐得之。信不足焉,有不信焉⑦!

译文大意

少胡说八道、少强行发号施令才是合乎于自然的。狂风刮不了一个早晨,骤雨下不了一整天。谁使其这样的呢?是天地。天地的狂暴尚且不能长久,更何况是人呢?所以,对于追求道的人而言,遵从于道者就成为同道中人,遵从于德者就成为同德中人,而"失道"与"缺德"者,也就成为同行者。同行于"道"的人,"道"也乐得与之相伴;同行于"德"的人,"德"

也乐得与之相伴；而失道与失德之人，一切"失道"与"缺德"该有的后果自然也找上门来了。因为"失道"与"缺德"的人诚信不足，大家都不会信任他们了。

注 释

① 希言：字面意思是少说话。此处指少胡说八道、少强行发号施令的意思。

② 飘风：指大风、强风。

③ 骤雨：指大雨、暴雨。

④ 天地尚不能久，而况于人乎：天地尚不能无休无止地施行一事，何况人呢？

⑤ 从事于道者：遵从道行事的人。

⑥ 失者同于失：失，指失道又失德。失道又失德的人，"失道"与"缺德"就跟定了他，一切"失道"与"缺德"该有的后果，自然也会找上门来。

⑦ 信不足焉，有不信焉："失道"与"缺德"的人没有诚信，大家都不会信任他们。

教育评析

据山东教育电视台 2019 年 4 月 12 日报道，青岛科技大学三个考研"学霸宿舍"16 朵姐妹花全部考研成功！在这 16 个女生中，环境科学专业的张蓝心和安全工程专业的邓文扬分别被推免至天津大学和中国科技大学继续深造；来自山东淄博的白月阳和吕梁百慧分别考入了山东大学和武汉理工大学；济宁妹子战雪松被南开大学录取；河北姑娘张子玉如愿考入了中国科学院大学；

孙业皎和丁亚楠考入了中国海洋大学；程旋、惠雅婧、马文静、孙宁宁、王媛媛分别被中国石油大学（华东）、大连海事大学、华东师范大学、首都师范大学、北京科技大学录取；刘香、裴云霞、董慧鑫则以优异的成绩留在母校继续深造。三个宿舍 16 位姑娘以这般优异的成绩为她们四年的大学生涯交上了一份令人满意的答卷，这可成为本章"同于道者，道亦乐得之"的最好注解。

要想走得快，那就一个人走，要想走得远，那就一群人走。这16 名同学，在四年大学期间，一直携手共进，并肩向前，她们自天南海北聚成一家，自习成为宿舍的家常便饭，努力学习与乐观生活始终相伴。她们目标一致，相互促进，成为"同于道者，道亦乐得之；同于德者，德亦乐得之"的典型。

老子的"飘风不终朝，骤雨不终日。孰为此者？天地。天地尚不能久，而况于人乎？"这个道理对于孩子的教育太重要了。它提醒我们，凡事不会长久，要常怀崇道之心。正在成长中的孩子们，一生至少有两大关必须面对。一是突如其来的成功。有一个典故叫"小时了了，大未必佳"，很多人小时候过早受到表扬或取得成功，长大了继续取得成功的反而不多，我国的高考状元现象也是如此。这里有成长规律的一面，也有孩子或家长不能把控的一面。每年高考之后，各省都会出现高考状元，有多少是成功的我们不知道，但高考状元的人生发展多半平平淡淡，可是不争的事实。

我们都知道，那些高考状元基本上只要成绩一出来，一些一流大学的招生办负责同志立刻就会去联系了。每所大学给的承诺都很多，只要去他们的学校，不仅专业随便挑选，而且毕业的事情都帮你想好了，基本都是热门专业，毕业就有好工作等着你。在这种攻势下，有谁会不心动呢？多数所谓的高考状元都是这样被带走的。可是结果呢？可能许多家长和学生都失望了，状元成了他们辉煌的最后时刻。这难道不算是"飘风不终朝，骤雨不终日"吗？如果家长们、孩子们、大学所谓的慧眼识人者都懂得了老子的智慧，或许情况就会好得多。

正在成长中的孩子们面临的另一关是过早遭受失败挫折，如高考失败。有些孩子因此而一蹶不振，难以自拔，导致人生失败。如果我们有老子"飘风不终朝，骤雨不终日"的智慧，这一问题也就可能不成问题了。王阳明多次科举失败，但这并没有阻碍他成为圣人。唐代著名诗人张继自幼博览群书，文采斐然，年轻的时候也参加过科举考试，可是都不幸落榜。长年累月的读书备考却得不到一个满意的结果，想必任何一个人都会觉得不甘心和难过吧。为了缓解心中郁积的苦闷，张继跑到美丽的苏州游玩散心。诗人晚上睡在姑苏城外的一条客船上，江边飘来软糯的吴语，凄清的晚风吹打着树枝，愁苦的诗人想起落榜之事，实在是彻夜难眠。于是他起身站在船头望着苏州城无边的夜色，随口吟出了那首名传后世的《枫桥夜泊》：月落乌啼霜满天，江枫渔火对愁眠。姑苏城外寒山寺，夜半钟声到客船。是金子总会发光的。张继虽然时运不济，在至关重要的科举考试中名落孙山，可是他的才华和努力却以诗歌创作的方式得到了世人的认可和肯定。时过境迁，如今的人们都已经忘记了当年科举考试的状元是谁，但大家都记住了落榜的张继，记住了他在月夜姑苏城外的苦闷与哀愁。

第二十四章

原 文

企者不立①,跨者不行②,自见者不明③,自是者不彰④,自伐⑤者无功,自矜者不长⑥。其在道也,曰余食⑦赘形,物或恶之,故有道者不处⑧。

译文大意

踮起脚尖想要站得高反而站立不住,大步跨越想要跑得快反而不能持久,主观臆断的人是不明智的,自以为是的人反而得不到彰显,自我夸耀且攻伐别人的人是不可能有真正功德的,老是自我骄矜、自高自大的人是得不到众人长久尊敬的。从道的角度看上面这些行为,就如同人吃饱了以后还在继续吃一样,是多余的行为。因为那些均是令人厌恶的行为,所以有道的人是不会那样做的。

注 释

① 企者不立:一个人踮起脚尖很难站长久。企,意为踮起

脚尖。

②跨者不行：老是大步往前跨越行走，一会儿就累得不行了。跨，即跨越。

③自见者不明：老是固执己见的人不明智。

④自是者不彰：老是自以为是的人得不到彰显。

⑤自伐：自我表扬且攻伐别人。伐，攻伐。

⑥自矜者不长：自高自大的人不可能得到众人长久的尊敬。矜，夸耀。

⑦余食：已经吃饱了，还在继续吃。余，就是多余的。

⑧物或恶之，故有道者不处：那些行为是令人厌恶的，所以有道的人是不会那样做的。物，指上面说的那些行为。

教育评析

"企者不立，跨者不行"，我们教育孩子，要按规律办，要慢慢来，欲速则不达。我们都听说过"拔苗助长"的故事，事物的发展自有它的规律，光有美好的愿望和热情是不行的，甚至会适得其反。孩子的成长是有规律的，一般而言，孩子 3 岁是直觉思维期，5 岁才有形象思维，6 岁才开始出现逻辑思维的萌芽，8 至 12 岁是记忆力最好的时期。让充满想象力和创造力的孩子去死记硬背汉字，他虽然不理解，但也能做到，可带来的后果是：想象力的空间被固化的知识充满了。一项研究结果表明，在学前班认识较多汉字的孩子，一年级的语文会领先其他孩子，但是到二年级，他的水平就与其他孩子持平了。我们教育孩子，都应该有这样的辩证法思想，即：有时候慢就是快，有时候快就是慢。如果我们一开始方向就错了，那么，停下来就是进步。

教育孩子时，我们千万别把自己孩子的大脑当作是计算机硬盘。超前教育在许多国家是被禁止的。专栏作家杨佩昌曾经撰文《德国宪法禁止学前教育,别把孩子大脑当硬盘》。他说:"欧洲许多国家都有相似的立法,德国甚至把这一条写进基本法里,禁止家长在幼儿园的教学之外给孩子补课。让孩子进入快通道,非常不人道。"德国的幼儿园不学专业知识,而是教一些基本的道德伦理,学会与人相处,重要的任务是玩得开心。小学也只学一些非常简单的知识,到了中学才开始进入跑步通道,但依然是慢跑,只有升入大学,真正成年了,才开始进入快跑通道,到了这个时候,终于有了竞争,也才显示出每个人的差异。

我们要注重基础教育,循序渐进,让孩子拥有快乐的童年,让孩子学习社交,懂得伦理、规则和责任,让孩子的兴趣和天赋得到开发,拥有独立自主能力和独立思考能力。我们许多家长被"不要让孩子输在起跑线上"这句话误导,违背孩子成长规律和教育规律,让孩子超前学习,其结果却是让孩子跑偏了方向,甚至跑错了道路。

春天开花,秋天结果,孩子的成长需要按时去守候。成长是一个漫长的过程,知识得慢慢学,不可能一口吃成一个胖子。兴趣是最好的老师,为孩子的成长注入持续的动力,才能笑到最后。

第二十五章

原 文

有物①混成②，先天地生。寂兮寥兮③，独立不改④，周行⑤而不殆⑥，可以为天地母⑦。吾不知其名，强字之曰道，强为之名曰大⑧。大曰逝，逝曰远，远曰反⑨。故道大，天大，地大，王亦大⑩。域中⑪有四大，而王居其一焉。人法地，地法天，天法道，道法自然⑫。

译文大意

有一个东西由混元聚集而成，在天地形成之前就已经存在了。它寂静而没有声音，它宏大而没有形体，它独立运动而不受其他东西左右，它周而复始循环运行而永不衰竭，可以作为万事万物的母亲（本源）。我不知道它的名字，所以只好勉强把它叫作道，再勉强给它起个名字叫作大。它广大无边而运行不息，运行不息而伸展遥远，伸展遥远而又返回本源。所以说道大，天大，地大，王也大。宇宙间有四大，而王居其中之一大。人效法学习大地的精神,厚德载物,地效法学习天的精神,自强不息,天效法学习道的精神,天道有常,而道效法自己本来就该是的样子,自然而然。

注 释

① 物:东西。这里实际上指道。

② 混成:指由混元聚集而成。

③ 寂兮寥兮:没有声音,没有形体。

④ 独立而不改:形容道的独立性和永恒性,它不靠任何外力而具有绝对性。

⑤ 周行:循环运行。

⑥ 不殆:不息之意。

⑦ 母:指道。天地万物由道而产生,故称母。

⑧ 强字之曰道,强为之名曰大:勉强把它叫作道,勉强给它起个名字叫作大。这个"大"是"道"的另一称谓,是说道的存在是无边无际的。

⑨ 大曰逝,逝曰远,远曰反:"道"就是"大",道离开出发点开始运动起来,离出发点越来越远,所以"逝曰远",但又是始终归于一处的,这就叫作"反"。所谓"反",即周而复始,生生不息。

⑩ 王亦大:君王能够治理国家,化育万民,因此"王亦大"。王亦大,一些版本作"人亦大"。

⑪ 域中:即宇宙间。

⑫ 道法自然:道纯任自然,本来如此。

教育评析

本章是《老子》中非常重要的一章,因为老子在道的形象里面概括出了一个非常深刻的哲学内容，即把道看作是万事万物的本源。这一章一开始就讲："有物混成，先天地生"，道这个东西，它是在天地之前就浑然产生而存在的。也就是说，天地万物产生之前，有一个混沌的、无边无际的、不可以名状的存在的状态，所以叫"有生于无"。道是这样的一种不受任何东西左右的存在，它自己运动不受其他东西的左右。它有自己的轨道，有自己的规律："独立不改，周行而不殆"。老子又说："人法地，地法天，天法道，道法自然。"这里的"法"有学习、效法之意，人学习大地的宽厚，大地效法天的高远，天效法道的本源创生，道效法自己本来就应该有的样子。人、地、天、道都是自然的一部分，都要按规律办事。这昭示我们，教育之道也不受其他东西的左右，它也有自己的轨道，也有自己的规律，它"独立不改，周行而不殆"。我们只能研究和把握教育之道，不能违背，更不能刚愎自用，主观行事。

当下，违背教育之道的现象普遍存在，大量占用孩子课外休息时间进行补习就是典型例子。不管出于何种目的，这样做都是违背教育之道的。如果是学校利用周末和假期进行强制性补课，则不仅违背教育之道，而且涉及违反教育法。既然违道又违法，这种行为为何大行其道，屡禁不止，的确值得我们深思。

老子在本章中提出了"道法自然"思想，教育当然也不能例外，必须效法自然。除遵循教育规律和人的成长规律外，天下最好的教育就是以大自然为师，向大自然学习！怎样做为好呢？大道至简，就是每天在大自然中学习、劳动、行走、生活、感悟等。道、儒、释三教之圣人皆言：本性本善，圆满具足。孝心、爱心、感恩心、坚强、勇敢、仁慈、包容等，这些人类最优秀的品质本来人人具有，而现在的孩子却普遍缺乏，其原因不全是缺少传统经典文化的教育，而是严重缺乏与大自然连接而使本性蒙蔽无法彰显。人是大自然的一份子，如果离开大自然就如同断根的树，身心是不可能茁壮成长的。当今物质生活水平大大提高,但过度的应试教育却整天把孩子们关在家里或教室里,严重隔绝了孩子们与大自然的接触,从而使孩子们的身心出现了问题。要解决诸如此类的问题,老子提供给我们的答案其实很简单,即"道法自然"。

第二十六章

原 文

重为轻根，静为躁君①。是以君子终日行不离辎重②。虽有荣观③，燕处④超然。奈何万乘⑤之主，而以身轻天下⑥？轻则失根，躁则失君⑦。

译文大意

稳重是制约轻率的根本，静定是克制躁动的主宰。因此，君子终日行走离不开载装辎重的车辆。虽然住在富丽堂皇的建筑里，却能像燕子居住在它的窝里一样，心境超然。可为什么这些成了万乘之主的统治者，却还要轻率地治理天下呢？轻率就会失去根本，急躁就会丧失主宰。

注 释

① 重为轻根，静为躁君：稳重是制约轻率的根本，静定是克制躁动的主宰。轻，轻率。躁，躁动。君，主宰。

② 辎重：最开始时是古代军事中的用语，表示运输部队携带

的军械、粮草、被服等物资,后扩用于社会方面。这里主要指外出时携载的物资。在古代,外出时携带的物资极为重要,若丢失,将会产生极大的麻烦,甚至有生命危险。

③ 荣观:富丽堂皇的建筑。

④ 燕处:像燕子居住在它的窝里面一样,安然处之。

⑤ 万乘:指当时的大国。乘,古时一车四马叫"乘"。

⑥ 以身轻天下:治理天下如同儿戏,行事轻率急躁。

⑦ 轻则失根,躁则失君:轻率就失去了根本,急躁就失去了主宰。

教育评析

这一章字数不多,但分量还是比较重的,因为老子在这一章里讲的核心内容是"轻"与"重"、"静"与"躁"的关系。"重为轻根"要求我们做事要时刻用稳重来制衡住轻率。轻率意为随随便便,言行不慎重、不严肃、不认真,多用于形容人做事的态度、行事的风格。在现实生活中,许多人之所以失败,往往是因为他们马虎大意、鲁莽轻率。文天祥在《提刑节制司与安抚司平寇循环历》中说:"然凡言语轻率,便有取败之道。"急躁的危害是巨大的。性格急躁的人容易冲动,会犯下不可弥补的错误。靠什么来克制急躁呢? 靠静定,即所谓"静为躁君"。

在教育过程中,家长和老师要为孩子或学生创造安宁的环境,使学生养成一种静定的功夫。如果父母或老师整日在孩子的耳边唠唠叨叨,孩子就会心烦意乱,失去心灵的主宰。孩子在心烦气躁的状态下,既学不进去,也听不进去。所以,老子说:"轻则失根,躁则失君。"诸葛亮在《诫子书》中提到:"险躁则不能治性。"君子须"静以修身",因为"非宁静无以致远"。人心安静了,才会定下来,定下来后智慧才能出来。

我们如何创造这样的环境呢？这就需要我们的老师和父母"行不言之教"。所谓"不言"，并非不说话，而是不说废话。较典型的废话如："你怎么又做错了""我告诉过你多少遍，你为什么不记住……"。这些话，是很多父母在孩子犯错时的"常用语"。但他们可能不知道，这种表述方式除了宣泄自己的愤怒以外，既不能改变孩子犯错的事实，也不能帮助孩子改正缺点。其实，对孩子的一味指责，只会使孩子觉得"我不够好"，时间一长，孩子势必会产生恐惧和自卑心理，难以获得成长的能量。

我们常说"父母是孩子的第一任老师"。家长的一言一行都会对孩子产生重要影响，聪明的家长从来不做孩子成长道路上的指挥者，而是做引导者。孩子犯错时，家长首先不能责怪孩子，而是应该反思自己是否有问题。如果是孩子有问题，切勿大声谩骂，更不能拳打脚踢，而是应该静下心来，用自己宝贵的人生经验悉心教导，让孩子了解错在哪里，同时还要教会孩子学会反思。只有这样，才能让孩子走得更稳更踏实。"轻则失根，躁则失君"，教育孩子，切勿轻率，更不能急躁！

第二十七章

原 文

善行无辙迹①，善言②无瑕谪③，善数④不用筹策⑤，善闭无关楗⑥而不可开，善结无绳约⑦而不可解。是以圣人常善救人，故无弃人；常善救物，故无弃物。是谓袭明⑧。故善人者，不善人之师；不善人者，善人之资⑨。不贵其师，不爱其资，虽智大迷。是谓要妙⑩。

译文大意

善于行走的人是不会留下痕迹的，善于言谈的人言简意赅没有语病和瑕疵，善于计数的人用不着筹策一类的工具，善于关门的人不用门栓而能使门不被打开，善于绑缚的人不用绳索却没人能够解开。因此，圣人懂得规律，并按规律用人和拯救人，所以没有被弃置不用的人；按照规律去利用万物，物尽其用，所以没有被废弃的物品。这就叫作被掩盖着的聪明智慧。所以擅长做事的人是不擅长做事的人的老师；不擅长做事的人又可为擅长做事的人提供借鉴。不尊重自己的老师，又不以他人作借鉴和参考，虽然看起来很有智慧，其实很糊涂。这就是道的精深奥妙。

注 释

① 辙迹：行车时车轮留下的痕迹。

② 善言：指善于采用不言之教。

③ 瑕谪：过失，缺点，瑕疵。

④ 数：计算。

⑤ 筹策：古时人们用来计算的器具，如算盘。

⑥ 关楗：门闩，横的叫关，竖的叫楗。古代的门闩一般是木制的。

⑦ 绳约：绳索。

⑧ 袭明：内藏或被掩盖着的智慧和聪明。袭，覆盖之意。

⑨ 资：取资、借鉴的意思，与《资治通鉴》的书名"鉴于往事，有资于治道"的意思相近。

⑩ 要妙：精要玄妙，深远奥妙。

教育评析

这一章对教育来讲，简直可称大智慧，同时也很有趣。一开始就讲"善行无辙迹"，善行就是有道有德的行动。如果一个人做了好事，同时还留下痕迹，从道的角度来讲已经算不上做好事了，同时还有作秀之嫌。我们教育孩子或学生也要努力做到这一点。"善言无瑕谪，善数不用筹策，善闭无关楗而不可开，善结无绳约而不可解。"我们做教育的，不懂教育规律和人才成长规律，一味唠唠叨叨，每天只知道批评、辱骂甚至体罚学生，时时刻刻约束学生，其结果往往适得其反，难以达到教育的目的。老子要求我们"行不言之教"，即是同样的道理。

自然主义的教育思想是一种润物无声的教育思想，这样会使人感化，成为习惯，养成个性。以身施教是这一方法最好的诠释。老子在这一章说："善行无辙迹，善言无瑕谪，善数不用筹策，善闭无关楗而不可开，善结无绳约而不可解。"一个懂得教育之道的人一定是善行、善言、善数、善闭、善结的人，他的言行已经超越了一般的有形的教育活动，升华到了一种"知者不言"的境界，一种"春风化雨"的境界。受教育者在美好的教育气氛、环境的陶冶下，潜移默化地养成各种好习惯、好作风、好行为，自主地掌握知识，成为道德高尚、热爱生活、全面发展的人，这种美好境界不正是现代自然主义教育家和老子"无为"思想共同寻觅的目标吗？老子说："太上，不知有之……。"（《老子》第十七章）最好的教育者不正是那些以其身之"真"担当"无为"之教而默默无闻以至于大家"不知有之"的得道者吗？

懂得教育之道的父母和老师，往往懂得去包容孩子或学生，在孩子犯错时，能春风解冻，和气消冰。他们胸怀博大，如处于切河流之下的大海，任何污浊的水流到这里，都会"浊以静之徐清"，他们无所偏爱，因此能够"常善救人，故无弃人；常善救物，故无弃物"。有人称老子的这种思想为"不弃主义"的教育思想，因为老子信奉"善者，吾善之，不善者，吾亦善之"（《老子》第四十九章），而善人是不善人的老师，不善人又是善人的借鉴，因而人之不善，何弃之有？

充满爱心的老师和父母也会懂得"曲则全，枉则直"的教育艺术。宇宙万物都是曲线的，即所谓的"曲成万物"。因此，教育孩子就要学会巧妙地运用曲线。如果直来直去，想骂就骂，甚至想打就打，不讲求方式方法，那么不但起不到教育的作用，反而会加深彼此之间的矛盾。如果转一个弯，说话委婉一点，大家心平气和，不仅彼此相安无事，而且还能"以四两拨千斤"，使孩子心悦诚服。

第二十八章

原 文

知其雄①,守其雌②,为天下谿③。为天下谿,常德不离,复归于婴儿④。知其白,守其黑,为天下式⑤。为天下式,常德不忒⑥,复归于无极⑦。知其荣⑧,守其辱⑨,为天下谷⑩。为天下谷,常德乃足,复归于朴⑪。朴散则为器⑫,圣人用之则为官长⑬,故大制不割⑭。

译文大意

　　知道自己刚强,却能安守柔弱,甘愿做天下的溪涧。甘愿做天下的溪涧,永恒的德性就不会离失,就会回复到婴儿般质朴的状态。知道自己光亮,却安守住暗昧,甘愿做天下的范式。甘愿做天下的范式,永恒的德行就不会出现偏差,就会回归到大道初始时的无极状态。知道荣耀,却能安守住屈辱,甘愿做天下的川谷。甘愿做天下的川谷,永恒的德性才得以充足,才能返回到自然本初的朴实状态。自然本初朴实的道扩散开来形成万事万物及相关规律和法则，圣人运用自然朴实的道，则可成为百官的首长，所以真正的制度都是为人民谋福利而产生，与道是不可分割的。

注 释

① 雄：意为刚强。

② 雌：意为柔弱。在老子看来，柔弱胜刚强。

③ 谿：同"溪"。

④ 婴儿：象征纯真、质朴、稚气。婴儿状态是人的原生状态，身体柔软，呼吸均匀，尚未被污浊的世俗所浸染，与成年状态相比，它更多一些质朴无华的天性，更多一些可爱的稚拙和迷人的纯情。

⑤ 知其白，守其黑，为天下式：这句话的意思是，对是非对错，内心一定非常明白，但外表要表现得愚钝，对世俗之流既不赞美也不批判，沉默笑看尘世，实乃大隐于市之道，我们要努力把这种做法当成范式。白，光明。黑，暗昧。式，范式。

⑥ 忒：过失，差错。

⑦ 无极：无边际，无穷尽，无限。

⑧ 荣：荣誉，宠幸。

⑨ 辱：侮辱，羞辱。

⑩ 谷：深谷、峡谷，喻胸怀广阔。

⑪ 朴：朴素，指纯朴的原始状态。

⑫ 器：器物，指万事万物及相关规律。

⑬ 官长：百官的首长。

⑭ 大制不割：完整的制度是不割裂的。制，制作器物，引中

为制度。割,割裂。

教育评析

当今社会,在孩子的教育中,家长对智育高度重视,同时也知道要教育孩子掌握一些生活常识,但常常会忽略孩子在与人相处时应该具备的智慧,比较重要的如口讷的智慧、隐忍的智慧、包容的智慧、生存的智慧、交际的智慧、修身的智慧、处理事情的智慧等。"知雄守雌""知白守黑""知荣守辱"等均是人生极其重要的智慧。我们在教育孩子时,要想办法将这些一生受用的智慧教给他们。

真正的英雄,是那些能伸能屈的人,历史上的周文王、孙膑、刘邦、韩信、周勃等都是典型。人没有一辈子都是顺顺利利的,所以得意时不可过度表现,即要知荣守辱,要知道福祸相依的道理;失意之时也不能一味消沉,应积蓄力量,以伺东山再起,知雄守雌,以退为进。

俗话说得好:"人间没有不凋谢的花,世上没有不曲折的路。"父母要教育孩子坦然地面对挫折,把挫折看作是前进道路上必经的关口,从而增强心理的韧性。同时父母还要指导孩子调整努力的目标,扬长避短,努力发挥自己的优点和长处。独生子女政策实施以来,孩子的挫折教育被忽视,孩子面对挫折的应对能力较差,这一点应该引起家长和教育工作者的高度重视,特别是家长要注重孩子这方面能力的培养。第一,建议家长要有意设置障碍,培养孩子的抗挫折能力。任何人的成长都会经历无数的挫折,如果孩子总是一帆风顺,那么一旦遇到困难,就会情绪紧张、束手无策。因此,父母在平时应有意识地培养孩子应对挫折的适应能力。第二,当孩子真的遇到挫折时,要及时疏导,以便正确地应对挫折。当孩子受挫失败时,父母不能置之不理,采取"无视"

态度或者一味指责、谩骂孩子，而应当帮助孩子认真分析挫折产生的原因，采取正确的方法战胜挫折。同时还应让孩子认识到挫折本身并不可怕，最重要的是要敢于面对挫折。父母在孩子遇到挫折时，适时地扶孩子一把，给予鼓励，才能帮助孩子学会忍受暂时的焦虑与不安，加强对困境和压力的容忍力，并且有信心和方法去克服困难。

美国心理卫生专家兰德纽曼说："有着十分幸福童年的人，常常有不幸的成年。"很少遭受挫折的孩子长大以后会因不适应激烈的竞争和复杂多变的社会而深感痛苦。孩子早晚都要自己面对激烈的社会竞争，而许多父母却不敢把孩子放出去，怕他们经验不足，怕他们上当受骗，什么都不敢让孩子独自去做。这样做的后果是孩子的心理承受能力相当脆弱，经不起一点小小的挫折。现在很多家庭都是只有一个孩子，所以父母和其他长辈们就把孩子当作是掌上明珠，不肯让孩子吃一点苦。他们千方百计为孩子打点一切，使孩子生长在非常安逸的环境下，孩子在成长中很少或根本就没遇到过挫折。这样下去表面上一帆风顺，其实危险重重。孩子没有机会经历挫折，严重缺乏抗挫的能力和经验，一旦遭遇困境就会引发种种问题。

另外，长辈们的纵容娇惯在不断消磨、弱化孩子的坚强意志。比如当孩子摔倒的时候，有些长辈会赶紧把孩子抱起来，并一味地怨天怨地；孩子在学校因某些原因遇到问题，有的父母会不惜一切代价去"讨个说法"……父母的娇惯和"保护"使孩子根本不知道什么是苦，什么是累，什么是挫折。在这种情形下，孩子的斗志在慢慢消磨，一旦遇到一点挫折就不知所措，甚至意志消沉。

每个人的一生都不会一帆风顺，孩子在成长过程中不可避免地要承受这样那样的挫折和打击。作为父母和长辈，不应该只是竭力帮孩子逃避困难和挫折,而应该教会孩子如何以积极乐观的心态战胜挫折。帮助孩子战胜脆弱,培养他们坚韧的品质和抗挫折能力,是当今家庭教育所面临的重要任务。

第二十九章

原　文

　　将欲取天下而为①之,吾见其不得已②。天下神器③,不可为④也。为者败之,执⑤者失之。故物⑥或行⑦或随⑧,或歔⑨或吹⑩,或强⑪或羸⑫,或挫⑬或隳⑭。是以圣人去甚⑮,去奢⑯,去泰⑰。

译文大意

　　如果想靠巧取豪夺取得天下并为所欲为,我看那些人最终是得不到天下的。天下是神圣的东西,不能妄为,更不能为所欲为。妄为或为所欲为将导致失败,将天下作为私物,强行把持天下,最终将失去道,失去天下。因此,圣人不妄为,所以不会失败;不将天下当私物强行把持,所以不会失去天下。所以天下万事万物总是对立统一的,有前行就有后随;有轻嘘就有强吹;有刚强就有羸弱;有扶助就有毁灭。因此,圣人要除去极端的行为、奢靡的方式、过激的做法。

注 释

① 为:老子推崇"无为",所以这个"为"即为强为,即想靠非正常手段夺取天下。

② 不得已:达不到,得不到。

③ 神器:神圣的东西,不是指具体的器物。

④ 为:指妄为或为所欲为。

⑤ 执:非道德手段把持、掌握、执掌。

⑥ 物:万事万物所揭示的规律,即对立统一规律。

⑦ 行:前行。

⑧ 随:跟随。

⑨ 歔:同"嘘"。轻轻地吐气。

⑩ 吹:强吹气。

⑪ 强:刚强。

⑫ 羸:虚弱,羸弱。

⑬ 挫:同"撮",意思是撮起,也就是扶助、帮助。

⑭ 隳:读 huī,灭掉、毁灭。

⑮ 甚:过分。

⑯ 奢:奢靡。

⑰ 泰:过极,极端。

教育评析

这一章理解起来有一定困难。理解这一章,首先要了解老子所在时期的时代背景。春秋末年,诸侯争霸,生灵涂炭,老子认为这不是顺应天道的事情。所以,老子提出了"小国寡民"的思想。这一章讲的核心内容是事不可强为,天下不可强取。不该你得的你得到了,得到了你得给人还回去,即"将欲取天下而为之,吾见其不得已"。老子的这一智慧对我们教育孩子有非常宝贵的借鉴价值。有一句话是这样说的："得到了不该得到的得到，就一定会失去不该失去的失去。"对家庭教育而言，这一点价值很高。《朱子家训》里早有论断："德不配位，必有灾祸，厚德方能载物。"也就是说一个人如果用不正当手段得到了不属于他的财物或其他东西，那终究有一天会失去。正如《断头皇后》中的一句经典台词："她那时还太年轻，不知道所有命运赠送的礼物，早已在暗中标好了价格！"

"去甚，去奢，去泰。"我们要以这样的态度和胸怀去公平对待不同的孩子或学生，力求做到"有教无类"。俗话说："十根手指有长短。"我们教育的对象——孩子或学生千差万别，秉性各不相同，我们若能做到公平地对待每一个孩子，并育而不相害，并行而不相悖，以博大的胸怀包容所有孩子和学生，以"去甚，去奢，去泰"的包容心去教化他们，或许他们个个能成才，人人能成器。

"夫物或行或随，或歔或吹，或强或羸，或挫或隳。"老子告诉我们，天下的万事万物均是对立统一体，我们教育的孩子或学生也是如此，有富有贫，有智有愚，有善有恶，有长有幼，有男有女，有的听话，有的不听话。作为老师或家长，决不能有三六九等之分，对本是人格平等的学生或孩子要施以同样的爱心，对个性特征存在差异的学生或孩子要因材施教，充分认识和肯定学生或孩子的不同性格特征，承认其主体性，教导其发展。要做到一视同仁、不偏不倚，这样才能不拘一格培养人才。

第三十章

原　文

以道佐^①人主^②者，不以兵强^③天下。其事好还^④。师之所处^⑤，荆棘生焉。大军之后，必有凶年^⑥。善有果^⑦而已，不敢以取强^⑧。果而勿矜^⑨，果而勿伐^⑩，果而勿骄，果而不得已，果而勿强。物壮则老^⑪，是谓不道^⑫，不道早已^⑬。

译文大意

按照道的原则辅助王者的人，不以武力逞强于天下。以武力逞强于天下这种事必然会得到报应。军队所到的地方，荆棘丛生。经过大战之后，一定会出现荒年。善于使用武力的人，只要达到目的就适可而止，并不以兵力强大而逞强好斗。达到了目的也不要矜持傲慢，达到了目标也不要耀武扬威，取得了胜利也不要骄傲自大，战争取胜是出于迫不得已，胜利之后就不要以武力逞强。万事万物强壮到顶点就会马上走向衰朽，这叫作不符合于道，不符合于道的就会很快死亡。

注 释

① 佐：辅助。

② 人主：君主，王。

③ 强：逞强。

④ 其事好还：用武力逞强天下这件事一定会得到恶报。

⑤ 师之所处：军队所到之处。

⑥ 大军之后，必有凶年：大战发生后，必定是灾荒之年。

⑦ 果：成功之意，指达到获胜的目的。

⑧ 不敢以取强：帛书本为"毋以取强"。取强，逞强、好胜。

⑨ 矜：矜持傲慢。

⑩ 伐：耀武扬威。

⑪ 物壮则老：万事万物发展到最强大之时，便是由盛而衰之日。物壮，事物发展强大到顶点。

⑫ 不道：就是不合乎于道。

⑬ 早已：就是早死、很快完结。

教育评析

这一章老子的核心思想是反对不义的战争。他在这一章中严肃地指出："以道佐人主者，不以兵强天下。其事好还。师之所处，荆棘生焉。大军之后，必有凶年。"有一位学者建议，将《道德经》的第三十章和第三十一章写进小学课本。对此，笔者表示完全赞同，同时建议家长们和老师们鼓励孩子或学生学习老子的思想。为什么？让我们的孩子从小就学习这样的文章，热爱和平、反对战争的种子就会在他们心里萌芽。

我们推荐学生阅读的一些所谓名著，其中不少内容都与老子的观点相反，因此，一定要对孩子进行适当的引导，让他们在阅读时取其精华，去其糟粕。

这一章还启示我们的老师们，要有一种让功于天下的胸怀。虽然功成名就，桃李满天下，但是不要居功自傲，要做到"果而勿矜，果而勿伐，果而勿骄"。老师要甘做学生的垫脚石，帮助学生取得更大的成就，而自己能够"功成身退"。因为，这是天之道，是教育之道。老子希望我们效法水的精神，因为"水利万物而不争"。水无形无状、无私无我，滋养万物却不与万物相争，成就万物却甘居下。如果我们以这样的心胸和境界培养学生，那我们离教育之道就不远了。

第三十一章

原 文

　　夫佳兵者①，不祥之器②。物或恶之③，故有道者不处。君子居则贵左，用兵则贵右④。兵者不祥之器，非君子之器，不得已而用之，恬淡⑤为上，胜而不美，而美之者，是乐杀人。夫乐杀人者，则不可以得志于天下矣。吉事尚左，凶事尚右。偏将军居左，上将军居右，言以丧礼处之。杀人之众，以悲哀泣之⑥，战胜，以丧礼处之。

译文大意

　　上好的兵器，是不吉祥的东西。这个东西是令人厌恶的，所以有道的人是不会迷恋它的。君子平时起居时以左边为尊贵，而用兵打仗时却以右边为贵。兵器是个不祥的东西，不是君子所喜欢使用的东西，只有到了万不得已时才使用它，而且，即使万不得已使用它也要淡然处之为好，胜利了也不要自鸣得意，去赞美胜利、赞美战争。如果自鸣得意，并赞美胜利、赞美战争,那就是喜欢杀人。凡是喜欢杀人的人,天下人共恶之,所以他就不可能实现赢得天下的愿望。吉庆的事情,礼仪以左为贵,凶丧的事情则以右方为贵。军事长官的位置安排,凡是出征时,偏将军位居左边,上将军位居右边,这就是说要以丧葬礼仪来处理用兵打仗的事情。战争中杀害的人众多,当以哀痛的心为之哭泣,即使打了大胜仗,也要以丧葬礼仪去对待阵亡将士。

注 释

① 夫佳兵者:最好的兵器。夫,发语词。

② 器:不作武器讲,意为东西。

③ 物或恶之:不祥的东西但凡正常人都会讨厌,万物也不喜欢,动物会因此造成伤害,环境会因此遭受破坏。

④ 君子居则贵左,用兵则贵右:古人以左为阳,以右为阴,阳生而阴杀,尚左、尚右、居左、居右都是古人的礼仪。平时朝仪和祭祀以左为贵,而凶丧杀伐就以右为贵。

⑤ 恬淡:安静,沉着,淡然。

⑥ 以悲哀泣之:以哀痛的心情为之哭泣。

教育评析

这一章是第三十章内容的进一步展开,其核心思想仍然是反对不义的战争。教育孩子热爱和平、反对战争是我们家长以及全体教育工作者的重要任务之一。

男孩子小时候一般都喜欢玩打仗游戏,我们小时候也有过这样的经历。在男孩子较集中的地方,我们经常能遇到这样的场景："同志们，冲啊！冲啊！"随着一阵强有力的呼喊，一群男孩子举着各式"武器"勇敢地向"敌人"冲去。那一往无前的精神，那严肃认真的神态，像是真的驰骋在战场上。

孩子们将"战争"作为游戏主题无可厚非，但我们一定要教育孩子们，任何战争都是不值得赞美的！孩子们大概还不懂得，战争其实是人类最血腥、最丑陋的自相残杀的行为。战火纷飞处，生命被践踏，家园被摧毁，生态环境遭破坏，人性也在极端的考验中被扭曲，社会的发展和文明的进步都会因为一场战争而停滞甚至倒退……。历史上有许多英雄，卫青、霍去病、岳飞、董存瑞、黄继光、邱少云……；我们的语文课本、文学著作、电视电影等，也都有讴歌战斗英雄的故事。但请家长们和老师们一定要告诉孩子们，歌颂英雄并不是赞美战争。英雄们的挺身而出、舍生忘死，其出发点并不是为了要赢得一场战役的胜利，而是为了和平，为了让更多人过上没有残害、没有死亡、没有战火的生活。他们的牺牲，最崇高的是大爱，而绝不是对战争的崇拜情结。让孩子们了解战争，是为了给他们播下爱的种子，而不是仇恨的种子。在整个世界变成地球村的时代，应当引导孩子们站在人性关爱的角度去认识战争。如果从小就被套上了狭隘民族主义情绪的枷锁，孩子们原本纯洁的心灵必然会被"仇恨"所污染，这样的孩子长大后不会真正爱人、爱和平，如果这样的孩子成为大多数，则世界也不会有真正的和平。

在教育方面，一般人都向孔子学习。在反对战争方面，孔子的态度非常明确，不懂也不屑学习军事。卫灵公曾问他行兵布阵之事。他回答："军旅之事，未尝学也。"随后，扬长而去。老子是精通战争的，却又深知正义的战争不是征服，不是"乐杀人"，而是以战止战，"非君子之器，不得已而用之"。老子说："大军之后，必有凶年。"战争是多么可怕，即便取得胜利，也不要搞庆祝凯旋的活动,而要"以悲哀泣之,战胜,以丧礼处之"。这是老子的高明之处。不好战,但对战争必须精通,目的是以战止战,就如我国在艰苦年代制造"两弹一星"一样,目的不是为了使用核武器,而是为了消灭核武器。

第三十二章

原　文

道常无名①，朴②，虽小③，天下莫能臣④也。侯王若能守之，万物将自宾⑤。天地相合，以降甘露，民莫之令而自均⑥。始制有名⑦，名亦既有，夫亦将知止，知止可以不殆⑧。譬道之在天下，犹川谷之于江海⑨。

译文大意

道生于天地之前，本无名无象，强名曰道。道是质朴的，甚至微小到看也看不见，但天下却没有什么事物能够驾驭它。侯王如果能够坚守道的朴拙本性，那么世间万物都会自然地顺从他、拥簇他。天地相合，云行雨施，没有谁去计划它，却能使万物均享恩泽。万物在它们开始的时候，就被赋予了相应的名分，名分既然有了，就要有所节制做到适可而止，知道节制并做到适可而止，就没有什么危险了。道存在于天下，就像大江大海，一切河川溪流都归流于它。

注释

① 无名：道生于天地之前，无名无形无象，强名曰道。

② 朴：这里指道的特征特性天真纯朴。

③ 小：这里指道的特征特性，形容道是隐而不可见的。

④ 天下莫能臣：没有什么能让它臣服，意思也就是说按照道去做，就是走在大道上，就拥有非常强大的让人臣服的力量。

⑤ 自宾：自将宾服于道。宾，服从。

⑥ 自均：自然均匀。

⑦ 始制有名：万物兴作，于是产生了各种名称。

⑧ 不殆：没有危险。

⑨ 犹川谷之于江海：因为江海善处于地势低凹处，那些小的河流，大大小小的水系就都汇到它这个地方来了。之于，流入。

教育评析

　　老子在这一章里讲，道虽然不好去命名它，但它有一个非常重要的特性，就是"朴"，即质朴无华。我们的教育也十分需要"朴"。"朴"意为质朴无华。韩非子云："礼为情貌者也，文为质饰者也。夫君子取情而去貌，好质而恶饰。"中国古代崇尚本真，今人却热衷于华美。在当下教育中，我们缺少的不是理念，不是方法，而恰恰是一颗见素抱朴的心。

　　的确，在我国当今的教育界，不乏大量的教育理论和方法。孩子们的教育被教育专家们用无数的理论来解释，被无数的方法和改革来实践。有关教育理论、教育改革的书在市面上多如牛毛，但有多少教育管理者、家长、老师追问过教育的本真。教育家李镇西2015年出版了一本名为《教育是心灵的艺术》的书，其中有句话让我们印象深刻："朴素最美关注人性做真教育，幸福至上享受童心当好老师。"这句对联式的话语道出了朴素教育才是教育的真相。因此，我们要提倡朴素的教育或真教育，让教育回归宁静，回归常识，回归本质，让教育剔去浮华，顺其自然。其实，教育就是让每一个鲜活的生命——孩子按其自身成长的规律，借助土壤、空气、阳光、水分，以其独特的方式生长。作为家长或老师，应该守住一颗朴素的教育心，帮助孩子或学生自然成长，幸福成长，健康成长。

教育是影响人的工程，教育应该是一个心灵通往另一个心灵的通道。然而，如今这个通道却被一张张的模拟试卷、一项项的作业、一本本的参考书籍充塞了。它们打破了教育的宁静。打破教育宁静的实际上是盲从的教育、功利的教育、攀比的教育。在这种情况下，人没有了价值，人被工具化，这是令人痛心的。我们要做的就是，学习老子的智慧，努力想办法复归于质朴。"朴，虽小，天下莫能臣也"！

第三十三章

原 文

知人者智,自知者明①。胜人者有力,自胜者强②。知足者富,强行③者有志。不失其所者④久,死而不亡者⑤寿。

译文大意

能认识、了解别人的人可算作是有智慧,能认识、了解自己的人才算是真正的高明。能战胜别人的人可算是有力量的,能战胜自己的人才算是强大的。知道满足的人才是富有的人,意志坚强、坚持不懈、努力不怠的人才算是有志气。不迷失自己的努力方向、牢记万事万物以道为根本遵循的人才能长久不衰,身虽死而精神永存的人才算真正的长寿。

注 释

① 知人者智,自知者明:能认识、了解别人是有智慧,能认识、了解自己是真正的高明。

②胜人者有力，自胜者强：战胜别人是有力量，战胜自己才是强大。

③强行：意志坚强，坚持不懈，持之以恒，努力不怠。

④不失其所者：不迷失自己的努力方向、牢记万事以道为根本遵循的人。

⑤死而不亡者：身虽死但精神永存的人。

教育评析

在这一章中，老子讲的话大家似乎很熟悉，因为有些话在我们的文化中已经演绎成大家耳熟能详的成语。这一章老子讲的核心内容是：能认识、了解别人，是有智慧的表现，能认识、了解自己则是真正的高明。"人贵有自知之明"，"知人者智，自知者明"。这一章老子启示我们，在教育孩子或学生时，要让他们学会"自知""自胜""强行""不朽"。在老子看来，了解别人叫智慧，了解自己才算高明；战胜别人叫作有力，能认识并克服自己的不足和缺点才算强大；知道不足就是富有；意志坚强、坚持不懈去追求才算是有志气；不丧失本性才能长久；精神永存才算长寿。在老子看来，"知人""胜人"固然重要，而"自知""自胜"更为重要；"知足"固然重要，而"强行"更为重要；"不失其所"固然重要，"死而不亡"更为重要。

这里我们举一个例子来进一步说明教育孩子要有"自知之明"的重要性。唐太宗李世民是历史上有名的明君，他具有远见卓识，每次接见大臣都非常虚心。有一次，他在接见外国使臣时说道："我小的时候就喜欢弓箭，自以为非常精通。今日得到十几张良弓，拿给做弓的工匠看。工匠说：'都不是好材料。'我问为什么，他给我解释后，我才懂得了。我手持弓箭平定四方，用过的弓很多了，仍然不懂弓的道理。我享有天下的时日还很短，所懂得的治理之道远远不及对弓的了解。评价弓尚且不得要领，何况治理天下呢？"由此可见唐太宗不仅谦虚，而且很有自知之明。

老子教导我们："知人者智，自知者明。"没有自知之明的人，考虑问题永远是从上往下这一个维度，只看到"结论"，不关注"论据"，提要求永远从自我出发，从来不管实现要求的难度、条件和结果。而有自知之明的人考虑问题是反过来的，他们先关注的是底层"论据"、思考"论据"能不能支撑起上层的"结论"，自己的感受只是诸多"论据"的一部分。这样，最后得出的结论一定是一个综合了所有条件的最优解结果，而不是一意孤行。

我们在实施教育时，一定要教育孩子们或学生们，除了知道自己的长处，更要牢记自己的短板。要学会去寻找能弥补自己短板的同学交朋友。如果自己体育差，就要主动找体育强的同学寻求帮助；如果自己不善于和人打交道，就要主动找善于与人打交道的同学帮助。只要有了这个意识，并时时虚心求教求助，那么自己的短板就会慢慢补上来，就会逐步发展成为德智体美劳全面发展的人。

第三十四章

原 文

大道汜①兮，其可左右②。万物恃之而生而不辞③，功成不名有④。衣养⑤万物而不为主⑥。常无欲⑦，可名于小⑧；万物归焉而不为主，可名为大⑨。以其终不为大⑩，故能成其大。

译文大意

大道广泛流行，上下前后左右无所不在。万物依赖它生长而它从不推辞，功业成就了也不标榜自己有功。它养育了万物而不将自己视为主宰者。它常无欲而静，隐微虚无，可以称它为"小"；万物都要归附于它，而它不自以为是万物之主，可以称它为"大"。也正因为它不自以为伟大，所以才能成就它的伟大。

注 释

① 汜：同"泛"，广泛或泛滥。

② 左右：上下前后左右无所不到、无处不在。

③ 不辞：意为不说三道四，不推辞，不辞让。辞，言辞。

④ 不名有：不自以为有功。

⑤ 衣养：意为养育，覆盖。

⑥ 不为主：不自以为是主宰。

⑦ 常无欲：常无欲而静，隐微虚无。

⑧ 小：渺小。

⑨ 大：伟大。

⑩ 不为大：不自以为伟大。

教育评析

本章给我们的最大启示是"大道泛兮，其可左右。万物恃之而生而不辞，功成不名有。衣养万物而不为主"。教育之道也是如此，它广泛流行，无处不在。我们必须像道一样，力争做到"万物恃之而生而不辞，功成不名有"。

人的一生当中，一般要接受三种教育，即家庭教育、学校教育和社会教育。而对于一个孩子而言，最重要的便是人生开始阶段的家庭教育。家庭是孩子的第一所学校，父母是孩子的第一任老师，家庭教育是孩子教育的起点和基点。良好的家庭教育是造就孩子顺利成长成才的必要条件，是优化孩子心灵的催化剂。家庭教育的好与坏将直接影响孩子的一生。

要正确地开展家庭教育，首先家长要形成正确的养育观念，掌握切合实际的教育方法，合理利用教育资源，力争做到老子要求我们的"万物恃之而生而不辞，功成不名有。衣养万物而不为主"。在现实中，能做到或能完全做到这一点的家长并不是很多。一些家长往往越俎代庖，代替孩子做他自己该做的事情。很多家长好为人师，自以为是，总爱指导、教导、干预、打断、制止、批评、训斥孩子。当孩子出现问题需要处理时，一些家长不是在处理事情，而是在发泄情绪。本来家庭中需要协调的事很多，但现实中的一些家庭，大人小孩、里里外外都完全是以孩子为中心。当家庭生活的重点和注意力过度集中在孩子身上时，很可能会导致生活重心的失衡，甚至本末倒置。这种情况下，孩子能否达到家长的要求成了首要任务，而家长则焦急而不可自控地插手孩子的各项事情。

家长都希望自己的孩子成为最优秀的人，又担心自己的孩子把握不住人生的方向，所以时时处处要教育孩子、主宰孩子，大事小事干涉过多。重要的表现之一就是对孩子的学习成绩过分关注，以及在教育方法上简单粗暴。我了解有这么一位家长，从他的孩子入学的那一天起，他每天晚上陪孩子一起学习，出现一点细小的问题马上帮助解答。平时每一次考试，无论是什么科目，大考小考，他都把孩子以及班上一些成绩好的孩子的分数记录下来，认真地比较分析，如果哪一次孩子考试不理想，便会唠叨上几天，甚至于拳脚相加。由于他的不懈努力，孩子的成绩的确是上去了，但在高考临近时，他的孩子做了一件令他无比吃惊的事：失踪了！在后来的谈话中，孩子泣不成声地说出了一直藏在心里的话："爸爸妈妈爱我，但不理解我、不尊重我，他们的爱让我无法承受。爸爸妈妈对我的期望太高，让我每天生活在压力和恐怖之中，我最担心的是高考考不好，名落孙山，没法给他们交代。"与此相似的例子，在现实生活中应该不是少数。家长们，难道这不值得我们深思吗？

第三十五章

原 文

执大象①,天下往。往而不害,安②平③太④。乐与饵⑤,过客止。道之出口,淡乎其无味⑥,视之不足见,听之不足闻,用之不足既⑦。

译文大意

掌握了大象无形的道,就可往来于天下。往来者皆不受伤害,安详、平和、太平。音乐和美食,会使路过的人都为之停下脚步。可道呢,它是无物无状的,那些令人没有感性的特征,即使用言语来描述它,也是平淡而无味的,看它,看不见,听它,听不到,而用它呢,其作用却是无穷无尽的。

注 释

① 大象:道。在《老子》第四十一章中有"大象无形"的句子,"大象无形"就是用来形容道的。

② 安:安详。

③ 平：平顺，平稳。

④ 太：太平。

⑤ 乐与饵：好听的音乐和美味的食物。

⑥ 道之出口，淡乎其无味：与好听的音乐和美味的食物相比，道无物无状，没有那些令人止步的感性特征，用言语来描述它，是平淡而无味的。

⑦ 用之不足既：用它时，它的作用是无穷无尽的。既，是尽的意思。

教育评析

在这一章中，老子讲了道的特征。道，无形无象，但其作用却是无穷无尽的。推而广之，教育之道也是如此。按照教育之道，人的成长是有规律的，如果我们懂得了孩子的成长规律，我们就能在进行家庭教育的时候，在与孩子相处和交往的过程中，做到安详、平顺、太平，即本章所讲的"执大象，天下往。往而不害，安平太。"

教育学和心理学皆证明，孩子的成长有三个叛逆期：2 至 3 岁为宝宝叛逆期，6 至 8 岁为儿童叛逆期，12 至 18 岁为青春叛逆期。不同的叛逆期，有不同的个性表现和心理、生理发育特点，其中尤其以青春叛逆期表现得最为突出。孩子进入青春叛逆期之后，独立心、自尊心等空前强烈，如果家长们不懂得教育之道，仅仅凭经验凭主观对孩子实施教育，就可能会导致孩子因逆反心理而不学习、玩手机、看电视、早恋等。如果父母看到孩子不学习，就说教唠叨甚至打骂，或误认为手机、电脑等是罪魁祸首，把它们强制从孩子的生活中移去，孩子往往就会抵触，并逐步发展到一发不可收拾的地步。

教育孩子的本质不是把篮子装满，而是把灯点亮。如果我们经常批评指责孩子,会让孩子感到厌烦,并抗拒学习。在孩子的成长过程中,我们要平等地对待孩子,要善于发现和培养孩子的兴趣,要按孩子的成长规律随时调整教育的方式和方法。

第三十六章

原文

将欲歙①之，必固②张③之；将欲弱④之，必固强⑤之；将欲废⑥之，必固兴⑦之；将欲夺⑧之，必固与⑨之。是谓微明⑩。柔弱胜刚强。鱼不可脱⑪于渊⑫，国之利器⑬不可以示人⑭。

译文大意

想要收敛它，必须先要让其伸张；想要削弱它，必须先要让其强大；想要废除它，必须先要让其兴盛；想要夺取它，必先要给予它。这就叫虽然微妙而又效果明显的智慧。柔能克刚，弱能胜强。鱼的本性离不开水，国家的利器是应该隐藏起来的，不可随便彰显，否则就是失道缺德了。

注释

① 歙：读 xī，收，收敛，合上。

② 固：暂且。

③ 张:扩张,伸张。

④ 弱:减弱,削弱。

⑤ 强:加强,增强。

⑥ 废:废除,废止。

⑦ 兴:振兴,兴盛。

⑧ 夺:得到。

⑨ 与:给予。

⑩ 微明:一种微妙的效果明显的谋略与智慧。微,微妙。明,智慧。

⑪ 脱:离开,脱离。

⑫ 渊:泛指有水的地方。

⑬ 利器:指国家制度的力量,或指国家最强的武装力量。

⑭ 示人:展示给人看,或通过展示向人炫耀。

教育评析

　　这一章讲述的是老子"相反相成"和"柔弱胜刚强"的智慧。这一智慧对我们开展教育活动有重要启示。《老子》的精髓之一就是超越事物两极对立而看到了其中的相互依存和相互转化。教与学、施教者和受教者是矛盾着的对立面,如何超越现实层面的两极对立而将教育目的统一起来,并向积极的方向转化,是教育过程中必须面对的重大问题。老子在"法自然""为无为"的基础上,以其深邃的辩证法智慧进一步提出了"以退为进,以柔克刚"的教育辩证法思想。老子看到了"天下莫柔弱于水,而攻坚者莫之能胜"的道理。在教育过程中,施教者应当像"善利万物而不争"的水一样。教育过程中一切形式的简单粗暴、以势压人,一切形式的刚愎自用、强行灌输都是极其有害的,必将导致师生之间、家长与孩子之间的关系紧张,甚至导致教育活动的失败。因此,老子曰:"柔弱胜刚强。"

　　教育成功的关键在于,注重情感的共鸣、心灵的沟通和思想的交流,使受教育者自觉地融入其中,主动地在知识的海洋里遨游,这对实践当代新的师生观和以学生为主体、老师为主导的教育方式等均有重要启示。老子要求老师学会委婉曲折地表情达意,而不是主观武断地发号施令。老师或家长应该拥有平等相待的坦荡胸怀,而不是盛气凌人、居高临下地强调师道尊严、父父子子。我们所营造的应是一种顺乎自然的发展态势,而不是外在的约束和强制。

第三十七章

原 文

道常^①无为^②而无不为^③。侯王若能守之^④，万物将自化^⑤。化而欲^⑥作^⑦，吾将镇之以无名之朴^⑧。镇之以无名之朴，夫亦将不欲。不欲以静，天下将自定^⑨。

译文大意

道永恒长久，周而复始，顺其自然，不妄为，不多为，有所为有所不为。侯王如果能遵守道的原则，万事万物就会自我化育、自我成长。万物在自我化育、自我生长的过程中，如果贪欲萌发而妄为的时候，我就要用无名纯朴的道来镇住它。用无名纯朴的道来镇服它，就不会产生贪欲而妄为了。没有贪欲、妄为之心，万事万物就将归于清静的无为大道，天下将无为自化，自然，有序，安定。

注 释

① 常：永恒，恒常。

② 无为：顺其自然，不妄为。

③ 无不为：没有一件事是它所不能为的。

④ 守之：即守道。之，指道。

⑤ 自化：自我化育，自生自长。

⑥ 欲：指贪欲。

⑦ 作：指妄为。

⑧ 无名之朴：无名，指道。朴，纯朴。

⑨ 自定：自然，有序，安定。

教育评析

在这一章中，老子告诉我们，要按道的原则来做。"道常无为而无不为。侯王若能守之，万物将自化。"对于教育而言，如果家长和老师能把握教育中无为而无不为的道，那么，孩子或学生就会自然成长、自我化育、自我完善。无为不是不为，而是率性而为、顺道而为。家长或老师需要抛弃个人的一切心思计虑、成见和偏见，不恣意行事，一切依照教育的自然法则教育孩子或学生。《中庸》告诉我们"修道之谓教"，这个"道"就是老子说的天地运行的法则，体现在教育中，就是教育的规律，具体表现为"我无为而民自化""我好静而民自正""我无事而民自富""我无欲而民自朴"。

老子"无为而无不为"的智慧，是一种大巧若拙、以柔胜刚的发展管理的智慧。即便是当下，这种智慧对于现代人的修身、立业、处世、治理仍有很好的启示作用。尤其对于错综复杂、矛盾重重、千头万绪的教育管理工作而言，更应该在老子"无为"思想的启迪下，寻求"无为而无不为"的境界。在教育管理工作中，"无为"是管理的手段，其目的是为达到"无所不为"的管理效果。作为教育管理者，要做到不妄为，就必须要懂得教育规律，并持有敬畏规律、顺应规律的科学管理理念。在教育规律面前，管理者应做到不僭越、不违背，而是顺应规律行"无为之为"，这样就能避免好心做不成好事、徒劳无功等情况的出现。为了实现"无为而无不为"的教育管理目标，必须做到"化而欲作，吾将镇之以无名之朴"。

在如今的现实世界中，作为教育管理者要做到"无欲"与"不争"的确是不易的，在一定条件下，物欲很容易迷了人的双眼，惑乱了人的心志。为此，管理者应坚持"无欲、无争"的道德操守，使自己秉持平心静气、不急不躁、稳中求胜的人生心态；蓄养宠辱不惊、淡定从容的人生气概；坚定百川归海、万仞齐天的人生信念。这样才能在纷繁复杂的环境中保持清醒的意识，达到"不欲以静，天下将自定"的境界，以客观、公允的心态来正确地看待教育中的问题，并加以分析和解决。

第三十八章

原 文

上德不德^①，是以有德；下德不失德^②，是以无德^③。上德无为而无以为^④；下德无为而有以为^⑤。上仁为之而无以为；上义为之而有以为。上礼为之而莫之应，则攘臂^⑥而扔^⑦之。故失道而后德，失德而后仁，失仁而后义，失义而后礼。夫礼者，忠信之薄^⑧，而乱之首^⑨。前识者^⑩，道之华^⑪而愚之始。是以大丈夫处其厚^⑫，不居其薄^⑬；处其实^⑭，不居其华。故去彼取此。

译文大意

具备上德的人遵道而行，做了有德的事并不自以为有德，而实际上是有德的；具备下德的人不依道而行，做了有德的事以德自居，而实际上是没有德的。上德之人顺乎自然无心作为，并不彰显有德；下德之人顺应自然而有心作为，特意彰显自己有德。上仁之人有意为之而不寻求回报；上义之人有意为之而努力寻求回报。上礼之人有意为之并寻求回报却没有得到回应,于是就扬着胳膊强迫别人遵从。所以,失去了道后才会有德,失去了德后才会有仁,失去了仁后才会有义,失去了义后才会有礼。礼这个东西,是忠信不足的产物,而且是祸乱的开端。所谓先知,不过是道的虚华,是愚昧产生的起始。所以大丈夫应立身敦厚,不居于浅薄;应心存朴实,不居于虚华。所以要舍弃浅薄虚华而取朴实敦厚。

注 释

① 上德不德:最有德的人顺应自然,不自我表现有德。上德,最有德的人。不德,不表现为形式上的德。

② 下德不失德:具备下德的人恪守形式上的德,刻意表现自己有德。

③ 无德:无法体现真正的德。

④ 上德无为而无以为:上德之人顺应自然而无心作为。无以为,即不故意作为,无心作为。

⑤ 下德无为而有以为:下德之人顺其自然而有意作为。

⑥ 攘臂:伸出手臂。

⑦ 扔:意为强迫。

⑧ 薄:不足,衰薄。

⑨ 首:开始,开端。

⑩ 前识者:先知先觉者,有先见之明者。

⑪ 华:虚华。

⑫ 处其厚:立身敦厚。

⑬ 薄:浅薄。

⑭ 处其实：心存朴实。

教育评析

老子在这一章里告诉我们，真正有德的人是遵道而行的人，他们尊道而贵德，德化众生。这样的人至纯至诚，至朴至实，其德若谷，存若不存。因为他们并不显得与众不同，有上德而从不彰显，所以叫作"上德不德"。

在教育中我们都在高喊"立德树人"，在许多教育类政策和文件中，也将"立德树人"作为教育的根本任务放在显著位置。在老子看来，教育中只讲立德是不够的，应该是"立德树人，重在有道"，即所谓的"孔德之容，惟道是从"。在老子看来，道是本源，是体；德是功能，是技术，是用。德由道出，德源于道，道之有德，谓之"道德"。按老子的观点，最大的德行，就是"惟道是从"。跟着道走就有德，不跟大道走，德就没有了，这种情形叫离经叛道。在老子眼里，德有"上德"与"下德"之分。如果太把德当作德，就是无德了。德与不德，关键看是否顺从于自然，自然的反面即是人为，是为立德而立德。如果我们失去道而讲德，那样的德就是虚妄之说，这不仅是有害的，而且是危险的。

不管是家长还是老师，教育孩子首先要遵循教育之道和人的成长之道，就是要尽力追随、养护和培养孩子的人性、天性、天赋和个性。任何背离教育之道并一味按照成人的愿望去要求孩子的做法，都是无道的，当然也是无德的。造成当今教育失效或失误的原因，恰恰是在于许多的家长、老师和教育管理者并不真正理解"立德树人，重在有道"的本意，并不真正理解德由道出、德源于道的道理。

孔子也十分看重道。孔子在《论语·述而》中有这样的一段话："志有道，据于德，依于仁，游于艺……"这句话便清楚地说明了这一点。孔子"志于道"中"道"就是天道与人道。孔子要求我们立志于正道，把目标放高远，达到一个理想的境界。《吕氏春秋》提出："凡举人之本，太上以志，其次以事，其次以功。"

我们追溯历史，放眼今朝，不难发现，那些叱咤风云、流芳百世的人都是立大志、做大事者。既然"志于道"这么重要，我们就要引导孩子树立远大理想，并为之不断努力，将来为国家、为人民、为人类做出贡献。

第三十九章

原 文

昔之得一①者：天得一以清，地得一以宁，神得一以灵，谷得一以盈，万物得一以生，侯王得一以为天下贞②。其致之③。天无以清④将恐裂，地无以宁将恐发⑤，神无以灵将恐歇⑥，谷无以盈将恐竭⑦，万物无以生将恐灭，侯王无以正将恐蹶⑧。故贵以贱为本，高以下为基。是以侯王自称孤、寡、不谷⑨。此非以贱为本邪？非乎？故致数舆无舆⑩。是故不欲琭琭⑪如玉，珞珞⑫如石。

译文大意

自古以来，凡是得道的事物：比如天得道而清明，地得道而安宁，神得道而灵验，河谷得道而充盈，万物得道而保持生机，侯王得道而使政治清明、天下安定。由此推而言之，事物如果失道的话：天不清明将导致崩裂，地不安宁将会荒芜，神不灵验将会元气泄漏，谷不充盈将会干涸，万物失去生机将会导致灭绝,侯王没有正确的方针和政策将导致国家覆灭。所以贵以贱为根本,高以下为基础。因此侯王们自称为"孤""寡""不谷"。这不就是以贱为根本吗？不是吗？所以最高的荣誉无须赞誉。所以得道的人不求像华美的宝玉,而宁愿像实在的石头。

注 释

① 一:这一章连续出现七个"一"。"一"的中心意思为阴阳两者的相互统一,从概念上讲"一"就是道。道乃阴阳未分,一气凝然所成,故称一,即所谓"一阴一阳之谓道"(《易经·系辞上》)。

② 贞:正确,清明。有的本子作"正"。

③ 其致之:推而言之。

④ 天无以清:天离开道,就得不到清明。

⑤ 发:通"废",荒废,荒芜。

⑥ 歇:泄漏,停止。

⑦ 竭:干涸,枯竭。

⑧ 蹶:失败,覆灭。

⑨ 孤、寡、不谷:古代帝王自称为"孤""寡人""不谷",这些显然都不是什么好词,这些称呼是在警告自己、提醒自己,千万不要变成孤家寡人。

⑩ 数舆无舆:最高的荣誉是无需称誉赞美的。舆,通"誉"。

⑪ 琭琭:形容玉美的样子。

⑫ 珞珞:形容石头的样子。

教育评析

在本章中,老子强调的是道中阴阳两者对立统一的性质及其巨大的作用。宇宙间万事万物都有阴阳两个方面、两种力量，它们既相互作用（对立）又相互统一，或称对立统一规律。对立统一规律推动着事物的运动、变化和发展。这种规律是唯物辩证法的根本规律，是我们认识世界和改造世界的根本方法。

在教育过程中，也广泛存在着对立统一的关系，如老师与学生、应试教育与素质教育、教与学、学与用、继承与创新等，这些关系如果处理不好，教育均可能会出现大问题，这里以教与学的关系为例简要讨论。

教与学的关系是教育过程中的基本关系，因为整个教学活动是通过老师的"教"和学生的"学"来实现的，对两者关系的正确认识有利于教学过程的顺利进行，有利于建立正确的老师观和学生观，更有利于建立正常的师生关系，乃至正确处理教学过程中出现的各种矛盾。要真正处理好两者间的关系是一件十分不易的事情，长期以来就有"老师中心论"和"学生中心论"之争。

人类社会发展到今天，社会已是以人为本的社会，讲得更多的是人文精神，是人与人之间关系平等，是对人的尊重。学生作为社会的人，在人格上与老师是平等的，学生的人格和情感理应得到老师的尊重。

所谓师道尊严，学生应该尊敬老师，这肯定是对的，但是是不全面的，因为它只讲了问题的一个方面。学道同样也是尊严的，老师也应该尊重学生。只有既讲"师道尊严"，又讲"学道尊严"，师生之间才可以做到相互尊重，才能成为和谐的统一体，教学活动才可能做到"昔之得一者：天得一以清，地得一以宁，神得一以灵，谷得一以盈，万物得一以生，侯王得一以为天下贞"，教育目标才能够真正地实现。否则，就将"天无以清将恐裂，地无以宁将恐发，神无以灵将恐歇，谷无以盈将恐竭，万物无以生将恐灭，侯王无以正将恐蹶"。

第四十章

原 文

反者①道之动,弱者道之用②。天下万物生于有③,有生于无④。

译文大意

循环往复是道的运动规律,事物总是向着它的对立面转化,柔弱是道的作用的体现。天下万物虽然产生于实名实象的有,但实名实象的有又产生于无名无象的无。

注 释

① 反者:相反,对立面。也可以理解为循环往复。

② 弱者道之用:柔弱是道的作用的体现。弱者,柔弱、渺小。

③ 有:道中有名、有象、有形的部分,与第一章中"有,名万物之母"中的"有"相同。

④ 无:道中无名、无象、无形的部分,与第一章中"无,名天地之始"中的"无"相同。

教育评析

这一章文字虽少，但分量却很重。"反者道之动"，即道是在向它的相反的方向运动。这话对我们太有启发意义了，我们要跟着道走。道现在已经运动到相反的方向了，你不能还站在原地不动，你得跟过去。你得站在和自己相反的角度和立场，来分析和梳理同样一个问题，这就是从道的运动中我们得到的德。每个人的正向思维水平很高，站在自己的角度，站在自己的立场，都能振振有词把问题说得清清楚楚、头头是道。可是我们都不习惯换位思考，不懂得站在别人的角度、别人的立场去分析问题和解决问题。

对教育而言，我们的家长们都是爱自己孩子的，都希望自己的孩子有好的身体、好的素质、好的修养、好的学习成绩……，于是他们给孩子报了网球课、钢琴课、绘画课、竞赛课……，但为什么父母的这些精心设计，有时候起的却是相反的效果呢？本章可能会提供些思路。

老子讲："反者道之动。"我们强调的东西其实是建立在孩子无主见的基础上，希望他们只是被动地接受，他们只要听话就可以达到结果。可是我们忽略了孩子是有主动性的，甚至天生就有叛逆的意识。他是他自己的主人，他为什么要按照大人的设计来生活？他想要自己的生活，他要成为他自己，而成为他自己最简单的方法就是：站在我们的对立面。当我们发现孩子居然站在自己的对立面时，心理就很不舒服。但是，我们并没有停留，没有怀疑自己的方法，继续一意孤行，最后直到我们所倡导的东西全部变成孩子反对的东西。于是我们觉得很委屈，很失败，很受伤，这可能是许多家长都曾经有过的感受。"反者道之动"这句话是说，道向与之相反的方向运动，如同牛顿力学中的作用力和反作用力。如果我们妄为，对孩子的作用力越大，孩子对我们妄为的反作用力当然也会越大。

有这样一个案例，可作为"反者道之动"的例证。有一个父亲很想让孩子打篮球，他的方法是他每次打篮球均把孩子带在身边，但就是不让孩子触摸到篮球，孩子看着干着急。终于有一天，孩子实在忍受不了了，说："你再不给我报个学篮球的班，我就不上学了。"于是，家长很"勉强"地给孩子报了个篮球班，并提出一个要求，如果不好好学习，就不能打篮球了。很奇妙的是，孩子从此爱上了篮球，而且学习成绩也上去了。这说明教育同样有一种向反方向而动的规律，这也是一种教育之道。

第四十一章

原文

上士①闻道，勤而行之；中士闻道，若存若亡；下士闻道，大笑之②。不笑不足以为道。故建言③有之：明道若昧，进道若退，夷④道若纇⑤。上德若谷，大白若辱⑥，广德若不足，建德若偷⑦，质真若渝⑧。大方无隅⑨，大器晚成，大音希声，大象无形。道隐无名。夫唯道，善贷且成⑩。

译文大意

上士听闻了道的理论，就会努力去践行；中士听闻了道的理论，将信将疑；下士听闻了道的理论，大声嘲笑。不被他们嘲笑，那就不足以成为道了。因此，古语有这样的话：光明的道好像是昏暗不明的，前进的道好像是后退的，平坦的道好像是崎岖不平的。最崇高的德好像是山谷，看起来空空如也，真正的洁白好像是很污浊的样子，遍行天下的德好像是存在不足的样子，建立德的过程好像是悄无声息的，质朴纯真好像是变化无常。最方正的东西没有棱角,最大的器件最晚做成,最大的声音无声无息,最大的形象没有形状。道隐藏在事物的背后,无名无声。只有道,才能给予万物以生机,并促成万物的生成。

注 释

① 上士:先秦贵族的最低一级。这里的"上士"与下面的"中士""下士"不是社会阶层内的等级,是从对道的认识的深浅而言。

② 大笑之:嘲笑它。因为"下士"对道的认识水平低,对道难理解,别人讲道,他能干什么? 只有嘲笑。

③ 建言:即自古传下来的谚语,在老子时代就已经有的。或相当于我们现在说的常言。

④ 夷:平坦。

⑤ 纇:读 lèi,崎岖不平,坎坷曲折。

⑥ 辱:黑垢,污浊。

⑦ 偷:像偷人财物的人,小心翼翼,悄无声息。

⑧ 渝:改变,变化。

⑨ 大方无隅:最方正的东西没有棱角。隅,角落、墙角。

⑩ 善贷且成:道给予万物生机,并促成了万物的生成。贷,施与、给予。

教育评析

在这一章中,老子根据"士"对道的理解水平和认识高低分出了不同的层次。用在教育方面,"因材施教"成为我们在教育上的一个普遍认知,即我们教育孩子或学生应按孩子或学生的个性特征开展教育。一般人认为，"因材施教"最早是由孔子发明的，但实际上，"因材施教"并不是孔子的"发明专利"，比孔子稍早的老子已经有了这样的思想。当然，孔子在这方面做得是非常到位的，最典型的例子是：子路和冉有的性格不一样，他们做了同一件事，孔子对他们的教育方法很不一样。

"上士闻道，勤而行之；中士闻道，若存若亡；下士闻道，大笑之。"根据老子的思想，我们可按照个人的性格特征和对道领悟能力的差别，将人分成三类。教育应根据各个学生的秉性、天赋、兴趣、爱好、追求等来实施，要做到"高者抑之，下者举之，有余者损之，不足者补之"（《老子》第七十七章）。这样，才能使所有的学生都能得到发展。老子的"因材施教"是和他的另一种教学方法"勤而行之"结合在一起的。老子认为"为道"必须反观内思，而不是向外求问，因此要"千里之行，始于足下"（《老子》第六十四章），用自己的行动在自然中体验道，这一点类似于"读万卷书，不如行万里路"之意。只求学问是很难在"为道"中有所成就的，必须"上士闻道，勤而行之"，这样才有助于内心境界的清纯，才有助于回归到得道者如婴儿般至朴至柔的状态。

第四十二章

原文

道生一①，一生二②，二生三③，三生万物。万物负阴而抱阳④，冲气以为和⑤。人之所恶，唯孤、寡、不谷⑥，而王公以为称。故物或损之而益，或益之而损。人之所教，我亦教之。强梁者⑦不得其死，吾将以为教父⑧。

译文大意

道混元凝成，静极生动，动则生一，一气分阴阳，就是一生二，阴阳相参产生第三者即为二生三，阴阳参合到一起，相互作用，形成万事万物，即三生万物。万事万物都包含着阴和阳两个方面，阴阳两者相互中和形成和谐状态。人们最厌恶的，就是"孤""寡""不谷"，但王公却用这些来称呼自己。所以一切事物减损它却反而得到增加，增加它却反而受到减损。别人这样教导我，我也这样去教导别人。喜欢强横暴力的人是不得善终的，我把这句话作为教学的开始。

注 释

① 道生一：这里"道"俗称"无极"，"一"俗称"太极"，"无极"生"太极"就是"道生一"。

② 二：阴和阳。道的本身包含着阴和阳相互对立、相互统一的两方面，所谓"孤阳不生，孤阴不长"。阴、阳二气所含育的统一体即是道，因此，对立着的阴阳都包含在"一"中。

③ 三：指由天地产生的阳气、阴气与由阴阳二气调和之后产生的和气。

④ 负阴而抱阳：万事万物都有阴阳，都包含着阴阳两种状态、两种力量。

⑤ 冲气以为和：阴阳二气互相冲突交和而成为均匀和谐的状态，从而形成新的统一体。冲，冲突、交融。

⑥ 孤、寡、不谷：这些都是古时候君主用以自称的谦词。

⑦ 强梁者：强横的人。

⑧ 教父：教学的开始。

教育评析

教育是需要艺术的，人才培养是需要智慧的。老子说："强梁者不得其死，吾将以为教父。"这一思想告诉我们，过于强硬的父母和老师是不容易为孩子们所接受的。说话过于直率、行动过于刚猛，往往会伤害到孩子。我们要学会用柔弱胜刚强的智慧。温和的父母或老师，往往胜过强硬暴力的父母或老师，因为"天下之至柔，驰骋天下之至坚"（《老子》第四十三章）。

其实，孩子们最怕的不是责罚，不是打骂，他们最怕的是感动，再坚固的心都会被温柔所融化，再执拗的心都会被温柔所折服。我们生怕孩子做错事，生怕他们学坏，于是动用自己的权威，用威逼恐吓的方式使他们就范，可是孩子不久就会对这些方式变得麻木。我们想通过强硬暴力的方式树立自己的绝对权威，可是这只会加速我们地位的坍塌。老子说："兵强则灭，木强则折。强大处下，柔弱处上。"（《老子》第七十六章）逞强的父母或老师一般是不会取得成功的，这样只会以父母或老师的固执来强化孩子的固执，最后落得"仇人相见，分外眼红"的结局。

我们的教育强调德、智、体、美、劳全面发展，因而体育在教育中的地位越来越显得重要。老子的体育教育思想在传统教育思想宝库中独树一帜、卓尔不群，它以养生观为核心，以"全生""长生"……和追求生命的不朽为目标，以形神气俱修、"内养"与"外养"相结合、"心育"与"神育"并举为基本途径。老子倡导自然养生而贵"和"，强调"万物负阴而抱阳，冲气以为和"。生命的最高境界是和谐的，阴阳和谐，天地和谐，心身和谐，物我和谐……。我们的体育教育做到这一点，才算是真正好的体育教育。

第四十三章

原 文

　　天下之至柔，驰骋^①天下之至坚。无有入无间^②，吾是以知无为之有益。不言之教，无为之益，天下希^③及之。

译文大意

　　天下最柔弱的东西，可以纵横出入于天下最坚硬的东西。无形的东西能够深入到没有间隙的地方，我因此认识到无为的益处。不言的教导，无为的益处，普天下鲜有人能够真正做到。

注 释

　　① 驰骋：骑马奔驰。这里比喻贯穿、无所阻挡。

　　② 无有入无间：无形的东西能够深入到没有间隙的地方。无有，指无形的东西、不见形迹的东西。无间，指没有间隙的东西。

　　③ 希：通"稀"，稀少。

教育评析

　　无论是传统教育还是现代教育,语言、文字都是不可或缺的手段和工具。但在老子看来,在教育中人们过于依赖语言、文字也是有问题的,他认为多言之教不合于道,不合于自然教育。

　　传统教育中施教者用语言、文字传授知识,受教育者被动地接受,教育成了强加于人身上的活动。老子认为,教育只有成为自身的需要,受教育者在教育活动中才能由被动变为主动。以道为师的"不言之教,无为之益,天下希及之",这是老子的以自我学习为主体的自然教育思想。在《庄子》内篇《齐物论》中以一些现象为例证明老子的这种思想,并作了进一步引申,大致意思是,道本是浑然一体的,没有名称,但人在辨明是非的过程中,就产生了语言,语言本无心机,但一旦有了心机,就已生出更多的是非的名称,如此想再详辨就不容易了,所以,不如除去心机和辨是非的念头,顺随自然以定行为,要知大道就无处不有。由此可见,庄子对老子的"行不言之教"是非常赞同的。

　　相较于孔子的言传身教和与学生开展讨论,以解决学生所惑而言,老子的"不言之教,无为之益"的确也有其高明之处。我们所谓的"言教不如身教",表达的就是这层意思。况且,我们的"言"还存在着真言与假言、善言与恶言等问题。有些时候,我们的教育的确要借鉴老子"信言不美,美言不信。善者不辩,辩者不善。知者一博,博者不知"的智慧。

第四十四章

原　文

名与身①孰亲？身与货②孰多③？得与亡④孰病⑤？是故甚爱必大费⑥，多藏必厚亡⑦。知足⑧不辱，知止⑨不殆，可以长久。

译文大意

声名和身体相比哪一样更为亲近？生命和财货相比哪一样更为贵重？得到和失去相比哪一个更有害？过分地追名逐利就必定要大费元神，过于积敛财富必定会遭致更为惨重的损失。所以，懂得满足就不会受到屈辱，懂得适可而止就不会遭遇危险，如果能做到这些便可长久平安。

注　释

① 名与身：声名和身体。

② 货：财货。

③ 多：重要的意思。

④ 得与亡:得到与失去。

⑤ 病:有害。

⑥ 甚爱必大费:过分地无休止地追求名、利等这些外在的东西,就必然耗损自己内在的元神。甚爱,对名对财货过分地追求、珍爱。

⑦ 多藏必厚亡:过分地积敛财货就必定会招致惨重的损失。

⑧ 知足:知道满足。

⑨ 知止:知道适可而止。

教育评析

老子在这一章中告诉我们要轻名利。实际上,能够做到轻名利的人并不多。有一则故事是这样的:乾隆皇帝下江南的时候,在江苏镇江金山寺稍作停留。他问当时的高僧法磐一个有趣的问题:"长江中船只来来往往,这么繁华,一天到底要过多少条船啊?"法磐十分智慧地回答:"只有两条船。"乾隆问:"怎么会只有两条船呢?"法磐回答说:"一条为名,一条为利,整个长江中来往的无非就是这两条船。"今天我们在繁华的街道、飞机场、高铁站看到那么多人来去匆匆,熙熙攘攘,其中又有多少人不是为名为利呢? 能够看淡名与利的确是大智慧,也是我们家长或老师教育孩子或学生的重要内容。

老子认为重视和爱护自己的身体和生命,不被名利所诱惑,是一种高尚的道德品质。这种道德品质是一个优秀的人必须具备的。"求名心切必作伪,求利心重必趋邪。"如果我们教育出来的孩子或学生名利欲太重,等他们进入社会后,就难以摆正自己的位置。如果这样的人将来在各级各类党政机关、企事业部门做了领导,很有可能会急功近利,大搞政绩工程、形象工程等,必将给党、政府和人民造成难以弥补的损失。这样的人也可能堕入罪恶的深渊，成为历史的罪人。现实中这样的例子实在太多，应当引起家长、老师和一切教育工作者的重视。

老子在本章中说："名与身孰亲？身与货孰多？得与亡孰病？是故甚爱必大费，多藏必厚亡。知足不辱，知止不殆，可以长久。"在《老子》第九章中，老子说："金玉满堂，莫之能守。富贵而骄，自遗其咎。"老子的这些言论，意思是劝人不要舍去生命而去追求虚名财货。老子提倡"少私寡欲""知足""知止"，这些对于避免轻身而徇名利、贪得而不顾危亡的过分行为有一定的积极意义，对于各级各类当权者的贪婪欲求更是一种谴责。对于一般人来说，这种静心寡欲、知足常乐的思想容易将人引导到消极保守的道路上，但从另一方面来说，一个注重道德修养的人，应当善于支配物质生活，不迷恋于物质利益，不贪图物质生活的享受，应当注重精神生活的充实，这也是值得引起我们重视的价值观问题。我们既要强调个人对集体和社会做出的贡献，也要肯定个人对符合于道的名和利的追求，如果处理好的话，求名求得和为国为民是不矛盾的，也可以说总体目标是一致的。

第四十五章

原 文

大成①若缺，其用不弊②。大盈若冲③，其用不穷。大直若屈④，大巧若拙，大辩若讷⑤。躁胜寒⑥，静胜热⑦。清静为天下正⑧。

译文大意

最完满的东西好像有欠缺，但它的作用永远不会衰竭。最充盈的东西好像是空虚的，但是它的作用是无穷无尽的。最直的东西好像是弯曲的，最灵巧的器具好像是笨拙简洁的，最善辩者好像不善言辞。剧烈运动能够驱走寒冷，安静下来能够祛除躁热。清静无为才能将天下领上正道。

注 释

① 大成：最为完满的东西。

② 弊：衰落，衰竭。

③ 冲：虚，空虚。

④ 屈:曲,弯曲。

⑤ 讷:笨嘴拙舌。

⑥ 躁胜寒:运动可以战胜寒冷。躁,表面意思是急躁、躁热,实际上讲的是运动。

⑦ 静胜热:冷静可以战胜闷热、躁热,民间有所谓"心静自然凉"的说法。

⑧ 清静为天下正:一个王者、统治者、领导者要保持内心的清静,这样才能够引导天下走上正道,即老子所说的"我好静而民自正"。正,正道。

教育评析

在这一章中,老子开门见山地指出:"大成若缺,其用不弊。大盈若冲,其用不穷。大直若屈,大巧若拙,大辩若讷。"中心思想之一就是批判完美主义,因为最完满的东西好像有所欠缺,最充盈的东西好像是空虚的,最直的东西好像是弯曲的,最灵巧的东西好像是笨拙的,最善辩者好像不善言辞。老子的这一论断充满辩证法思想,无论是家庭教育还是学校教育,我们都应该自觉地让孩子或学生认真领悟老子的智慧。在这个世界上没有十全十美的物,也没有十全十美的人。有些家庭教育中,家长过分追求十全十美,这种想法的初衷虽然是好的,追求完美、规避不完美能使孩子的行为具有目标性和指向性,但过分追求完美有时会适得其反。追求完美易于导致孩子产生完美主义倾向,而有完美主义倾向的孩子往往会给自己设定很极端的目标,其后果可想而知。一旦目标达成,便心情舒畅,而如果长期达不到目标,或多次受到挫折,便会产生自卑、怀疑,甚至恨自己、恨他人等心理,这种情况如果得不到及时纠正,就有可能形成完美主义的人格障碍,甚至产生忧郁、焦虑等心理疾病。

一个人无论取得了多大的成就，都需要认识到自己的不足，而只有不骄不躁，人才能真正地成长。许多人之所以在成长过程中迷失了自我，很多时候都是没有认识到自己的"缺""拙""讷"。在当下的社会里，更需要静下心来，想想自己真正的需要与追求，想想自己的能力与不足，正如老子所说"知人者智，自知者明"（《老子》第三十三章）。"躁胜寒，静胜热。清静为天下正。"只要我们能够保持内心的宁静、安静、冷静，我们就可以战胜浮躁、急躁、狂躁。宁静而致远。只有深谙教育之道，才能引导孩子或学生走向光明的大道。

第四十六章

原 文

天下有道，却^①走马以粪^②；天下无道，戎马^③生于郊^④。祸^⑤莫大于不知足，咎^⑥莫大于欲得^⑦。故知足之足，常足矣^⑧。

译文大意

一个有道的天下，战马退还到田间让农夫用于耕种。一个无道的天下，就连怀胎的母马也会被送上战场去参战，生小马驹也只能在郊外。最大的祸害莫过于不知足，最大的过失莫过于贪欲无限。所以知道恰到好处就该知足了的人，永远是满足的。

注 释

① 却：推却，退回。

② 走马以粪：此句意为用打仗的好马来耕种田地。走马，用来打仗的好马。粪，耕种。

③ 戎马:战马。

④ 生于郊:指牝马生驹于郊外。

⑤ 祸:祸害。

⑥ 咎:罪过,过错。

⑦ 欲得:贪得无厌。

⑧ 故知足之足,常足矣:知道恰到好处就该知足了的人,永远是满足的。

教育评析

这一章是《老子》中非常精彩的一章,因为它体现了我们中国人对战争的态度,对和平的热爱。在前面第三十章和第三十一章中也有相似的观点。此类观点对于我们引导孩子正确地对待战争与和平有很大的参考价值,值得家长们和老师们参考借鉴。

这一章值得我们在教育中参考的智慧还有老子关于欲望的思想。"祸莫大于不知足,咎莫大于欲得。故知足之足,常足矣。"欲望是社会发展的动力,是智慧产生的根源,同样也是造成社会不安定和个人痛苦的最主要原因。"祸莫大于不知足,咎莫大于欲得",过高的欲望会成为人类最大的祸根,老子这里的主要教育目的和教育内容是尽力降低人们的欲望。

在家庭教育中,如何控制孩子的欲望是十分重要的,也是特别需要智慧的。每个人都有自己的欲望,孩子也一样。孩子们会经常向家长们要这要那,好吃的、好玩的、好穿的,且不断升级,如果对孩子的欲望不加控制,要什么给什么,有求必应,就有可能把孩子宠坏,滋生不良习惯,不利于孩子正确的价值观、道德观、人生观的形成,而且有可能带来许多恶果。孩子表达自己的欲望无可非议,而是否满足孩子欲望的权利掌握在父母手里,这是一种内涵深刻的欲望教育。

　　"以案说规，以案说纪"的警示教育片《欲望的代价》，主要讲了银行客户经理张某贪欲膨胀，置制度红线于不顾，为了解决买房问题，被利益冲昏了头脑，泄露客户信息，出租出借个人账户为他人过渡资金，违规在企业兼职，并擅自为借贷双方牵线搭桥，违规担保，最终付出了惨重的代价，不仅倾家荡产，还要负刑事责任。通过警示教育片，我们深深感受到，这是家庭教育和学校教育不当导致的一个悲剧，是一次防微杜渐的教育，更是一次启迪心灵的教育。如果我们只关心孩子的学习成绩，而放松对其欲望的正确引导，孩子长大后进入工作岗位，警示片中发生的事情就有可能发生在孩子身上。

第四十七章

原　文

不出户，知天下①；不阒②牖③，见天道④。其出弥远，其知弥少⑤。是以圣人不行而知，不见而名⑥，不为⑦而成。

译文大意

得道之人即使不出家门，也能够根据道而推知天下的事；即使不窥望窗外，也能了解日月星辰运行的规律。有的人向外走出去越远，他所认知的道理反而越少，因为他不懂得甄别，不懂得提炼概括。所以，圣人不用远行就能够推知事理，不用眼见就能够明白天道，不妄为而有所成就。

注　释

① 不出户，知天下：不用走出家门，也能了解天下的大事。为什么？因为道家认为，天下大道归根到底，融于人的内心，内心里有道，也就了解了天下的正道，了解了天下的大事。户，门户，

也就是大门。

② 阚：读 kūi，同"窥"，从小孔或缝隙里看。

③ 牖：读 yǒu，窗户。

④ 天道：日月星辰运行的规律。

⑤ 其出弥远，其知弥少：有的人走出去越远，他所认知的道理却越来越少。因为他不懂得甄别，不懂得提炼概括。"乱花渐欲迷人眼"，因此，走出去得越远，反而了解的真知越少，进步越小。弥，就是越来越……的意思。

⑥ 不见而名：有的版本作"不见而明"。此句意为不窥见而明了天道。名，通"明"。

⑦ 不为：无为，不妄为。

教育评析

这一章主要讲人的感性认识，对我们的教育也极具参考价值。从哲学上讲，就是我们的感官接触客观世界，有时候接触多了，反而会造成一种迷乱，即《老子》第十二章中所说的"五色令人目盲，五音令人耳聋，五味令人口爽"。要通过人的智慧将感性认识上升到理性认识，这样我们才能了解事物的本质和规律。

在教育过程中，我们的家长和老师大多较为注重形式，较为注重感性认识，所做的一切均是为了成绩，较少教育孩子要反观内省。孩子的心就像一面镜子，一旦这面镜子被灰尘蒙蔽了，他背记的东西越多，获得的真知反而越少。"其出弥远，其知弥少"，也强调要让孩子反观自省，要加强自我内在的修养。从哲学上讲，感性认识要上升到理性认识，达到对事物本质和规律的认识才有意义。本章所说的天下、天道代表着对事物全面的、本质的、规律性的认识，想要让孩子认识天下、天道的规律，就需要孩子静心学习知识，同时感悟道理才能达到目标。孩子在家读古往今来的书籍,感悟书中所揭示的深刻道理,这不也是"不出户,知天下;不阈牖,见天道"吗?

古语说:"秀才不出门,全知天下事。"这与老子"不出户,知天下;不阈牖,见天道"所表达的道理是一样的。这里的"秀才不出门,全知天下事"指的是秀才们博学多才,具有洞察世事变迁和预测未来的能力。的确,读书十分重要。高尔基曾说:"书籍是人类进步的阶梯。"培根说:"知识就是力量。"我们的古话中也说:"书中自有黄金屋,书中自有颜如玉。"其实,对于任何人而言,读书最大的好处在于:它让求知的人从中获知,让无知的人变得有知。如果我们读史蒂芬·霍金的《时间简史》和《果壳中的宇宙》,就会畅游在粒子、生命和星体的处境中,感受智慧的光泽,犹如攀登高山一样,瞬间眼前呈现出仿佛九叠画屏般的开阔视野。对于坎坷曲折的人生道路而言,读书便是最佳的助推器。面对苦难,我们苦闷、彷徨、悲伤、绝望,甚至我们低下了曾经高贵骄傲的头。书籍可以给予我们希望和勇气,将慰藉缓缓注入我们干枯的心田,使黑暗的天空再现光芒。

在现实教育过程中,我们的许多家长和老师,只让孩子们或学生们读课本,想读名著,不行;想读诗,不行;想读史,还是不行……所做的一切均以升学和考试成绩为目标。这是真正的读书吗? 当然不是! 孩子们没有学会反观自省,没有学会感悟,没有学会将感性认识上升为理性认识,他们肯定难以了解天下,难以掌握天道。要做到"不出户,知天下;不阈牖,见天道"并非易事。

当然,从另一方面来说,我们也要认识到"秀才不出门,全知天下事"这个结论与"实践出真知"是矛盾的。虽然诸葛亮在隆中便知将来的三分天下;张海迪五岁时高位截瘫,硬是凭借超人的毅力掌握了几门外语,懂得了很多方面的科学知识,还在重要岗位上做出了贡献……但这些毕竟只是特例，我们还是要鼓励孩子们"读万卷书，行万里路"，努力做到知行合一，不断格物、致知、正意、修身，努力为国家、为人民乃至为人类做出重大的贡献。

第四十八章

原 文

为学日益,为道日损①。损之又损,以至于无为,无为而无不为②。取天下常以无事③,及其有事④,不足以取天下。

译文大意

做学问是一天比一天增加知识,求道是一天比一天减少执着与私欲。减少再减少,以至于达到无为的境地,无为就能达到无不为的效果。取天下常常要以不多事、不扰民为原则,如果经常妄为滋扰民众,就不配取得天下了。

注 释

① 为学日益,为道日损:为学,是指知识层面的学习,它是一个不断增加学识的过程。为道,是指智慧层面上的修养,是一个不断减损私欲的过程。为道不能光靠学习,重在感悟,要向大自然学习,读无字天书。为道的目的是深入探索万事万物内在的运

行规律,所以,为道的过程与为学的过程正好相反。为道需要将学到的知识重新整理,去粗取精,去伪存真,由此及彼,由表及里,整个过程看起来是一个不断减损的过程。

②无为而无不为:只要不妄为,并按道的原则办,就没有什么事情做不成。

③取天下常以无事:取天下的规则是什么呢?答案是无事。无事就是不多事,不扰民,这样一切就自然而然、顺理成章了,所以,《老子》第五十七章中进一步指出"我无为而民自化"。

④及其有事:老是多事、妄为,不懂得事物的规律、规则,瞎折腾,胡加干涉,滋扰民众。

教育评析

这一章重点讲为学与为道的关系。在老子看来,人们的教育内容主要有两种:一种是世俗的教育,另一种是大道的教育。世俗教育的结果是,人们的世俗知识一天比一天增多;大道教育的结果是,人们的欲望一天比一天减少。当人们的欲望减少到一定程度时,就能做到清静无为了。

老子说:"为学日益,为道日损。"从字面上看来,"为学"和"为道"似乎是对立的。此处撇开道学教育的具体内容不谈,单就"为学"与"为道"的方法而言,都从客观上触接到了一种为学的方法,即现代教与学中所提出的循序渐进的教育方法。"日益"强调在"为学"上一点一滴的积累,"日损"昭示在"为道"中持之以恒的消解。两者内在包含着量与质的辩证互动。所以,老子又说:"合抱之木,生于毫末;九层之台,起于累土;千里之行,始于足下。"(《老子》第六十四章)老子强调:"图难于其易,为大于其细。天下难事必作于易,天下大事必作于细。"(《老子》第六十三章)这要求教育者要遵循教育本身的客观规律,遵循知识的内在逻辑结构,遵循受教育者的身心发展特点，秉承自然原则来开展教育活动。

　　教育活动中任何好大喜功的行为，任何贪多求快的做法，任何拔苗助长的举动，任何一蹴而就的设想都是逆道而行的不智之举。大道至简，最简单的道理蕴含深刻的哲理，最简单的道理普通大众本应该都懂得。回归到教育的现场，应试教育催生出各种极富新时代特点的教育怪象，尽管形式多样，但扒去外在的皮囊，其本质就是在功利思想作用下的追名逐利。为素质教育摇旗呐喊者不乏其人，可是真正按照素质教育的本义对受教育者实施引导和教育者寥寥无几。这种扯虎皮举大旗的热闹与喧嚣背后隐藏的则是各种利益集团的博弈。表面上风平浪静，私下里暗流涌动，没有硝烟、没有血腥，但一个个鲜活生命体的个性和棱角被渐渐磨平。教育原本是人的教育，是精神的塑造，可是成绩、排名、考核评比"三座大山"的挤压，让教育的管理者和执行者失去了理智。看似感情丰富，但当面对学生的分数、成绩和班级的排名时，温润变成了尖酸刻薄。之所以出现这样的人格分裂，是因为在他们内心深处根本没有学生，他们真正在乎的是如何挣得尽可能的好名声，而这对其仕途发展有利，也能确保自己的饭碗。

第四十九章

原　文

圣人无常心①，以百姓心为心。善者，吾善之，不善者，吾亦善之，德②善。信者，吾信之；不信者，吾亦信之，德信。圣人在天下歙歙③焉，为天下浑其心④。百姓皆注其耳目⑤，圣人皆孩之⑥。

译文大意

圣人永远没有执着心，以百姓的心为心。对于善良的人，我善待他们，对于不善良的人，我也善待他们，如此就能创造一个人人向善的环境。对于守信的人，我信任他们，对不守信的人，我也信任他们，这样就能营造一个人人守信的社会氛围。有道的圣人治理天下时，会收敛自己的欲望，与道合一，这样就会让天下的百姓自然浑同一心。百姓们都专注于自己耳闻目睹的事，有道的人使他们都回到婴孩般纯朴的状态。

注 释

① 常心:固定的心思,自我的执着,固执己见,老是将自己的意志强加给别人。按照以经解经的方法,我们回过头去看《老子》第二十二章中的"不自见,故明;不自是,故彰;不自伐,故有功;不自矜,故长",就更容易理解了。

② 德:按王弼的解释,"德者,得也"。

③ 歙歙:就是收敛自己的欲望,减少自己的欲念。歙,读 xī,收敛。

④ 浑其心:使人心思化归于浑朴。

⑤ 百姓皆注其耳目:世俗百姓都习惯于用自己的耳闻目睹来判断事物好坏,并竞相使用机巧聪明。

⑥ 圣人皆孩之:圣人则都像婴孩一样,心地纯朴、持守童真,不去助长百姓的机智,逐步使百姓们都回复到婴孩般纯真质朴的状态。

教育评析

老子的教育思想与"天下熙熙,皆为利来"这一客观社会的实际需要是有一定距离的,所以老子不可避免地无法成为教育史上的最成功者。天下没有多少人听从他的教育,他只好当一个"被褐怀玉"的孤独圣人,但今天回过头去审视老子的教育思想,其中的确有许多值得我们挖掘的珍宝。如老子宽容的教育思想。宽容即用一颗善良、诚实的心去对待包括坏人在内的一切人,即"善者,吾善之,不善者,吾亦善之""信者,吾信之;不信者,吾亦信之"。这样做就有可能使所有的人都被感化为好人,"圣人常善救人,故无弃人"(《老子》第二十七章)。现实中,我们的教育也不能有好学生与坏学生之分。又如老子"报怨以德"的教育思想。《老子》第六十三章中指出："为无为，事无事，味无味。大小多少，报怨以德。"在教育中，我们要学会原谅学生的错误，不要揪着学生的过失不放。

老子说："圣人无常心，以百姓心为心。"要教育培养好学生，按照老子的思想来管理学生，引导学生，就需要我们的家长们、老师们有一种天下为公的情怀，能够放下自我的固执己见，以孩子心为自己的心。按照老子的思想，我们教育的宗旨便是一切为了学生，为了学生的一切。这就需要家长们和老师们不以自己的主观意志来区别善恶，努力克服自我中心观念，努力去感悟孩子们或学生们的内在需求，力求做到"生而不有"和"为而不恃"。

孩子虽为父母所生，却是社会的成员，不是父母的私有财产，他们是属于天下人的，他们长大后要承担社会责任，要造福人类社会。学校虽然组建了班级，拥有一个团队，但是这支"部队"也不仅仅属于学校，学校是替天下的百姓在培养人才。所以，无论是父母还是老师，都不能采取控制的手段来教育孩子，不能把孩子或学生当作自己的私有财产而任意妄为。家长们和老师们虽然尽心努力地帮助孩子或学生成长，但是他们不应该从自己的私利出发来教育培养孩子或学生，即家长们不是为了在人前显摆，老有所养；老师们不是为了赢得表扬，多拿奖金。

第五十章

原 文

出生入死①。生之徒②十有三③,死之徒④十有三,人之生,动之死地⑤,亦十有三。夫何故?以其生生之厚⑥。盖闻善摄生者⑦,陆行不遇兕⑧虎,入军不被甲兵⑨。兕无所投其角,虎无所措其爪,兵无所容其刃。夫何故?以其无死地⑩。

译文大意

人的生命从一出生开始,就同时步入了死亡的进程。长寿的人占十分之三,短命而亡的人占十分之三,本来可以长寿,但因妄为把自己置于死地的人也占十分之三。为什么会是这样呢?因为奉养太过度了。据说,善于养护自己生命的人,在陆地上行走不会遇到凶恶的犀牛和猛虎,在战争中也不会被兵器伤害。犀牛的角无处可用,老虎的爪也没有用处,兵器的刃也用不上。为什么会是这样呢?因为他没有把自己置于死地。

273

注 释

① 出生入死：出世为生，逝世为死。人的生命从出生的那一刻开始，就同时进入到死亡的进程，即所谓"生者死之门，死者生之户"。一说离开了生存必然走向死亡。

② 生之徒：先天根基好而能长寿的人。

③ 十有三：十分之三。

④ 死之徒：属于先天根基不佳而中途夭折的人。

⑤ 人之生，动之死地：本来先天根基不错可以长寿的，却因为恣意妄为把自己置于死地。

⑥ 生生之厚：由于求生的欲望过强，心态失衡，患得患失，奉养过度。

⑦ 善摄生者：善于养生的人。他们唯道是从，心不离道，神不妄为，意念清静。

⑧ 兕：读 sì，属于犀牛类的动物。

⑨ 入军不被甲兵：在战争中不被兵器伤害。

⑩ 死地：置于死地。

教育评析

这一章表面上看是在讲养生之道，也就是文意中所说的"善摄生"，实际上表达的是更为深刻的道理。"人之生，动之死地，亦十有三。"现实中就有这样的一些人，先天基因本来很好，可以长寿，最后由于自己的胡为、妄为、瞎折腾，就把自己置于死地了。对于我们的教育而言，本来可能很好，但因为各种瞎折腾，问题层出不穷。

曾经在网上看到过这样一种说法，为什么民国时期中国条件那样艰苦，环境那样的恶劣，但我们的教育还培养了那么多大师？

原因之一是民国时期的教育不瞎折腾。这种说法正确与否，可能有很大的争议，但单从教育层面来说值得我们深思。

一个有问题的教育环境，不仅是在瞎折腾教育的主体——学生和老师，也在折腾每个学生背后的家长。2016 年 5 月 16 日《钱江晚报》上有这样一则报道：《养蚕，是杭州小学三年级科学教材的规定动作》。文章说，按杭州市三年级小学生有 2 万多人计算，如果每个学生养蚕 10 条，就得有 20 多万条蚕宝宝，这么多蚕宝宝每天的桑叶需求量是一个很大的数字，有不少家长因找不到桑叶而在网上吐槽。

以蚕宝宝的一生为例进行教学，让孩子们仔细观察新生命生长变化这一生命周期过程，体验生命的可贵，本有着教育孩子尊重生命、学会观察等好初衷，但巨大的蚕宝宝和桑叶的需求量却被忽视了。很显然，孩子们的家庭作业大多变成了家长们的作业，家长们为了协助完成教学任务，被迫各显神通，满城找桑叶。如果到报刊、网络去搜索，类似的情况肯定还有很多很多。实际上这是将学生的教育任务变成了折腾家长的妄为，本质就是一种教育的形式主义，是类似于老子"动之死地"式的瞎折腾，结果就把原本有生命力的教育活动置于死地了。当教育成为了生命不堪承受之重，成为了反反复复的瞎折腾，教育就成为了形式，成为了表演。

表面上看，是教育主管部门插手太多，不肯放手所致，实质上是太多的教育主管部门和管理者不懂教育之道所致，是闭门造车、功利主义、迷恋权力和政绩的结果。

西南联大时，当时的北京大学校长蒋梦麟先生曾主动让贤给梅贻琦先生，并说在联大"我不管就是管"。梅贻琦先生则秉持的是"吾从众"与"无为而治"的原则。著名教育家朱清时说："教育要是总折腾，大家都没有心思静下来看书、想问题，所有的成果都是虚的。"一所好的学校，是能够让老师安安静静地思考、学习、教书和做学问的学校，是能够让学生安安静静地读书、思考、讨论、交流、成长的学校。希望能达到这样标准的好学校会越来越多！

第五十一章

原 文

道生^①之,德畜^②之,物形之^③,势^④成之。是以万物莫不尊道而贵德。道之尊,德之贵,夫莫之命而常自然^⑤。故道生之,德畜之,长之育之,亭之毒之^⑥,养之覆之^⑦。生而不有,为而不恃,长而不宰,是谓玄德^⑧。

译文大意

道生成万物,德蓄养万物,万物自然而然形成了各种不同的形态,周围的环境使万物得以成长。故此,万物无不尊道而贵德。道之所以被尊崇,德之所以被珍贵,就是由于道与德对万物不妄加干涉而让其顺应自然生长。因而,道生化万物,德蓄养万物,使万物成长发育,成熟结果,使其受到抚养保护。生成万物而不居为己有,抚育万物而不自恃有功,长养万物而不加主宰,这就叫作玄德。

注 释

① 生：生成，创造，生养。

② 蓄：蓄养。

③ 物形之：万物有了具体的形状、形态。

④ 势：万物生长的自然环境。

⑤ 莫之命而常自然：不干涉或主宰万物，而任万物自化自成。

⑥ 亭之毒之：成长成熟。

⑦ 养之覆之：护养保护，覆盖。

⑧ 玄德：这里指自然无为的德性。王弼注："凡言玄德，皆有德而不知其主，出乎幽冥。"《庄子·天地》中曰："其合缗缗，若愚若昏，是谓玄德，同乎大顺。"也指潜蓄而不著于外的德性。

教育评析

这一章老子的核心思想是"尊道""贵德"，因为道生成万物，德蓄养万物，使万物生长发育、成熟结果，使其受到抚养保护。道与德对万物不妄加干涉而让其顺应自然生长，生成万物而不据为己有，抚育万物而不自恃有功，长养万物而不加主宰。老子的这一思想对于中国当下教育中的"立德树人"有深刻的启迪。

当下的中国教育，由于社会转型、教育理念偏差以及一些家长、老师、教育管理者妄为等原因，出现一些影响教育健康发展和学生健康成长的问题，诸如知行不统一、家长学生迷茫、学生心灵无归属感等问题。尽管教育主管部门、学校管理者做了大量的工作，但效果均不尽如人意。从传统中华文化中汲取养料，或许能为我们解决问题提供一些思路。"道生之，德畜之，物形之，势成之。是以万物莫不尊道而贵德。道之尊，德之贵，夫莫之命而常自然。故道生之，德畜之，长之育之，亭之毒之，养之覆之。"老子在这里启示我们，从事教育和人才培养的重心不是外在的人为灌输，而是对学生天性和兴趣的保护与启迪，顺应学生的自然天性和兴趣，促进其生命成长和人生幸福。实践中，我们往往过多强调德育教育的社会、政治功能，而忽略了学生作为个体生命的成长发展规律。

事实上，每个学生的个性特点和兴趣是不同的，发挥其特长和兴趣，才能真正培养出多姿多彩、芬芳各异的生命。老子"尊道""贵德"的要义，为我们当下在大力倡导"立德树人"的背景下，如何顺应学生身心发展规律提供了极为深刻的思想认识基础，其德育眼界具有超越性，真正抓住了德育教育的根本，有助于克服德育教育的泛政治化倾向。

第五十二章

原 文

天下有始①，以为天下母②。既得其母，以知其子③。既知其子，复守其母，没身不殆。塞其兑，闭其门，终身不勤④。开其兑，济其事⑤，终身不救。见小曰明⑥，守柔曰强⑦。用其光⑧，复归其明⑨，无遗身殃⑩，是为袭常⑪。

译文大意

天下本始，是天下的根源。既然知道根源所在，由根源派生出来的万事万物也就清楚了。如果清楚了万事万物，又把握着万事万物的根源，那么终身都不会有危险。塞住谗言佞语的口舌，关闭起欲念的心门，终身都不会有烦扰之事。反之，如果谗言妄语，口舌鼓噪，无事生非，终身都不可救治。能够体察入微叫作明，能够持守柔弱、以柔克刚叫作强。运用道的光芒返照使万物内在光明，就不会有什么能给自己带来灾难了，这就叫作承袭前世、继于当世而永续的常道啊！

注 释

① 始：本始，指道。

② 母：根源，也指道。天下的本始是什么呢？是道，道是天下的根源。

③ 子：派生物，指由"母"所产生的万事万物。

④ 塞其兑，闭其门，终身不勤：封闭口舌停止妄言，关闭心门守神一处，终身勿使感官劳作。兑，指口舌、漏洞。门，意指心门，后天意识的出入之径。勤，劳作。

⑤ 济其事：增加纷杂的事件，无事生非。

⑥ 见小曰明：能体察入微才叫作明。小，细微。

⑦ 强：强健，自强不息。

⑧ 用其光：运用道的光芒。

⑨ 复归其明：返照使万物内在光明。

⑩ 无遗身殃：不给自己带来麻烦和灾祸。

⑪ 袭常：袭承常道。

教育评析

老子在这一章中指出："天下有始，以为天下母。既得其母，以知其子。既知其子，复守其母，没身不殆。"意思是道是万事万物的普遍规律，它永恒存在，具体的事物都拥有具体的道，也就是具体的规律。你了解了大道，就可以以此来了解万事万物的具体规律，天有天道，人有人道，茶有茶道，酒有酒道，花有花道，棋有棋道……。当然教育也有教育之道，它是教育规律和人才成长规律的本质，认识了教育规律和人才成长规律的内在本质，就能正确理解具体的教育规律和人才成长规律。掌握了教育规律，并遵守教育之道，我们的教育才能行进在正确的大道上，才不会有这样或那样的危害教育的不良行为发生。

何谓教育之道呢？这个问题如"道可道，非常道"一样，难以用具体语言来表达，如果勉强"名之"，我们可参考前人的一些说法。如韩愈说："古之学者必有师。师者，所以传道受业解惑也。"即教育之道是"传道受业解惑"。但这只讲了为教之道，没有涉及为学之道。王阳明认为，教育的核心在于唤醒和培养人的良知。这讲出了教育的终极目标，但对过程和方法没有涉及。实际上，从为教为学、教育的目的、教育的过程和方法等各个方面来看，教育之道无外乎内外两策：规范行为谓之教，启迪心性谓之育。教者以表及里，育者由内而外。两者浑然天成，不可专持一端，需因地制宜，以求内外之周全、人格之完整。

第五十三章

原文

使^①我^②介然有知^③，行于大道，唯施^④是畏。大道甚夷^⑤，而人^⑥好径^⑦。朝甚除^⑧，田甚芜，仓甚虚，服文彩，带利剑，厌饮食^⑨，财货有余，是谓盗夸^⑩。非道也哉！

译文大意

假如我对道略有所知，在大道上行走，唯一担心的就是害怕因妄为而走上了邪路。大道虽然平坦，但一般人却喜欢走邪径。无道之君搞得朝政腐败至极，田地荒芜，仓库空虚，而他们呢？仍穿着华丽的衣服，佩带着锋利的宝剑，饱餐精美的饮食，搜刮占有富余的财货，这就叫作强盗头子。这是多么无道啊！

注　释

① 使：假使，假如，如果。

② 我：指有道的圣人。老子在这里托言自己。

③ 介然有知：微有所知，稍有知识。介，微小。

④ 施：邪，斜行。

⑤ 夷：平坦。

⑥ 人：一般人，也可能是指人君。

⑦ 径：邪径。

⑧ 朝甚除：朝政非常败坏。

⑨ 厌饮食：饱得不愿再吃了。厌，饱足、满足、足够。

⑩ 盗夸：即大盗、盗魁。

教育评析

老子在这一章讲的核心智慧是避免走邪路，即"使我介然有知，行于大道，唯施是畏"。在现实中，如何避免走邪路是一件不容易的事情，教育更是如此。据我们的观察，当下的中国教育在某些方面不但存在走邪路的现象，而且在某些方面，还正在邪路上越走越远。列举几点说明如下。

一、"教育减负"并未达到如期效果。在中国应试教育、唯分数论、高考独木桥和教育产业化的大背景下进行教育减负，实际结果只能是"学校减负，家长增负"。为做到学校减负，教育主管部门可以出台政策、规定，可以采取各类措施，但大背景并没有变，孩子们的升学压力并没有变小，孩子想要成绩好，只能请家教、参加社会上的辅导班、接受市场化布置的作业。许多家长反映，学校给学生减负，实际上是给家长增负，浪费了学校的资源，火了社会上的辅导班，还掏空了家长的钱包。同时，偏远地区或家境贫寒的学生得到学校之外的教育机会本来就很少，减负后可能会使他们和家庭条件好的孩子之间的差距拉得更大。目前的教育减负不但没有解决当下教育中存在的问题，而且还会加重中国教育问题。当然,这是个复杂的、系统的问题,相信在全社会的共同努力下,这一问题会逐步得到解决。

二、大学推行创业教育。当下许多大学正在乐此不疲地实施创业教育,也未必是教育之道。试想,古今中外,有哪些成功的创业者是被老师教出来的?如果老师能教出来,比尔·盖茨、乔布斯等人都不会休学搞创业了。在大学里,不论是一般老师、实验指导老师,还是教授、研究员或各级领导,普通人居多,参加过创业的人绝对是凤毛麟角。老师都不懂,如何教?问题显而易见,而一些教育主管者却乐此不疲。的确是"大道甚夷,而民好径"。解决问题的办法是,老师把书教好,学生把学习搞好。学生真正学到了古往今来的科学知识、人类文明成果、研究方法和思路,具备了健全的人格,学会了做事,待有机会,创新创业就是自然而然的事了。

第五十四章

原文

善建者^①不拔^②，善抱者^③不脱，子孙以祭祀不辍^④。修之于身，其德^⑤乃真；修之于家，其德乃余；修之于乡，其德乃长；修之于邦^⑥，其德乃丰；修之于天下，其德乃普。故以身观身，以家观家，以乡观乡^⑦，以邦观邦，以天下观天下。吾何以知天下然哉？以此^⑧。

译文大意

善于以道修身取得建树的人是不能从道中拔除的，善于掌握道的人不会脱离道，如此子孙后代香火不会断绝。用这个道理来修身，他的德性就会是纯真的；用这个道理来治家，家庭就吉庆有余；用这个道理来治乡，则乡就会长治久安；用这个道理来治邦，则邦就会富足丰饶；用这个道理来治理天下，则普天升平。所以，用自己的修身之道来观察别身，用自家齐家之道观察别家，以自乡治理之道观察别乡，用自己邦国治理之道观察别的邦国,用天下治理之道来观察天下。我怎么知道天下是这样的呢? 就是依据这个道理。

注 释

① 善建者:善于用道修身取得建树者。

② 不拔:不能从道中拔除。

③ 善抱者:善于掌握道的人。抱,抱住、掌握。

④ 子孙以祭祀不辍:子子孙孙都能够遵守"善建""善抱"的道理,后代的香火就不会终止。这里的香火引申为祭祀祖先者,意思就是子孙、后裔、继承人。辍,停止、断绝、终止。

⑤ 德:道德,德性。

⑥ 邦:中国古代进入文明社会以后,政治实体的演进应更规范地表述为邦国、王国、帝国三个阶段或三种形态。中国古代最早的国家(或可称为初始国家)是小国寡民式的邦国,邦国的进一步发展是王国,王国之后,通过专制主义的中央集权走向了帝国。

⑦ 以身观身,以家观家,以乡观乡:以自身观察别身,以自家观察别家,以自乡观察别乡。

⑧ 以此:用以此物观察他物的这个道理或方法。

教育评析

老子在这一章里给我们讲述的重点是:修身、齐家、治国、平天下的道理。这些道理对于我们教育人、培养人是极其重要的。

在当下的教育中,从家庭教育开始,至学校教育的小学、中学乃至大学阶段,由于受应试教育、唯分数论、一考定终身等的影响,教育之道在不同地方被不同程度地忽视了,关于格物、致知、诚心、正意、修身等的课程或教育内容相对较少，即使一些学校有，也大多流于形式，或即使开设课程或设置相关教育环节，落实也不到位。因此，在许多人（特别是一些家长）看来，这些东西既不能提高分数，又不能带来直接益处，因此就被忽略了。

家庭教育对孩子的影响是潜移默化的。良好的家庭教育会帮助孩子在心理上筑牢道德防线，养成良好的身体素质和心理素质，待步入社会后就能自如应对面临的各种困难和挑战。家长要为孩子扣好第一粒扣子。如果第一粒扣子没扣好，加之社会环境复杂，可能会导致年轻的一代出现诸多问题，如一定程度上的理想迷失、信仰真空、道德失范，甚至出现精致的利己主义者等。

我们的大学在格物、致知、诚心、正意、修身等教育方面也不尽如人意。对于修身教育，高校应是主阵地。然而，通过观察学生和与一些学生交流之后，我们发现，高校校园里修身教育还存在诸多问题。例如，一些学生干部并没有发挥模范带头作用，在工作中甚至出现"以权谋私"的现象，要请他们吃饭、给他们好处才会对普通学生给予照顾。这些虽是个别现象，但在一定程度上影响了普通学生创先争优的积极性，对校园文化产生了不利影响。

如果我们不高度重视这些问题，不切实在孩子和广大学生中加强修身教育，其结果可能是灾难性的。这应当引起每一位家长、老师、教育管理者的高度重视。让我们汲取老子在教育方面的智慧，努力达到"修之于身，其德乃真；修之于家，其德乃余；修之于乡，其德乃长；修之于邦，其德乃丰；修之于天下，其德乃普"的美好目标。

第五十五章

原 文

含德之厚,比于赤子①。蜂②虿③虺④蛇不螫⑤,猛兽不据⑥,攫鸟⑦不搏⑧。骨弱筋柔而握固,未知牝牡之合⑨而朘作⑩,精之至也。终日号而不嗄⑪,和⑫之至也。知和曰常⑬,知常曰明,益生⑭曰祥⑮,心使气曰强⑯。物壮⑰则老,谓之不道,不道早已⑱。

译文大意

道德涵养浑厚的人,犹如初生的婴孩。蜂虿虺蛇不刺咬他,猛兽猛禽不抓咬他。他的筋骨柔弱但小拳头却握得很牢固,他虽然不知道男女交合之事但他的生殖器却勃然举起,这是因为他精气充足的缘故。他整天啼哭但嗓子却不会沙哑,这是因为他元气和纯的缘故。认识和纯的道理叫作了解了规律,知道了规律的人叫作明智,让生命有益才算吉祥,欲望使精气耗损叫作逞强。事物过于壮盛就会趋于衰老，这就叫不合于道，不合于道便会早早灭亡。

注 释

① 含德之厚，比于赤子：道德涵养深厚的人，犹如初生的婴孩。《老子》第三十八章中的"上德不德，是以有德"是对"含德之厚"的最好诠释。德行深厚的最高境界表现出来的就是含而不露、隐而未发的一种状态。赤子，这里比喻刚刚出生的婴儿。

② 蜂：这里不是指一般的蜜蜂，而是指毒蜂。

③ 虿：蝎子一类的毒虫。

④ 虺：古代以爬虫类的蛇作模样想象出来的一种动物，可化为龙。

⑤ 螫：毒虫子用毒刺刺人，用毒牙咬人。

⑥ 据：兽类用爪、足攫取人或物。

⑦ 攫鸟：用脚爪抓取食物的鸟，例如鹰隼一类的鸟。

⑧ 搏：鹰隼用爪击物。

⑨ 牝牡之合：男女交合之事。

⑩ 朘作：婴孩的生殖器勃起。朘，读 zuī，男子的生殖器。

⑪ 嗄：读 shà，噪音嘶哑。

⑫ 和：指阴阳二气合和的状态。

⑬ 常：指事物运行的规律。

⑭ 益生：让生命有益，养护和保养生命。

⑮ 祥：吉祥。

⑯ 强：逞强，强暴。

⑰ 壮：强壮。

⑱ 已:结束,灭亡。

教育评析

在这一章中,老子认为含德之厚的最高境界是赤子。他在《老子》第十章中就说过:"专气致柔,能婴儿乎?"赤子之心不偏离纯洁、善良、无恃、无为,其特点是率直、纯真、善良、热爱生命而又生命力旺盛,其关键是淡泊以明志,宁静以致远,不患得患失。赤子之心是做人特别是做老师的最高境界。其实,不只是老子,孔子也对婴儿状态的赤子之心充满着景仰。

学校,是大多数人梦开始的地方。老师是守护者,更是开拓者,老师应该用自己的一颗赤子之心,引导、守护每一个孩子的梦想和未来,成就祖国的明天。现代教育体系在大力提高教育和教学效果的同时,也常常使教育教学越来越制度化、规范化甚至机械化,学生和老师进行面对面交流的时间和空间变得越来越有限。正如德国哲学家雅斯贝尔斯所言:"教育是一棵树摇动另一棵树,一朵云推动另一朵云,一个灵魂唤醒另一个灵魂。"朝夕相处、教学相长的特殊场景,使教育从始至终都是人性闪光和保存良知的沃土。孟子也说:"大人者,不失其赤子之心者也。"做老师,无论何种境地,都要本着一颗赤诚的不忍之心、慈爱之心、育人之心,"事不避难,义不逃责"地肩负起自己应该而且可以承担的责任,让受教育者时时处处感受到老师的赤子之心,让其灵魂被唤醒。

"赤子"常用来形容人心地善良、纯洁,也用来比喻对国家、对人民、对事业充满热爱与忠诚的人。孩子作为国家未来的建设者和管理者,要教育他们永远保持一颗"赤子之心"。孟子所说的"赤子之心"就是婴儿之心,心无杂念,真诚真实,纯洁无瑕。后人对孟子的话多有阐发。例如,南宋学者朱熹认为:"大人事事理会得，只是无许多巧伪曲折，便是赤子之心。"北宋学者吕大临则说："喜怒哀乐之未发，则赤子之心。"因为"当其未发，此心至虚，无所偏倚，故谓之中"，故"以此心应万物之变，无往而非中矣"。宋代教育家、理学家、文学家陈普甚至专门写了名为《孟子·赤子之心》的诗加以阐释："真淳未凿本诸天，饮食啼号所性然。情欲不生无外诱，圣人之质自浑全。"在他心目中，赤诚纯真、一尘不染、善良淳朴、洁白无瑕的心灵，才是一颗真正的赤子之心。2016 年 7 月 1 日，习近平总书记在庆祝中国共产党成立 95 周年大会上发表讲话指出："我们党已经走过了 95 年的历程，但我们要永远保持建党时中国共产党人的奋斗精神，永远保持对人民的赤子之心。"习近平总书记号召全体党员保持对人民的赤子之心，就是要摒除杂念，保持对人民的赤诚之心、纯善之心，全心全意为人民服务。所以，习近平总书记强调："一切向前走，都不能忘记走过的路；走得再远、走到再光辉的未来，也不能忘记走过的过去，不能忘记为什么出发。"

第五十六章

原 文

知者不言，言者不知^①。塞其兑，闭其门，挫其锐，解其纷^②，和其光，同其尘^③，是谓玄同^④。故不可得而亲，不可得而疏，不可得而利，不可得而害，不可得而贵，不可得而贱^⑤。故为天下贵^⑥。

译文大意

有智慧的人不多言，到处说长道短的人是没有智慧的。塞住谗言佞语的口舌，关闭起欲念的心门，挫去锋芒，解除纷争，在光明之处与光融合，在尘垢之处与尘垢混同，这就是深奥的玄同。所以达到玄同境界的人，已经没有了亲疏之别，没有了利害之分，没有了贵与贱之差别。所以成为全天下最尊贵的人。

注 释

① 知者不言，言者不知：第一种解释是：知道的人不说，爱说的人不知道。第二种解释是：有智慧的人不多言，而到处说长论短的人不智慧。第三种解释是：得道的人不强施号令，一切顺乎自然，而强施号令的人却没有得道。本书采用第二种解释。

② 挫其锐，解其纷：挫去锐气，解除纷争。

③ 和其光，同其尘：和光耀融合，与尘垢混同。

④ 玄同：深远、深奥的境界。

⑤ 不可得而亲，不可得而疏，不可得而利，不可得而害，不可得而贵，不可得而贱：这句话是说达到玄同境界的人已经超越了亲疏、利害、贵贱等世俗的范畴。

⑥ 为天下贵：超越了亲疏、利害、贵贱等世俗的人，是天下最尊贵的人。贵，尊贵。

教育评析

这一章是比较容易理解的，对于教育也有很大的启迪。"知者不言，言者不知。"开头的第一句话就讲，有智慧的人是不多言的，所谓"行不言之教"（《老子》第二章）和"悠兮其贵言"（《老子》第十七章）讲的都是这个道理。

这一章老子还告诉我们另一个十分重要的智慧，即"不可得而亲，不可得而疏，不可得而利，不可得而害，不可得而贵，不可得而贱。故为天下贵"。在教育中，家长、老师由于受自身性格、性别、志趣、爱好、修养、阅历等影响，面对性格、志趣、爱好、特长千差万别的孩子们，有时在不知不觉中会产生亲疏、利害、贵贱之分，甚至家长对自己的孩子们也会产生区分。这种区分，无论是对于亲者，还是对于疏者，都是十分有害的。被亲者可能产生"反正父母（或老师）喜欢我，犯点错误没啥"等错误观点以及我行我素的不良行为；被疏者可能产生"后娘身边难做人"的想法和自暴自弃的不良行为。被亲者可能会高高在上傲视一切；被疏者则可能鄙弃这种傲视，从而造成兄弟姊妹之间或同学之间的矛盾，以致对立。因此，作为家长、老师对这些不良做法都必须有意识地加以克服。孔子"有教无类"的智慧，我们应该努力学习并实践。但对于具体实施的教育，我们则需要因材施教。

克服亲疏、利害、贵贱之分等错误观念和行为，力求做到"有教无类"，并实施因材施教，我们就可能成为孩子们或学生们的好家长、好老师，从而得到学生们或孩子们的敬重和爱戴，达到"为天下贵"的目标。

唐代诗人白居易认为老子自相矛盾，专门写了一首名为《读老子》的诗来质疑老子。其中有这样几句："言者不如知者默，此语吾闻于老君。若道老君是知者，缘何自著五千言。"这首诗作为文字游戏，姑且作为好玩的诗句尚可，若当真，就说明白居易不懂老子，因为"不立文字"和"不用文字"是两回事，"立"是执着，"立文字"就是执着于文字。老子让你顺着手指的方向去看月亮，你不去看月亮，却死死地盯着手指不放，这就是执着于文字。"知者不言，言者不知"，意思是真正懂得道的人明白道很难言表，很难用精确的语言文字来描述，所以不夸夸其谈。那些夸夸其谈的人，其实并不真正了解道。老子自己也说，他讲道只是勉强为之，况且他写五千言也是别人强迫他做的。

第五十七章

原 文

以正①治国，以奇②用兵，以无事取天下③。吾何以知其然哉？以此④：天下多忌讳⑤，而民弥贫；民多利器⑥，国家滋昏⑦；人多伎巧⑧，奇物⑨滋起；法令滋彰，盗贼多有。故圣人云："我无为而民自化⑩，我好静而民自正，我无事而民自富，我无欲而民自朴。"

译文大意

以正确的方略治理国家，以诡诈之术用兵，以天下本无事的理念取天下。我怎么知道会是这种情形呢？根据如下：天下的忌讳越多，老百姓就越陷于贫穷；人民手中的利器越多，国家就越陷于混乱；人民的奇技淫巧越多，邪风怪事就闹得越厉害；法令越是森严，盗贼反而会增加。所以圣人说："我无为少事而人民就自然教化了，我清静而人民就自然养正了，我不生事扰民而人民就自然富足了，我无私欲而人民就自然淳朴了。"

注 释

① 正：正确的方略，具体指无为、清静之道。

② 奇：诡诈之术，诡道。

③ 取天下：取得天下。

④ 以此：依据如下，以下面这段话为根据。

⑤ 忌讳：禁忌，避讳。

⑥ 利器：锐利的武器。

⑦ 滋昏：滋生混乱。

⑧ 人多伎巧：人们的技巧很多。伎巧，指技巧、智巧。

⑨ 奇物：奇技，怪事，淫巧。

⑩ 我无为而民自化：我无为而人民就自然顺化了。自化，自我化育。

教育评析

老子在这一章中讲的话非常有智慧：不同的事物之间，有本质的区别，所以处理问题、解决问题的方式方法也不一样。"以正治国，以奇用兵"，治国讲究的是堂堂正道，可用兵讲的是诡道之术。在教育方面，无论是对家长们还是对老师们来说，这都具有重大的启示作用。前面我们已反复谈到，我们对待所有的孩子要一视同仁，不要有分别心，要努力做到"有教无类"。但针对每个具体孩子的教育，则要"因材施教"。

在这一章中，老子十分强调感化的作用。他认为执政者应该具有的一项重要品质是以身作则，以此来感化人民，即所谓的"我无为而民自化，我好静而民自正，我无事而民自富，我无欲而民自朴"。老子还认为，治国的三大法宝之一就是"慈"，善于领导国家的执政者，不用强迫命令，按自然天道让人民自由生活，人民在这种慈爱的生活中，根本感受不到压力。老子既然以这种人格感化来要求他理想中的政治领导，也必然以同样的精神要求他理想中的老师。

在道德教育的实践中，老师要让学生在自由活泼的生活中发展，不应当制定烦琐的规章制度来束缚孩子的本真；要用老师的高尚品德来影响学生，使学生的道德品质在爱的生活环境中自然得到陶冶。根据老子的思想，道德教育的根本原则也必然是"行不言之教"。所谓"不言"，当然不是什么话都不说，而是反对发号施令和空洞说教。

这一章老子讲述了两个重要的道理，可供从事教育的人参考：一是问题的本质不同，解决问题的方式方法就不同。我们要公平对待每一个孩子，不能偏心，更不能歧视，但对于具体的教育，则要针对具体孩子的个性、特长、兴趣、爱好等，实施因材施教。二是站在老师的角度，应该无为、好静、无欲、无事。老师要按教育规律和学生成长规律来培养学生，这样一切顺理成章，学生就会自化、自正、自富、自朴。

第五十八章

原 文

其政闷闷①,其民淳淳②;其政察察③,其民缺缺④。祸兮,福之所倚;福兮,祸之所伏⑤。孰知其极?其无正⑥。正复为奇,善复为妖⑦。人之迷,其日固久⑧。是以圣人方而不割⑨,廉而不刿⑩,直而不肆⑪,光而不耀⑫。

译文大意

政治宽容清明,人民就淳朴忠厚;政治苛察黑暗,人民就狡黠抱怨。祸啊,福依靠着它;福啊,祸就藏伏在其中。谁知道它们到哪里是个头?并没有确定的标准。正可转变为邪,善可转变为恶。人们的迷惑,由来已久了。因此圣人方正有界而不割舍人,有棱有角而不伤害人,直率而不放肆,光明而不炫耀。

注 释

① 其政闷闷：政治淳厚宽容。

② 淳淳：淳朴厚道。

③ 察察：严厉，苛察。

④ 缺缺：狡黠，抱怨，不满意。

⑤ 祸兮，福之所倚；福兮，祸之所伏：祸啊，福依靠着它；福啊，祸就藏伏在其中。我们非常熟悉的成语"祸福相依"就来源于此，意思是说祸和福是相辅相成的，在一定的条件下是相互转化的。

⑥ 其无正：它们之间的转换并没有确定的标准。其，指福、祸转换。正，标准、确定。

⑦ 正复为奇，善复为妖：正的变为邪的，善的变成恶的。正，方正、端正。奇，反常、邪。善，善良。妖，邪恶。

⑧ 人之迷，其日固久：人们迷惑于祸福之门，而不知其循环相生之理者，其日子已很久了。

⑨ 方而不割：方正有界而不割舍人。

⑩ 廉而不刿：锐利而不伤害人。刿，读 guì，刺伤、割。

⑪ 直而不肆：直率而不放肆。

⑫ 光而不耀：光亮而不炫耀。

教育评析

这一章有两个我们非常熟悉的成语，一个叫"祸福相依"，一个叫"光而不耀"，这也是这一章智慧的闪光点所在。《菜根谭》中有这样一段话："子生而母危，锱积而盗窥，何喜非忧也？贫可以节用，病可以保身，何忧百喜也？故达人当顺逆一视，而欣戚两忘。"这段话的意思是说，孩子出生而母亲面临着保命的危险，财富多了盗贼就会出现，怎么能说这是喜而不是忧呢？贫穷可以让人知道勤俭节约，生病了可让人注意身体健康，怎么能说这是忧而不是喜呢？所以豁达的人应该对顺境和逆境同样对待，将欣喜和难过都忘掉。这是老子"祸兮，福之所倚；福兮，祸之所伏"的深刻诠释。

在我们当下的教育中，参加高考是绝大多数学生都不能回避的事。有些优秀生在高考中发挥出色，因成绩优异而成为高考状元。这本是值得高兴的事，学生、家长、老师、学校，甚至地方政府，都可能为之异常兴奋，高校也会重金抢夺，大肆宣传。但若处理不好，有可能会成为失败的开始。曾经有一份题为《中国高考状元职业状况调查报告》的资料广泛流传，其中的核心观点是：几十年来高考状元成才的比例非常低。报告的可靠性我们没有深入探究，但这一现象肯定在相当大程度上是存在的。我在大学负责招生工作时，在全国跑了数以百计的中学，校长们在给我们介绍他们学校情况时，都将状元或考上清华、北大的人数作为亮点，甚至当地党政领导也将此作为值得炫耀的政绩。但当我们咨询这些学生的职业发展状况时，得到的信息大多不是太好。

对于教育中取得的成绩，我们应该以老子"祸福相依"的智慧来对待。状元以及考上清华、北大的学生当然是越多越好，但不值得大吹大擂，也不能将此作为我们教育的主要目标，更不能无节制地大肆包装、宣传，而应该以十分严肃、谨慎的态度来对待，学生、家长、老师、校长、有关领导等都要尽快从兴奋中冷静下来，要建立进一步的跟踪培养机制，要主动与学生所在的大学沟通，要注重德、智、体、美、劳全方位的教育和培养，努力消除宣传、包装、媒体炒作等给学生心理、情绪带来的不利影响，按教育规律和学生成才规律办事，努力促进学生成长成才。

按照老子道的智慧,如果有朝一日我们将评价一所学校优劣的指标从状元、考上重点大学的人数,变成为学生未来职业发展的状况以及为民族、为国家、为人类做出贡献的大小时,那我们的教育可能就真有希望了! 愿这一天早日到来!

第五十九章

原 文

　　治人①事天②，莫若啬③。夫唯啬，是谓早服④。早服谓之重积德。重积德则无不克。无不克则莫知其极，莫知其极，可以有国⑤；有国之母⑥，可以长久。是谓根深固柢，长生久视⑦之道。

译文大意

　　治理国家与事奉上天，没有比爱惜与节俭更为重要的了。爱惜与节俭，就叫早得道。早得道就是重积德。重积德则攻无不克。攻无不克其能量就无法估量，能量无法估量，就可以掌管国家；掌握了治理的根本，国家就可以长治久安。这就是国家根深蒂固、长治久安之道。

注 释

　　① 治人：治理百姓，也就是治国。

② 事天：事奉上天。在中国古代，天被认为是控制大地上一切事物的主宰力量，国家的最高统治者地位再高，也只能称天子。当时的人们认为，自然的收成、国家的治理、人们的祸福等都要受天的控制。为了得到上天的保佑，事奉上天（或称祭天）成为华夏民族最隆重、最庄严的仪式，也是治理国家的人最大的事。

③ 啬：一是爱惜之意。如《吕氏春秋》："凡事之本，必先治身，啬其大宝。"二是节省，节俭。如《韩非子·解老》："少费谓之啬。"

④ 早服：就是早得道。服，这里意思等同于"得"。如马王堆汉墓帛书《道原》："明者固能察极，知人之所不能知，服人之所不能得。"

⑤ 有国：治理国家，掌权国家。

⑥ 母：根本，本源。

⑦ 长生久视：长远地维持、长久地存在，即长治久安。

教育评析

老子在这一章中给我们展现的智慧是"啬"，即"治人事天，莫若啬"。这里的"啬"不是吝啬，而是节俭、节约、珍惜、爱惜等意。老子认为，只有以"啬"这一理念去修身治国和敬畏自然，才能符合"长生久视之道"，从而达到天人和谐的人生观。但是，长期以来，由于西方经济发展模式的严重缺陷，片面强调高消费和倡导提前消费的生活理念，从而造成了人与自然的对立和生态环境的危机，这种思潮也在不同程度地腐蚀着我们的青少年，给我们的教育带来了严峻的挑战。要改变这种状况，家庭教育承担着不可回避的责任。

在中国历史上，家庭教育中重视"啬"的教育也是中华民族的光荣传统，司马光就是典型例子。当司马光看到儿子读书时用指甲抓书页时,非常生气,立即教育他爱护书籍的经验和方法:读书前,先要把书桌擦干净,垫上桌布;读书时,要坐得端正;翻书页时,要先用右手拇指的侧面把书页的边缘托起,再用食指轻轻盖住揭开一页。他平生衣取蔽寒,食取充腹,经常教育儿子说:"食丰而生奢,阔盛而生侈。"他援引张文节的话说:"由俭入奢易,由奢入俭难。"这是"大贤之深谋远虑,岂庸人所及哉"。由于他的言传身教,他的儿子司马康从小就能俭朴自律,历任校书郎、著作郎兼任侍讲。他同其父一样,以通今博古、廉洁俭朴而著称。司马光家庭教育中注重"啬"的教育,并从小处着手,大处着眼,取得了良好的效果,为我们树立了榜样。

"啬"是美德,不管对个人、家庭还是国家,这个美德都有相当重要的意义。我们的生活应该提倡"啬",不仅仅是为了我们自己,更是为了这个国家、这个民族。从个人角度来说,"啬"的生活习惯,不是我们用来谈论的工具,而是自我修养的一种体现。从家庭角度来说,"啬"的习惯可以减少很多家庭的开支。精打细算未必就是小肚鸡肠,需要的东西该买就买,不需要的东西坚决不要,这是经营家庭的一个重要理念,也是节俭的生活态度给家庭生活带来的好处。从国家、民族的角度来说,"啬"是国家持续发展的动力,是民族永葆青春的秘方。可见,我们在各类教育中加强"啬"的教育,意义是极其重大的。

第六十章

原文

治大国，若烹小鲜①。以道莅天下②，其鬼不神③。非其鬼不神，其神不伤人④。非其神不伤人，圣人亦不伤人。夫两不相伤⑤，故德交归焉⑥。

译文大意

治理大国，好像烹饪小鱼。用道来治理天下，鬼都不灵了。不仅鬼不灵了，而且神也不干扰人了。不仅神不干扰人了，圣人也不会干扰人。鬼神和圣人都不干扰人，所以德就不断积累交汇而形成有道德的社会。

注释

① 小鲜：小鱼。

② 以道莅天下：用道来治理天下、领导天下。莅，莅临。

③ 其鬼不神：那些鬼怪不灵了。所谓鬼神，《易》曰"归与

伸",指大自然中伏藏与伸张的力量,比如把莫名的自然灾害力量视为鬼,唯恐避之不及,而把有利于人类生产活动的自然力量奉为神,并加以祭祀。神还有灵之意。如《广韵》曰:"神,灵也。"《诗·小雅·大田》曰:"田祖有神。""其鬼不神"中的"鬼"是指莫名的自然灾害力量,"不神"就是不灵验,即失去了"神性"。

④ 其神不伤人:这里的"神"是指有利于人类生产活动的自然力量。

⑤ 两不相伤:鬼神和圣人都不干扰人。

⑥ 故德交归焉:德就不断积累交汇而形成有道德的社会。

教育评析

无为是老子给我们传达的无限深厚智慧,在本章中又对此作了进一步的强调。按照老子的智慧,做家长的或做老师的,不要经常搅扰孩子或学生,更不要过多地干涉他们的小世界。老子说:"治大国,若烹小鲜。"意思是治理大国,要像煎小鱼一样,不要老去锅里翻动,否则就会导致烹饪失败。教育也是一样,作为教育者,我们要尽量做到"为无为,事无事",要把正确的行为表现出来,让孩子或学生在潜移默化中得到教育,即"行不言之教"。不要处处管着孩子或学生,那样就像往水里按葫芦。许多家庭纠纷、师生矛盾,都是因为过多的控制和干涉引起的。我们常常希望孩子或学生按照我们的心意来成长,因此总想人为地塑造他们,殊不知"强扭的瓜不甜",孩子或学生很容易由此生出逆反情绪。

俗话说:"没有种不好的庄稼,只有种不好庄稼的农民。"教育也一样。"没有教不好的孩子或学生,只有教不好孩子的家长或老师。"很多时候孩子并没有错,错的是父母和老师,因为有时候父母和老师太多事了,太好事了,使得孩子们无所适从。

现在社会上有些人抓住父母望子成龙、望女成凤的急切心态，开办各种补习班、辅导班，美其名曰"不要让孩子输在起跑线上"。有些父母不惜血本、勒紧裤腰带让孩子去参加各种补习班、辅导班。繁重的课外学习负担使孩子失去了学习的兴趣，快乐的童年变成了痛苦的回忆，父母或老师的拔苗助长最终会阻碍孩子发展的许多可能性，断送孩子美好的前程。因此，我们想使孩子茁壮成长，首先就要摆正心态，让自己的心静下来，去做我们应该做的事情。

冰心曾说："让我们的孩子像野花一样生长。"把属于孩子的时间和空间还给他们，让他们在自然和谐的乐园里快乐地成长吧！

第六十一章

原文

大国者下流①,天下之交,天下之牝②。牝常以静胜牡③,以静为下。故大国以下小国,则取小国;小国以下大国,则取大国。故或下以取④,或下而取。大国不过欲兼畜人⑤,小国不过欲入事人。夫两者各得所欲,大者宜为下。

译文大意

大国要善处下,要像江河的下游,天下河流交汇在这里,处在天下最雌柔的位置。雌柔常以守静而胜过雄强,是因为守静善于处下的缘故。所以,大国以谦下对待小国,就可以取得小国的信任和拥护;小国以谦下的态度对待大国,就可以得到大国的庇护。所以,或者以谦让取得小国的拥护,或者谦让取得大国的庇护。大国所希望的不过是得到小国的拥护,小国所希望的不过是得到大国的庇护。两方面都各得其所欲求,大国尤其应该谦下忍让。

注 释

① 下流：就是善于处下，处在水的下游，最好是处在大江、大河的入海口，涓涓细流慢慢地汇成大江、大河流入大海。

② 天下之交，天下之牝：入海口是天下的水交汇之地。低处的地方是阴柔虚静的地方，因此可比喻为天下之牝。

③ 牡：雄性，与牝相对。

④ 以取：争取。

⑤ 兼畜人：把各种人聚在一起加以养护。

教育评析

"善于处下"是老子非常重要的智慧和理念之一。"大国者下流，天下之交，天下之牝"，孩子的教育也可以利用这一智慧和理念。我们习惯称孩子为"小大人"，意味着孩子内心非常盼望有大人一样的表现，甚至他们有时候感觉自己比大人还聪明。赏识是人类心灵深处最强烈的渴望。对于孩子来说，由于年龄小，心理还很幼稚，他们心灵深处最强烈的需求、最本质的需求是渴望得到别人特别是父母的赏识。俗话说："好孩子是夸出来的。"儿童年龄越小，越是需要得到外界的鼓励，特别是父母和老师的鼓励。不少父母即使看到自己的孩子很优秀，也懒得表扬一句，他们不夸孩子往往是怕孩子受到夸奖后就会骄傲。其实孩子也未必就那样不经夸，更多的孩子往往是得到夸奖后更加努力、更加优秀。如果家长学会通过鼓励来引导教育孩子，一定会有意想不到的收获。孩子的健康成长需要家长的赞美和肯定。家长适时适当地表扬孩子可以帮助孩子达到成功的顶峰。家长的肯定可以增强孩子实现远大理想的信心，给孩子不断取得进步提供动力，还可以增进家长与孩子的感情交流。因此，家长应该学会适时适当地赞赏孩子，哪怕孩子只是有一点点的进步。

　　对于正在成长学习中的孩子而言，赞美和肯定是非常必要的。孩子的成长需要一片晴朗的天空，家长的赞美和肯定就能给予孩子一片晴朗的天空。对孩子来说，没有什么比听到父母的赞美更让他开心的了。一个孩子可能会因为父母的赞美、肯定而受益终生。有一个故事是这样的：一位妈妈正在厨房洗碗，听到孩子在后院蹦蹦跳跳玩耍的声音，便对他喊："你在干吗？"孩子回答道："我要跳到月球上去。"听到孩子异想天开的话语，这位妈妈没有任何的批评，而是微笑着对孩子说："说得好！真是个聪明的孩子，但是不要忘记回来哦！"这个孩子后来成为人类历史上第一位登上月球的人，他就是阿姆斯特朗。当阿姆斯特朗日后回忆起自己的成长经历时，他深有感触地说："我所有的成就都源于母亲对我的鼓励和夸奖。"从这一例子可以看出，一句不经意的赞美和肯定的话语往往会在孩子幼小的心灵中留下极深刻的印象，并很有可能影响孩子的一生。这就是夸奖和赞美的力量。请我们的家长们不要太吝啬自己的夸奖和赞美！美国著名思想家、文学家和诗人爱默生也说过："有很多天资很好、很有希望成功的人，只因为没有得到及时有力的夸奖和鼓励，最后走向彻底的失败。"这句话很值得我们深思！

第六十二章

原 文

　　道者万物之奥，善人之宝，不善人之所保①。美言可以市尊②，美行可以加人③。人之不善，何弃之有？故立天子，置三公④，虽有拱璧以先驷马⑤，不如坐进此道⑥。古之所以贵此道者何？不曰求以得⑦，有罪以免邪⑧？故为天下贵。

译文大意

　　道是万事万物的奥妙所在，是善良人珍贵的宝贝，是不善的人得到拯救的保障。美好的言辞可以换来别人对你的尊重，美好的品行可以得到别人对你的爱戴。品行不善的人，有什么理由舍弃它呢？所以设立天子，设置三公，虽然有拱璧在前驷马在后的礼仪来进奉，但不如静坐修大道。为什么自古以来人们把道看得这样宝贵？不正是由于按道去做我们所求的就可以得到，有罪的人按道去做就可以得到宽恕吗？所以天下的人都以道为贵。

注 释

① 所保：得到拯救的保障。

② 美言可以市尊：美好的言辞可以换来别人对你的尊重。

③ 美行可以加人：美好的品行可以得到别人的爱戴。

④ 三公：太师、太傅、太保。

⑤ 拱璧以先驷马：古代献礼时轻物在先，重物在后。拱璧，指双手捧着贵重的玉。驷马，四匹马驾的车。

⑥ 坐进此道：坐修此道。

⑦ 求以得：有求就得到。

⑧ 有罪以免邪：有罪的人得到道，可以免去罪过。

教育评析

　　这一章的中心思想是进一步强调道的重要性。道是"善人之宝"。不善的人也不会被道所抛弃，道可以拯救他，所以叫"不善人之所保"。我们从事教育工作的，一定要将教育之道视为宝贝，不能违背教育之道，固执己见，给教育造成严重损失。

　　这一章值得我们教育工作者借鉴的智慧是美言和美行。作家冰心在《只拣儿童多处行》中提出："儿童多的地方春光最饱满、最灿烂，儿童多的地方就是春天，因为春天就在儿童的身上。"人之初，性本善。儿童天真、善良，从他们的身上能找到许多美好的东西。按理我们从孩子身上看到的应该是美的言辞、美的品行，但是在现实生活中，一部分孩子的状况令人堪忧，他们爱说脏话、喜欢打架、经常拖拉作业等。2019 年有一篇小学五年级学生写的作文引起了社会的关注。这篇作文的题目叫《脏话风波》，讲述的是该学生班级里发生的一种不文明现象——讲脏话的同学越来越多，班主任为了遏制这种现象，煞费苦心想了很多办法，跟学生斗智斗勇……。对此,《钱江晚报》记者专门做了小学生脏话现象的调查。调查发现:小学生爱说脏话竟然较为普遍,一般三年级会冒出苗头。无论是学习成绩好的,还是平时不太起眼的,很多学生都会说脏话。说脏话会"传染",一旦冒头不制止,到了五六年级甚至可能在班里大爆发。说脏话是一种不文明的现象,是一个恶习,不仅是素质不高和极不文明的一个表现,而且美好的心灵一旦被污染,其破坏性将超过任何环境污染。

近年来,随着社会的发展和教育改革的不断深入,学生中出现的问题受到了社会各界的高度重视。著名教育家叶圣陶曾明确指出:"什么是教育? 一句话,就是要养成良好的学习习惯。"我们要从家庭教育和幼儿教育开始,注重培养孩子的美言、美行和美德教育,让孩子们形成良好的习惯,让他们说美的话,读美的书,做美的事,从小做一个美好的人。老子说:"美言可以市尊,美行可以加人。"我们要把握住美丽的语言这一个前提,同时加强美丽文字的熏陶,推动美丽行为的产生,最终形成美丽的道德,从而为孩子们健康成长、成人、成才打好坚实基础。

第六十三章

原 文

　　为无为,事无事,味无味^①。大小多少^②,报怨以德。图难于其易,为大于其细。天下难事必作于易,天下大事必作于细。是以圣人终不为大^③,故能成其大。夫轻诺必寡信,多易必多难。是以圣人犹难之,故终无难矣。

译文大意

　　以无为的态度去有所作为,以不滋事的方法去行事,把恬淡无味当作有味。去大取小,去多取少,以德报怨。解决难题要从易处入手,实现大目标必从小处入手。天下的难事必须从容易的事做起,做天下大事一定从小事做起。因此,圣人始终不骄傲自大,所以能做成大事。轻率许诺必然少有诚信,把事情想得太容易必遭受很多困难。因此,圣人把所有的事都看得很困难,所以最终没有困难。

注 释

① 为无为，事无事，味无味：以无为的态度去有所作为，用不滋事的方法去行事，把恬淡无味当作有味。

② 大小多少：一种解释是大生于小，多起于少。第二解释是大的看作小，小的看作大，多的看作少，少的看作多。第三解释是，去其大，取其小，去其多，取其少。我们采用第三种解释。

③ 不为大：是说有道的人不自以为大。

教育评析

在这一章中，老子告诉我们，做天下困难的事必须从容易的事做起，做天下的大事一定从小事入手，这是非常重要的智慧。我们的教育若要有一个好的效果，也得慎于始。老子指出："图难于其易，为大于其细。天下难事必作于易，天下大事必作于细。"学习有先后，先易后难，才能功到自然成。我们的教育需要以学生当前的实际情况为出发点，从他们容易理解的地方开始着手，当他们有一定的成就感和兴趣后，他们自然会迎难而上。

现在，有些教育者提倡走在学生发展之前，提倡提高教材的难度，用心是好的，可是如果学生觉得太难会产生畏难情绪，以至于可能将他们的悟门堵死，潜能无法开发出来。一旦学习成绩不好，父母和老师又一再催逼，结果学生更加厌学，最终导致恶性循环。其实，学生的理解能力是在逐步提高的，如果我们在他们的理解力还达不到相应程度的时候就强行提高难度，这是违背学生身心发展规律的，同时也违背了教育的原则。家长和老师的作用不在于向学生灌输多少知识，而在于把学生从他们原有的认识水平中引导出来，调动他们内在的活力和动力，使他们自觉自愿去学习、去探索、去体会，并从中获得求学求知的快乐，如此他们才能做天下的大事和难事。

一个坐着不动的人不会被脚下的路绊倒，可是他永远也无法征服远方；一个坐着不动的人可以享受坐在椅子上的舒服，但他却永远看不到外面美丽的风景。成功者之所以能够突出重围，果断地迈出第一步，就是因为他们懂得"图难于其易，为大于其细。天下难事必作于易，天下大事必作于细"的智慧。失败者之所以一败涂地，就是因为他们没有这样的智慧，他们每天笼罩在畏难情绪之中，本来就不多的兴趣渐渐消失，一事无成就成为自然而然的事了。

第六十四章

原　文

其安^①易持，其未兆^②易谋，其脆易泮^③，其微易散。为之于未有^④，治之于未乱^⑤。合抱之木，生于毫末^⑥；九层之台，起于累土^⑦；千里之行，始于足下。为者败之，执者失之。是以圣人无为^⑧，故无败，无执^⑨，故无失。民之从事，常于几成而败之。慎终如始，则无败事。是以圣人欲不欲，不贵难得之货，学不学^⑩，复众人之所过^⑪，以辅万物之自然^⑫而不敢为。

译文大意

局面安定的时候容易把持，事变没有征兆的时候容易谋划，事情脆弱时容易消解，事件细微时容易消散。处理事情要在它尚未发生之前就要干预，治国理政要在动乱没有发生前就要施行。合抱的大树，生长于细小的萌芽；九层的高台，筑起于由低层向上堆积的泥土；千里的远行，是从脚下第一步开始走出来的。妄为就会招致失败,偏执就会遭受损失。因此,圣人不妄为所以也不会招致失败,不偏执所以也不会遭受损失。普通民众做事,失败常常发生在快要成功之时。如果在结局处能像事情一开始时那样谨慎对待,就不会有失败的事情发生。因此,圣人追求别人不追求的,不看重难以得到的货物,学习别人所不学习的,复盘借鉴众人所犯的过错,遵循万物的规律自然而然去做而不妄为。

注 释

① 安:安定,稳定,这里指局面稳定的时候。

② 未兆:没有征兆的时候,苗头还未出现的时候。

③ 其脆易泮:物品脆弱就容易消解。泮,融解,消解。

④ 为之于未有:在事情没有开始的时候,要有预见性,要有所作为。

⑤ 治之于未乱:在没有出现乱象的时候,就把它治理、解决了。

⑥ 毫末:细小的萌芽。

⑦ 累土:堆土。

⑧ 无为:不妄为,不强为,按道的规律办。

⑨ 无执:不偏执。

⑩ 不学:一般人不愿学的东西。

⑪ 复众人之所过:复盘借鉴众人所犯的过错。这个"复"不是重复,而是相当于下围棋时的复盘,通过复盘来研究自己或别人存在的问题,以便找到对策。

⑫ 以辅万物之自然:就是按自然的规律去做,追求的是一种水到渠成、自然而然的结果。

教育评析

　　这一章老子给我们讲了大家熟悉的量变与质变的问题，量的积累达到质的变化。但是，我们特别要注意，这个量的积累，有向好的方向发展的，也有向不好的方向发展的。只有按《老子》第六十三章讲的"图难于其易，为大于其细"智慧去做，最后才能得到想要的结果。假如积累的是一个不好的量，我们就要"为之于未有，治之于未乱"，这样才能避免一些不好的事情发生。

　　在教育过程中，孩子或学生向好的方向发展或向不好的方向发展，也将受量变与质量规律所支配。家长或老师是孩子或学生的引路人，从一开始就要将他们引向正路，并随时进行纠偏，培养他们良好的习惯，引导他们"慎终如始"，这样才能"无败事"。

　　我们教育孩子或学生，首先需要一个好的态度和方法，要一步一个脚印，因为"合抱之木，生于毫末；九层之台，起于累土；千里之行，始于足下"。经常有学生反映："平时学习也挺努力的，计划安排得也很合理，日子过得也蛮充实，可是为什么感觉不到自己的进步呢？"其实，同学们在学习的过程中是进步了，但可能只是一小步而已，因此，他们是感觉不到的，这与学习的量变与质变的规律有关。

　　我们知道，事物的发展总是由量变到质变，再从新的量变到新的质变，由此不断前进。量变是事物数量的增减，表现为微小的不显著的变化；质变是事物性质的变化，是由一种质态向另一种质态的转变，表现为根本性的显著的突变。量变是质变的必要准备，质变是量变的必然结果。任何事物的发展都必须首先从量变开始，没有一定程度的量的积累，就不可能有事物性质的变化，也就不可能实现事物的飞跃和发展。同学们在学习上的这种心态，可能犯了急于求成的错误。我们要教育孩子们，"欲速则不达"。任何事情都要一步一步慢慢来,急躁是没有任何意义的,要始终相信天道酬勤,一分付出一分收获。急于求成还可能会蒙蔽双眼,犯下不该犯的错误,或者丧失积极性、自暴自弃,导致前功尽弃。另一方面,同学们的学习之所以没有让他们现在有所感知,这也说明他们的知识积累不够,他们还需要加倍努力,这样才能尽早收获达到质变后带来的喜悦。

第六十五章

原 文

古之善为道者，非以明民①，将以愚之②。民之难治，以其智③多。故以智治国，国之贼④；不以智治国，国之福。知此两者⑤，亦稽式⑥。常知稽式，是谓玄德。玄德深矣，远矣，与物反矣⑦，然后乃至大顺。

译文大意

古代善于行道的人，不教民心机智巧，而教民淳厚朴实。民之所以难于治理，是因为他们的智巧心机太多了。所以用智巧心机治理国家，国家就遭殃；不用智巧心机治理国家，国家就幸福。了解到这两种治国方式的差别，就能总结出一个法则来。经常遵循这个法则，就叫作玄德。玄德深啊！玄德远啊！最后又返回到宁静朴实的根本，然后才能符合道，从而达到最大的和顺。

注 释

① 明民：让民学会心机智巧。明，心机智巧。

② 将以愚之：使老百姓无心机智巧，敦厚朴实，善良忠厚。愚，敦厚、朴实。

③ 智：智巧，奸诈。

④ 贼：伤害的意思。

⑤ 两者：指上文"以智治国，国之贼；不以智治国，国之福"。

⑥ 稽式：法式，法则。

⑦ 与物反矣：与万物一同复归到真朴。这与《老子》第二十五章中的"逝曰远，远曰反"相似，最后回到它的根本，即宁静朴实，"归根曰静"。可参考"反者，道之动"来理解。道总是向它相反的方向运动，所以看问题不能只看一面。

教育评析

在这一章中，老子告诉我们："古之善为道者，非以明民，将以愚之。"这句话启示我们，善于教书育人者，不能让学生有那么多心眼机巧、那么多小聪明，而应该让学生敦厚、朴实。但现实中存在的问题却不少，如有一些家长看到自己的孩子活泼、机灵，在和同学交往中不吃亏，则会比较开心，因为他们觉得这样的孩子会比较聪明，聪明的孩子会更有发展前途。但是这些家长们可能高兴得太早了，真正聪明的孩子的确会更有前途，但是有的孩子只是表面聪明，他们是在要小聪明，实际上正在悄悄学坏，这种情况下家长们如果还沾沾自喜，就有可能会耽误孩子的发展。

孩子要小聪明是较为常见的现象。为了多看一会儿电视，洗漱时故意磨磨蹭蹭；为了不去幼儿园，就假装生病；为了多"骗"一些零食，就找好说话的人，如家里的爷爷奶奶、外公外婆。孩子要小聪明，原因很多，但肯定不是天生的，最大的原因可能在家庭。如果家庭成员中有喜好投机取巧者，肯定会对孩子产生负面影响。父母的教育不当，可能产生不良的后果。例如，由于家长们对孩子溺爱、娇惯，对孩子的错误包庇、袒护等，会让孩子在很小的时候就学会了察言观色，如果家长们不仔细分析，往往会中了孩子的计。长此以往，就会助长孩子投机取巧、耍小聪明的行为。

　　孩子耍小聪明有多种类型，如撒谎、逃避惩罚、偷懒等，要正确看待孩子耍小聪明的行为。其实，孩子耍小聪明不见得是孩子智商高的表现，但也不意味着孩子性格顽劣。从"实话实说"到"耍小聪明"，其实是孩子在努力地以更高级、更复杂的方式来探索世界的过程。因此，父母应该学会欣赏孩子的小聪明，引导孩子把小聪明变成大智慧。笔者建议：在日常生活中，第一，要尽量减少家庭成员的不端品行对孩子产生的影响。父母要反思自己的行为，找出造成孩子耍"小聪明"的原因。第二，通过讲故事等方式让孩子懂得诚实、诚信、厚道等品行的重要性，做到"将以愚之"。第三，满足孩子合理的愿望和要求。因为过分限制和严格要求，容易导致孩子以小聪明来欺骗父母。第四，建立规则。让孩子学会用规则来约束自己的行为。总之，按照这一章的智慧，我们要想教育好孩子或学生，就要让孩子或学生少些心机、智巧，更不要耍小聪明，而是要纯朴、诚实、诚信，这样才符合教育之道。

第六十六章

原 文

江海所以能为百谷王者，以其善下之，故能为百谷王①。是以圣人欲上民②，必以言下之；欲先民③，必以身后之。是以圣人处上而民不重④，处前而民不害。是以天下乐推而不厌⑤。以其不争，故天下莫能与之争。

译文大意

江海之所以能够成为百川汇聚的地方，是因为它善于处下，所以才能够成为百川之王。因此，圣人要领导人民，必须在言辞上懂得谦下；要想带领人民前进，必须把利益放在后面。所以，圣人虽然居统治地位，而人民并不感到负担沉重；虽然站在人民前面，而人民并不感到受伤害。天下的人民都乐意推戴他而不感到厌倦。因为他不与人民相争，所以天下没有人能和他争。

注 释

① 江海所以能为百谷王者，以其善下之，故能为百谷王：江海之所以能成为千百条溪流的王，是因为它善于处下，不辞细流，能团结一切可以团结的力量，故能成为百谷王。

② 欲上民：想站在上面统治下面的人民。

③ 欲先民：想站在前面当领导，当带头人。

④ 重：累，不堪重负。

⑤ 推而不厌：往高处举你、往前推你，都不感到厌倦。

教育评析

在这一章中，老子进一步强调善处下的智慧。老子一开章就说："江海所以能为百谷王者，以其善下之，故能为百谷王。"善处下的智慧启示我们要努力培养孩子或学生努力做一个谦虚的人。如何培养孩子做一个谦虚的人？为人父母要真正领会谦虚的深刻含义，从而引导孩子拥有谦虚的品质。最重要的做法是"行不言之教"，要以身作则，让孩子看到谦虚的父母。

孩子的道德品质是从哪里学的？毋庸置疑，是从父母身上学来的。父母如果为人谦虚谨慎，孩子就没有学习和练习"傲慢"的机会和平台。即使孩子受到外界影响，有了自满的倾向，谦虚的父母一定会灵敏地感受到孩子的偏颇，自然会及时地引导孩子回到正轨。谦虚的父母，不会总把自己对家里的一点贡献挂在嘴边，喋喋不休，夸夸其谈，生怕别人不知道。其实，这也是一种不自信的表现。谦虚的父母是自信的，不需要拿一些做过的事情来装点自己，因为他们懂得什么该做，什么不该做。所以，为人父母者，真正找到自己的价值所在，谦虚就成了顺应自然的事情。父母如果能做到谦虚，孩子也能做到。

教育孩子要有一种格局，要有一种胸怀，这更是做家长的、做老师的难以推卸的责任。2005年7月，上海大学举行毕业典礼。当时已93岁的钱伟长老校长穿着大红的校长服，颤颤巍巍地出现了。当时他需要人搀扶走路，口齿也不清楚，这也是他最后一次出席学生毕业典礼。钱校长给所有毕业生的赠言是："希望你们走上社会以后，做到'先天下之忧而忧，后天下之乐而乐'，能够想一想我们的祖国现在'忧'什么，中国老百姓现在'忧'的是什么。希望你们能运用调查研究的方法，用你们的所学去了解中国的'忧'，回报社会，服务人民。"钱校长的一字一句，语重心长，给在座的每一个人都留下了深刻的印象。这一段话的中心思想与本章"欲先民，必以身后之"的内涵是一致的。作为家长、老师，培养学生"先天下之忧而忧，后天下之乐而乐"的格局和胸怀不正是我们教育的目标和追求吗？

第六十七章

原 文

天下皆谓我道大，似不肖①。夫唯大，故似不肖。若肖，久矣其细也夫②。我有三宝③，持而保之：一曰慈④，二曰俭⑤，三曰不敢为天下先⑥。慈，故能勇，俭，故能广⑦，不敢为天下先，故能成器长⑧。今舍慈且勇，舍俭且广，舍后且先，死矣！夫慈，以战则胜，以守则固。天将救之，以慈卫之。

译文大意

天下人都说我（道）博大，似乎不像任何具体的东西。正因道博大，所以才不像。如果像，就早已归于具体事物而显得很渺小了。我有三件法宝，值得永远持有和保存：一个是慈，一个是俭，一个是不敢为天下先。有了慈才能真正勇，有了俭才能大方，不敢为天下先才能成器、成长。如今舍弃慈而追求勇武，丢弃俭而追求大方，舍弃谦让而争先，这就是走向死亡！慈爱，用于征战，就能够胜利，用来守卫国家，国家就能得到巩固。天要拯救谁，就用慈爱护卫他。

注　释

① 不肖：不像具体的事物。肖，相似之意。

② 久矣其细也夫：假如真的像，早已归于具体事物而显得很渺小了。

③ 三宝：三件法宝或三条原则。

④ 慈：慈爱，慈柔。

⑤ 俭：节俭，俭朴。

⑥ 不敢为天下先：要懂得把自己的利放在后面，要懂得先人后己，不要私欲膨胀，不要什么事情只关注自己。

⑦ 广：宽广，大方。

⑧ 器长：成器，成长。

教育评析

这一章老子给我们讲述的核心思想是"三宝"。"我有三宝，持而保之：一曰慈，二曰俭，三曰不敢为天下先。"老子思想和孔子思想是华夏文明的重要组成部分，中国人的心理积淀中最基础最深沉最无意识而自然含有的基因便是儒道精神的相互渗透和相互补充。两种思想精神实质是相通的。老子的"三宝"实际上也是孔子的"三宝"，也是我们中华民族每一个人都应当永远拥有和坚持的"三宝"。从事教育的人，无论是家长还是老师，都要教会孩子或学生终身持有这"三宝"。以下以"俭"的教育为例作简要说明。

"俭"字在《说文解字》中解释为："俭，约也。从人，佥声。"俭，是节约的意思。节约即节制约束，既有行为的自律，也有在生活上俭朴节省用度的意思。老子说："俭，故能广。"俭朴能够广财，能使生活宽裕，生活宽裕心情自然便好，便充满幸福感。这个道理不必讲述，古今中外的人都明白。而孔子终生反复强调的生活态度也是俭。著名的洛克菲勒家族对子女在经济上秉承的就是节俭穷养，孩子到了 3 岁，家长每星期给 50 美分的零花钱，11 岁每星期给 1 美元，12 岁以上给 3 美元。作为该家族的孩子，他们要有一个属于自己的账本，每花一笔钱都要在账本上写明用途，每周要让家长看一下自己的账本，要是钱花得清楚，用途正当，家长下一个礼拜会多给 5 美分，反之则减少。这么有钱的家族，如此苛刻和节俭，正是他们教育孩子的诀窍。

洛克菲勒家族正是实施了这样的教育，培养了孩子节俭、不乱花钱以及花钱有计划的习惯，让他们学会了利用好每一分钱，让他们学会当家理财，所以，这个家族的孩子们长大后都成了企业经营和理财的能手。

老子"不敢为天下先"即是谦让不争的美德，这也是孔子终生提倡的。孔子曾经说："君子无所争。"谦让不争也应该是我们教育的重要内容。有句话说得好："天狂有雨，人狂有祸。"做人做事都应谦让不争、低调一些。"学会做人"是我们教育最重要的目标，而谦让低调是学会做人的一种智慧。低调做人是一种品格、一种姿态、一种风度、一种修养、一种胸怀、一种智慧、一种谋略，是做人的最佳姿态。欲成事者必宽容于人，从而为人们所悦纳、所钦佩，这是人能立世的根基。根基稳固，才会枝繁叶茂，硕果累累。倘若根基浅薄，便难免枝衰叶弱，不禁风雨。低调做人，就是在社会中加固立世根基的绝好姿态；低调做人，不仅可以保护自己，融入人群，与人们和谐相处，也可以让人暗蓄力量，悄然潜行，在不显山不露水中成就事业，成就人生。不论是个人、集体，还是国家，有时的确需要韬光养晦，需要运用好老子"不敢为天下先"的智慧。

第六十八章

原 文

善为士者^①不武，善战者不怒，善胜敌者不与^②，善用人者为之下^③。是谓不争之德^④，是谓用人之力，是谓配天^⑤，古之极^⑥。

译文大意

善于以道行兵事者不崇尚武力，善于作战的人不轻易动怒，善于胜敌的人不与敌人正面冲突，善于用人的人对人谦下。这叫作不与人争的品德，这叫作善于团结一切可以团结的力量，这叫作与天道匹配，这是自古以来的最高准则。

注 释

① 善为士者：这里指善于以道行兵事者，或有道的统帅。士，事也，指善于行事之人。

② 善胜敌者不与：善于制胜的人，懂得用委婉迂回的方法取得胜利。不与，意为不争，不正面冲突。

③ 善用人者为之下：这是老子强调的一个普遍原则，善于处下者方能真正居上。同事之间如此，朋友之间相处也是如此，保持谦下的态度，才能够跟他们长久地和谐相处。

④ 不争之德：可参照《老子》第八章中的"上善若水。水善利万物而不争"来理解。具体的不争表现为七个方面，即"居善地，心善渊，与善仁，言善信，政善治，事善能，动善时"。

⑤ 配天：与天道匹配。

⑥ 古之极：自古以来就存在的最高准则。

教育评析

中国社会是一个具有数千年农业文明的社会，这种社会特征导致的长期对个人智力和个人英雄主义的推崇，让家长式的教育和管理盛行了数千年。但在工业革命后，特别是在网络新科技革命的浪潮中，这种状况的弊端已日益显现。在此形势之下，谁能唤醒集体的智慧才是最后的赢家。"是谓用人之力，是谓配天，古之极。"

在美国，有这样一个特殊的团体，其聚集了一帮来自科技、心理学、医药、教育、营养学、金融和管理等不同领域的精英，在约定的一年时间内，他们每月、每周，甚至每天都会见面，一起去应对遇到的不同问题和挑战，他们互相支持，给予对方建议，甚至合伙做生意。一些年后，这些人都各自在原先的领域取得了出色的成就。究竟是什么动机让他们愿意将自己的宝贵时间花在这个团体活动之上呢？这就叫团结一切可以团结的力量，就叫符合天道。我们的教育也同样如此，只有家庭、学校、社会各方面协调，共同发力，方能实现教育目标。

学校、家庭、社会三者之间，是相互独立的，又是相互联系的，并且，三者之间还是相互推动的。教育作为一项系统工程，需要全社会的共同参与。为了切实发挥教育培养人、塑造人的功能，必须树立一种全新的观念，打破学校和社会的界限，以家庭教育为基础，以学校为龙头，以社会为平台，把学校、家庭、社会三个方面的力量有机组合起来，形成三位一体的思想道德教育网络，共同创造有利于未成年人健康成长和全面发展的良好环境。

家庭教育是基础，是对学校教育进行必要的调整和补充的地方。它具有早期优势，是子女成长的摇篮，良好的家庭教育不仅有益于增强孩子的身体素质，而且可使孩子的智力得到尽可能早的开发，使他们从小就受到思想品德的熏陶，形成最初的伦理道德观念、审美观念和劳动观念，养成良好的行为习惯。它最能根据孩子的智力发展特点实施个别教育，最能培养孩子的情感，也最能有针对地对各种社会信息进行整理、筛选。此外，家庭教育具有长期性、持久性，一个孩子从出生到步入社会前很大一部分时间是在家庭中度过的，甚至走向社会后仍然离不开家庭的影响。好的家庭教育能让孩子终身受益。瑞士教育家斐斯塔洛齐讲"道德教育最主要的场所是家庭"。孩子从对父亲母亲的爱进而发展到对兄弟姐妹的爱、对邻里的爱，这就是道德发展的基本原则。

学校教育是主体，是对学生进行智力教育和素质教育的最重要场所，它不同于家庭、社会的影响，对学生思想品德的健康成长，对学生树立正确的人生观、价值观、世界观，有着不可替代的而且是不容忽视的优势。从学校育人功能来看，学校教育是教育者（老师）依据一定的教育方针，有目的、有计划和有组织地对受教育者进行培养教育的社会化活动，它能按一定社会需要，根据教育大纲的要求，遵循学生身心发展的规律，对学生进行系统的教育和训练。从学校育人环境来看，学校有一个积极向上的学习氛围，能给学生的学习创造一个和谐舒适的学习环境，激发学生奋发向上、努力拼搏的精神。从受教育的时间来看,学生在学校受教育的时间最集中,更利于全身心接受各种知识的传授,学会做人、学会生活、学会劳动、学会健体。

社会教育是学校教育和家庭教育的延伸和发展,是学校和家庭以外的社会文化机构以及有关的社会团体或组织对社会成员特别是青少年所进行的教育。社会教育组织机构繁多,其教育内容具有广泛性、适应性、及时性与补偿性,其方式方法具有灵活性和多样性,若善于利用,引导得力,必然会对具有不同兴趣、爱好、特长的青少年的素质提高产生广泛而积极的影响。通过社会教育,学生可以在复杂多变的社会环境中不断增强分析能力和应变能力,可以在社会大课堂体验各种不同的社会角色,学习社会规范,扩大社会交往,养成现代素质,以适应市场经济和现代科技的需要,为参加现代化建设做好充分的准备。

第六十九章

原 文

用兵有言："吾不敢为主①而为客②，不敢进寸而退尺。"是谓行无行③，攘无臂④，扔无敌⑤，执无兵⑥。祸莫大于轻敌，轻敌几丧吾宝⑦。故抗兵相加，哀者胜矣⑧。

译文大意

懂得用兵的人曾说："我不敢主动发动战争，而只是被侵犯时不得已而应战，作战时不敢盲目进军哪怕一寸，而情愿后退一尺。"这叫作虽然有阵势却像没有阵势一样，虽然要振臂呼喊好像没有臂膀可举一样，虽然面临大敌却像没有敌人可打一样，虽然有先进兵器却像没有兵器一样。祸患再没有比轻敌更大的了，轻敌几乎丧失了我的"三宝"。所以，两军实力相当的时候，悲悯的一方可以获得胜利。

注 释

① 为主：主动进犯。

② 为客：被动退守，不得已而应战。

③ 行无行：虽然有阵势却像没有阵势可摆。行，行列，阵势。

④ 攘无臂：虽然要振臂呼喊却像没有臂膀可举一样。

⑤ 扔无敌：虽然面临敌人却像没有敌人可打一样。

⑥ 执无兵：虽然有兵器却像没有兵器可执。兵，兵器。

⑦ 吾宝：即《老子》第六十七章提出的"慈""俭""不敢为天下先"三宝。

⑧ 故抗兵相加，哀者胜矣：势均力敌的两军交战时，充满激愤的一方，有必死决心，故能制敌取胜。后多用以比喻因受侵略而被迫从事正义战争者，必将取得胜利。哀，悲悯，实指"慈"。

教育评析

"抗兵相加，哀者胜矣"的智慧可以被用于教育中。我们对处于青春叛逆期的孩子实施正常的教育往往达不到预期效果，这时我们千万不能为主，而应为客。成绩一般是被用来衡量教育成果的重要指标，当遇到孩子考试（月考或平时测验）成绩惨不忍睹的时候，或许就是家长们实施教育的好时机。

考试成绩惨不忍睹，无疑会给孩子当头一棒，让他们对学习产生怀疑与恐惧，或一段时间沉浸在伤心、失败的阴影里，在这个时候，家长们就可以反客为主，抓住这一难得的契机对孩子进行挫折教育。如果引导得好，孩子就会从此自信阳光地面对困难和失败，有时失败将成为孩子人生教育的最好一课。

"吾不敢为主而为客，不敢进寸而退尺。""为主"就是按自己的主观想法去行事；"为客"就是把主动权交给对手，自己随机应变。现实的家庭教育中，家长"为主"的现象较为普遍，如盲目为孩子报所谓兴趣班、请家教等而又不事先征求孩子的意见。每个孩子都是一个矿藏，如果过早开发，那么孩子们到成年以后，可能会资源枯竭，没有后劲，然后庸庸碌碌一辈子。

第七十章

原 文

　　吾言甚易知,甚易行。天下莫能知,莫能行。言有宗①,事有君②。夫唯无知③,是以不我知。知我者希,则④我者贵。是以圣人被褐⑤怀玉⑥。

译文大意

　　我所说的道理很容易理解,很容易施行。但是天下人就是不理解,就是不践行。言论有宗旨,行事有原则。正是由于天下人不懂得这个道理,因此才不理解我所知道的。能理解我的人很少,能按照我说的道理去做的人就更难得了。因此,圣人是穿着粗布衣服而怀揣着美玉(知识和才能)。

注 释

　　① 言有宗:言论有一定的主旨。

　　② 事有君:办事有一定的原则。

　　③ 无知:指别人不理解。

④ 则：法则。此处用作动词，意为效法、依据。

⑤ 被褐：穿着粗布衣服。被，穿着。褐，粗布。

⑥ 怀玉：怀揣着知识和才能。玉，美玉，此处引申为知识和才能。

教育评析

在这一章中，老子强调了人认知的重要性。"吾言甚易知，甚易行。"得道者讲的话，其实很容易被理解，也很容易去践行，可结果是什么？"天下莫能知，莫能行。"天下人就是不理解，就是不按道去实行。这是一种沉重而无奈的感慨。其实教育也一样。对于教育规律和人才成长、成才规律，多数人都了解，也容易实行，但是许多人就是不愿意去理解并按照其规律来实践。一些家长或教育工作者，说起教育规律和人才成长规律头头是道，甚至文章、著作一大堆，但是一旦成为教育管理者，立即开始妄为，给学校、教育和人才培养造成了许多困惑和损失。

对于家庭教育而言，我们教育孩子最好的方法是"行不言之教"。不言不是指不说话，而是不说废话，要看时机、场合说话。老子在这一章中说："言有宗，事有君。"说话要有宗旨，做事要有原则。孔子曾说："待于君子有三愆，言未及之而言谓之躁，言及之而不言谓之隐，未见颜色而言谓之瞽。"老子也曾说，"多言数穷""希言自然"。我们不要对孩子轻易施加教令，因为"其身正，不令而行，其身不正，虽令不从"（《论语》）。我们要以身作则，上施才能下效，成功的家长或老师是"太上，不知有知"的。孩子感觉不到家长在刻意地教育他，在耳濡目染中不知不觉就学会了一切，等到"功成事遂"，孩子们"皆谓'我自然'"。

第七十一章

原　文

知不知，上①。不知知，病②。夫唯病病，是以不病③。圣人不病，以其病病，是以不病④。

译文大意

知道自己还有所不知，这是高明。不知道却自以为知道，这是毛病。只有把这个毛病当成毛病，才不犯这个毛病。圣人没有毛病，因为他把不知道却自以为知道的毛病当作毛病，所以才不犯毛病。

注　释

① 知不知，上：我们知道自己不知道，知道自己的认识有局限，知道自己有缺点，就要继续学习，提高认识，弥补缺点，这是最有智慧的。知不知，知道自己还有所不知。上，高明、优秀。

② 不知知，病：不知道却自以为知道，这是毛病。不知知，不知道却自以为知道。病，毛病、缺点。《论语》中说："知之为知之，

不知为不知，是知也。"与老子的"知不知，上。不知知，病"是相同的意思。

③ 夫唯病病，是以不病：正因为他把不知道当作知道这一毛病当成是毛病，所以他才不犯这个毛病。刘邦曾讲过的一段话可以作为这一句的注解："夫运筹帷幄之中，决胜千里之外，吾不如子房。镇国家，抚百姓，给馈饷，不绝粮道，吾不如萧何。连百万之军，战必胜，攻必取，吾不如韩信。此三者，皆人杰也，吾能用之，此吾所以取天下也。"刘邦正是清楚自己有不知道、不擅长的地方，知道自己需要借助他人之力来弥补不足，正是因为他有这种清醒的认识，反而成为一个强项，成为取天下的关键。

教育评析

在这一章中，老子告诉我们一个正确的学习态度，"知不知，上。不知知，病。"孔子也提出："知之为知之，不知为不知，是知也。"人的能力有大小，智力有高低，获得的知识有先后，但能力、智力等都不是决定人生成功的关键。

我们一定要让孩子有自知之明，知道就是知道，不知道就是不知道。不知并不可怕，至少你给自己留下了可以提升的空间。不知道而装作知道才真正可怕，即"不知知，病"。

我们教育孩子们要有自知之明，家长也应该有自知之明。有一些为人父母者，在他们还是孩子的时候，面对来自他们父母的唠叨，都曾经有这样的想法："将来我要是有了孩子的时候，我绝对不会冲着他们唠叨！"可是等到他们真正做了父母，面对生命中最为心爱的孩子，却总是在担心还没有给孩子最好的，往往想尽一切办法去教育孩子，孩子不接受，就开始向孩子唠叨。这变成了一个生活和教育的循环，结果往往事与愿违。孩子的成长是有规律的，教育也是有规律的，如果家长没有自知之明，一切包办，事事干预，缺乏沟通，事情会越来越糟，会给孩子造成无穷的伤害。

除了家长外，老师也要有自知之明。面对日益更新的教育、科技和越来越聪明的学生，老师必须要具备丰厚的学识和多方面的能力，才能肩负起这个伟大的历史使命。正如苏霍姆林斯基所说："一些优秀老师教育技巧的提高，正是由于他们持之以恒地读书，不断补充他们的知识的大海。"有一句教育名言说："给学生一杯水，自己要有一桶水。"著名教育家于漪也说过："做一辈子老师，必须一辈子做学生。"这些非常智慧的话，都在表达同样的意思，即我们切不可独断专行凌驾于孩子或其他的正确意见之上，切不能狂妄自大凌驾于孩子的成长规律和教育规律之上，否则，我们实施的教育注定是要失败的。

第七十二章

原 文

民不畏威^①，则大威^②至。无狎^③其所居，无厌^④其所生。夫唯不厌，是以不厌^⑤。是以圣人自知不自见^⑥，自爱不自贵^⑦。故去彼取此^⑧。

译文大意

当人民不畏惧统治者的威胁时，那么可怕的祸乱就要来了。不要逼迫人民使他们无处安居，不要压迫人民使他们无法生活。只有不压迫人民，人民才不会厌恶统治者。因此，圣人有自知之明，不自我表现，自爱但不唯我独尊。所以要舍弃自见与自贵，保持自知与自爱。

注 释

① 民不畏威：百姓不畏惧统治者的高压政策。威，指统治者的镇压和威慑。

② 大威：指人民的反抗斗争。

③ 狎:狎,通"狭",意为挤占、压迫、逼迫。

④ 厌:压迫,阻塞。

⑤ 是以不厌:所以人民才不会厌恶统治者。这个"厌"指人民对统治者的厌恶、反抗。

⑥ 不自见:不自我表现,不自我显示。

⑦ 自爱不自贵:指圣人但求自爱而不求唯我独尊。

⑧ 去彼取此:指舍去"自见"与"自贵",而取"自知"与"自爱"。

教育评析

在家庭教育中,用威胁的方式教育孩子是较为常见的,诸如下面的这些话,我们可能并不陌生:"我数到三,你再不过来,晚上别想吃饭了!""再乱跑,我就让警察来抓你!""再不好好吃饭,马上叫医生过来给你打针!""你再不听话,妈妈就不要你了!""再不睡觉,大灰狼就来抓你了!"……。这些威胁孩子的招数有时可能会管用,但实际上,威胁孩子的教育方式,对孩子的负面影响不容小觑,等到孩子适应了,更大的问题或许便随之来了,即所谓"民不畏威,则大威至"。

教育学和心理学对于威胁教育所带来的损害的研究已经很成熟了,带来的具体危害已经比较清楚了。除了会让孩子感到担忧和不安,还可能在孩子心理上留下一些阴影,强化孩子对一些未知事物的恐惧,甚至会对社交感到恐惧,乃至不信任别人。

时至今日,威胁教育的破坏性仍然没有引起人们的重视和警觉,甚至一些专业教育工作者,也会一边谈论尊重孩子,一边毫无愧色地宣传威胁教育。比威胁教育更严重的是"棍棒教育"。现在主张威胁教育的支持者动不动就用"中国传统教育"来说事,这真是对中国传统文化的歪曲和糟蹋。

威胁教育之所以让家长们感到有效,是因为有时威胁的确震慑住了年幼的孩子,得到了家长想要的效果。但家长们没有意识到威胁教育对孩子们的心灵造成的心理伤害是巨大的,在孩子的心里埋下了不安的种子,由此有可能萌发出许多的心理问题,让孩子们的安全感一点一点地缺失,长此以往,孩子也许会开始变得胆小、怯懦、多疑、压抑,轻则无法集中精力学习,重则可能会毁掉孩子的一生。

第七十三章

原 文

勇于敢则杀,勇于不敢则活①。此两者,或利或害②。天之所恶,孰知其故?是以圣人犹难之。天之道③,不争而善胜,不言而善应,不召而自来,绰然④而善谋。天网⑤恢恢,疏而不失⑥。

译文大意

有勇气敢妄为者不得善终,有勇气不敢妄为者可得以善终。这两种勇的结果,一个有利,一个有害。天所厌恶的,谁知道是什么原因呢?所以即使是圣人也认为这难以说明白。上天之道是:不斗争而善于制胜,不言语而善于应承,不召唤而不请自来,坦然从容而善于谋划。就好像上天有张宽广无边的网,稀疏而没有漏失。

注 释

① 勇于敢则杀,勇于不敢则活:有勇气敢妄为者不得善终,

有勇气不敢妄为者可得以善终。所谓"敢",这里指有胆量敢作为,但胆大包天到没有什么不敢作为的时候,就是妄为了。所谓"不敢",就是不妄为,即无为。

② 或利或害:勇但不妄为则有利,勇但妄为则有害。

③ 天之道:上天之道,指自然规律。

④ 𢟍然:坦然,从容。

⑤ 天网:上天布下的罗网。

⑥ 疏而不失:虽然宽疏但并不漏失。

教育评析

孩子在学校打人家长都知道不对,都会教育孩子,但孩子被人打后知道如何办的家长就不多了。一些家长教育他们被打的孩子:前两次可以忍,第三次要坚决打回去,这是勇敢的表现。那么,教孩子勇敢地打回去,到底是对还是错呢? 这一章中老子讲的一些道理或许能给家长们提供一些值得参考的智慧。

老子在这一章中开宗明义地讲:"勇于敢则杀,勇于不敢则活。""勇敢"这个词,在今天已经完全是褒义词了,但在中国古代,"勇敢"并不是什么值得推崇的品质。老子说的这句话是什么意思呢? 要搞清楚其内涵,除了看上面的译文大意外,还可以参考一位企业家在一次演讲中的阐释。这位企业家是这样说的:"很多人说,这个人好勇敢,我觉得勇于敢者死,勇于不敢者胜,我们勇而不敢。很多时候,我说我有这个勇气,但最后我不敢,我对规则、对规律、对莫名其妙的力量有尊重,有敬畏。"

这位企业家讲的主要是针对商业,其实对教育也一样。学校有制度,教育有规律,这些东西需要被孩子、被家长尊重和敬畏。孩子在学校里被同学打了,用拳头、棍棒或砖头直接还击,是一种"勇敢";放弃直接还击,勇于在规章、制度范围内让打人者纠正错误,受到教育,这种寻回正义的方式,属于"勇于不敢"。这两种方式,或利或害,家长们只要认真思考一下就不言自明了。

其实,直接还击之"勇"只是血气之勇,尊重敬畏规则、制度、规律的"不敢之勇"才是信念之勇,后者比前者更难养成,在孩子的人生道路上应该更为重要,这也是我们家长教育孩子时应该遵循的大道!

第七十四章

原 文

民不畏死^①，奈何以死惧之。若使民常畏死，而为奇者^②，吾得执^③而杀之，孰敢？常有司杀者^④杀。夫代司杀者杀，是谓代大匠^⑤斫^⑥，希有不伤其手矣。

译文大意

人民不畏惧死亡，为什么还要用死亡来吓唬他们呢？如果人民真的畏惧死亡的话，对于个别为非作歹的人，我就把他抓来杀掉，谁还敢为非作歹？常设有专职杀人的人去执行杀人的任务。代替专职杀人的人去杀人，就如同代替高明的木匠去砍木头，很少有不伤到自己手的。

注 释

① 民不畏死：人民不畏惧死亡了。怕死是人之常情，但由于老百姓被压迫得没有活路了，感到生不如死了，那就会发生"民不

畏死"的情况。

② 为奇者：为非作歹的人。奇，奇诡、诡异。

③ 执：拘押，抓起来。

④ 司杀者：指专职杀人或执行死刑的人。

⑤ 大匠：高明的、技术好的木匠。

⑥ 斫：砍，削。

教育评析

本章开头"民不畏死，奈何以死惧之"在讲什么呢？讲的是假如被管制者连死都不怕了，感觉到生无可恋了，你还能有什么办法管制他们呢？《老子》第七十二章曾说："无狎其所居，无厌其所生。"被管制者感到压力太大，感觉到生不如死，那就会产生"民不畏死"的情况，这时候你拿死去吓唬他们还有什么用呢？这一智慧在我们实施的教育中也有重要的参考价值。

据中华网 2017 年 11 月 17 日报道，江苏省某地一个 10 岁的女孩在家喝农药自杀。她在遗书中的几句话让人触目惊心："……拜拜了，再见了，还有给你们（父母）不再添乱了，你们也不用天天打我、骂我了……老师不让我考试了，我活在世上没有意义了。"究竟是什么让一个 10 岁的小女孩宁可结束自己年幼的生命也不愿意面对自己的生活？

可悲的是，青少年自杀事件时有发生。中学生自杀已经成为一个无法回避的问题。虽然用死来吓唬孩子的家长并不是很多，但孩子们不畏死已经成为相当严重的问题，应当引起各方面的高度重视。

有调查显示，这些孩子在自杀或想自杀之前，父母曾长期对孩子使用暴力（包括语言暴力），导致孩子们长期生活在沉重的精神压力之下。在这个世界上，没有人比父母更爱孩子了，然而最爱你的人，往往伤害你最深。父母在愤怒之下的打骂往往将孩子推向不归路。认真领悟老子在教育方面的智慧，相信对父母教育孩子将大有裨益。

第七十五章

原 文

民之饥^①,以其上^②食税^③之多,是以饥。民之难治,以其上之有为^④,是以难治。民之轻死,以其上求生之厚^⑤,是以轻死。夫唯无以生为^⑥者,是贤^⑦于贵生^⑧。

译文大意

人民之所以饥寒交迫,是因为统治者收取供其挥霍的赋税太多,所以人民饥寒交迫。人民之所以难于治理,是因为统治者总是妄为、胡作非为,所以人民难以治理。人民之所以轻易冒死,是由于统治者所求奉养过于奢厚,所以人民轻易冒死。只有那些不去搜刮剥削人民以厚养自己生命的人,才是胜过厚养自己生命者的人。

注 释

① 饥:饥寒交迫。

② 上：上面的领导者、统治者。

③ 食税：收税。

④ 有为：妄为，胡作非为，即繁苛的政治、统治者的强作妄为。

⑤ 以其上求生之厚：由于统治者所求奉养过于丰厚奢侈。

⑥ 无以生为：不要使生活上的奉养过分奢侈丰厚。

⑦ 贤：胜过、超过的意思。

⑧ 贵生：厚养生命。

教育评析

这一章的核心话题还是"民"，这里面解释了三个问题。第一个问题是民为何饥寒交迫，第二个问题是民为何难治理，第三个问题是民为何不畏死。在当下教育中与之相似的三个问题也是存在的。这里我们结合本章内容主要讨论"民之难治，以其上之有为"，针对教育则为"学生难管，是因为教育者妄为"的问题。

《中国教育报》2013 年 12 月 4 日刊载了一篇名为《比"超前"更可怕是妄为》的文章。文章中说南昌的洗衣机绞死两名女童事件平息不久，又一起幼儿洗衣机内出现险情的新闻进入人们的视野。幼儿因被要求超前学习，任务完不成，害怕之下躲进洗衣机避难，差点被憋死。事件虽然上了新闻，但事件揭示的教育问题却几乎没有引起太多人的思考。

逼迫孩子超前学习以及随之而来的暴怒与惩罚，给孩子们的心灵造成的伤害是巨大的，有时候是难以弥合的，否则，这些孩子又怎么会因害怕而隐匿于冰冷坚硬的洗衣机里？难道那里会比父母亲的怀抱更安全温暖吗？

关于超前学习的众多新闻出现时，我们往往会轻易接受一个现成也较为流行的解释，即社会竞争压力传导到家庭内部引起家长恐慌。于是,大家也就很容易理解那些以各种手段或不择手段"调教"孩子的家长,而这恰恰给任性妄为留下了"活扣",以超前教育是为孩子好为由头,漠视孩子的身心成长状况,滥用为人父母的权威。这不正是一些家长身上的常见病吗? 老子说:"民之难治,以其上之有为。"不正是对这种现象的很好的诠释吗?

　　教育专家李玫瑾曾对 1 000 名未成年人做过一项调查分析,调查结果显示,在家庭中经常被父母责骂的孩子出现性格缺陷的几率较大,有 25.7％的孩子"自卑""抑郁",有 22.1％的孩子"冷酷",有 56.5％的孩子经常"暴躁"。由此可见,家长们的妄为对孩子们的伤害是多么的巨大。还在妄为的家长们,的确应该清醒了。否则,欲速则不达,不但伤害了孩子,还会危害孩子的未来、家庭的未来、国家的未来。

第七十六章

原　文

人之生也柔弱①，其死也坚强②。万物草木之生也柔脆③，其死也枯槁④。故坚强者死之徒⑤，柔弱者生之徒⑥。是以兵强⑦则灭，木强则折⑧。强大处下，柔弱处上。

译文大意

人活着的时候身体柔软，死了以后身体就会变得僵硬。草木生长时是柔韧脆弱的，死了以后就变得干硬枯槁了。所以坚强刚硬的东西属于死的那一类，柔韧软弱的东西属于生的那一类。因此，用兵逞强就会遭到灭亡，树木强大了就会遭到砍伐。凡是强硬的总是处于下位，凡是柔弱的反而居于上位。

注　释

① 柔弱：这里指人活着的时候身体是柔软的。

② 坚强：这里指人死了以后身体就变成僵硬的了。

③ 柔脆：指草木柔韧脆弱。

④ 枯槁：用以形容草木的干枯。

⑤ 死之徒：属于死亡的一类。徒，就是那一类的意思。

⑥ 生之徒：属于生存的一类。

⑦ 兵强：指穷兵黩武、用兵逞强。

⑧ 木强则折：意思是树木长得高大了，常被人砍伐，因为它可以派上用场。

教育评析

老子在前两章中着重讲述了妄为、逞强等的危害，这一章老子给出了解决这一问题的有效办法，即要懂得以柔克刚、强大处下的道理，这样才能形成一种和谐的局面，促进问题得到有效解决。在家庭教育中，这一办法也是十分有效的。

进入青春期的孩子们，都有一颗萌动的心，时而乖顺，时而叛逆。据笔者接触到的一些青少年的家长反映，他们和孩子的关系时好时坏，总感到不管什么事，孩子们都要按自己的意愿来处理，家长和孩子常常"斗智斗勇"，有些时候甚至拼个"你死我活"。这些情况的出现，往往导致亲子关系失衡甚至紧张。

如何解决上述问题呢？我们应该学习老子"强大处下，柔弱处上"的智慧。在家庭教育中，家长肯定占主导地位，家长如果没有"强大处下"的智慧，将难以与孩子进行平等交流。如果家长动不动就训斥孩子、否定孩子，甚至打骂孩子，事情就会变得越来越糟。"坚强者死之徒"，因此，为人父母一定要懂得孩子的成长规律和特点，不但要有爱心有耐心，而且还要有一双善于发现美的眼睛。在与孩子的相处中，一定要善于放低自己，像水一样，"善利万物而不争"（《老子》第八章）。

按照"强大处下，柔弱处上"的智慧，家长们应该放下自己高高在上的架子，使自己变得柔软，让孩子们愿意靠近，愿意倾听，更愿意主动接受你们的帮助和教育，从而达到"天之道，不争而善胜"（《老子》第七十三章）的美好目标。

第七十七章

原 文

天之道,其犹张弓与①?高者抑之,下者举之②,有余者损之,不足者补之。天之道③,损有余而补不足。人之道则不然,损不足以奉有余。孰能有余以奉天下?唯有道者。是以圣人为而不恃,功成而不处,其不欲见贤④。

译文大意

天之道,不就像张弓射箭吗?瞄得高了就把弓往下压,瞄得低了就往上抬,拉力过满了就减少一点,拉力不足就增加一点。天之道,是减少有余的补给不足的。而人之道却不是这样,减损不足的来奉献给有余的。那么,谁能把多余的东西拿出来奉献给天下以补不足呢?只有有道者才会如此。所以,圣人有所作为而不自恃己能,有所成就而不居功自傲,他不愿显示自己的贤能。

注 释

① 天之道，其犹张弓与：天道不正像拉弓射箭一样吗？

② 高者抑下，下者举之：射箭时瞄得高了，就要往下压一点，瞄得低了就要往上抬一点。

③ 人之道：人类社会的一般法则、做法。

④ 不欲见贤：不想表现出自己的这种贤能贤明。

教育评析

在这一章中，老子给我们揭示了一种现象，这种现象表现为：在人类社会中，穷者越穷，富者越富。这种现象的存在好吗？肯定不好，因为它与天道相背。我们要教育我们的孩子们，等将来长大自己的事业获得成功后，一定要遵守天道、地道和人道，树立正确的世界观、人生观和价值观，要"损有余而补不足"，而不应该"损不足以奉有余"。无论是家庭教育、学校教育还是社会教育，这一点都是特别重要的。

长期以来，很多人对中国教育特点的描述通常是知识灌输、死记硬背、重分数轻能力……。而对国外教育的印象，很多人则充满着"仰视"的向往，认为他们教得简单，学得自在，没有考试、升学的压力，没有束缚……。但在当下，中国教辅开始进驻英国课堂。在国际经济合作与发展组织对世界 65 个国家及地区开展的 PISA 测试(国际学生评估项目测试)中，上海学生连续两次赢得第一。让我们静下心来认真思考一下中国的教育，可能并非像一些人认为的那样一塌糊涂，但也不是另一些人宣传的那样前程似锦。我们应该从本章老子所讲述的内容中学到智慧，教育之道同样应该"其犹张弓与？高者抑下，下者举之，有余者损之，不足者补之"。我们在知识灌输、死记硬背、应试教育、唯分数论等方面的确有些过了,我们在教育上要做到"高者抑下,下者举之,有余者损之,不足者补之"。实践证明,任何走极端的做法都是注定要失败的。因此,我们要客观看待坚持已久的教育做法,学习借鉴好的方法理念,努力做到取长补短,解决长期存在的问题,强化已有的优势,克服存在的不足,这样才符合教育和人才培养之道。

第七十八章

原 文

天下莫柔弱于水，而攻坚强者莫之能胜，以其无以易之①。弱之胜强，柔之胜刚，天下莫不知，莫能行。是以圣人云："受国之垢②，是谓社稷主；受国不祥③，是为天下王"。正言若反④。

译文大意

天下最柔弱的莫过于水，而攻坚克强却没有什么可以胜过它，没有什么东西可以替代它。弱的胜过强的，柔的胜过刚的，天下没有人不知道这个道理，但是却没有人能去践行。所以圣人这样说："能够承担国家的屈辱，才能做社稷之主；能够承担国家的祸灾，才能做天下的王。"符合正道的话好像在说反话一样。

注 释

① 无以易之：没有什么能够代替它。易，替代、取代。

② 受国之垢：承担国家的屈辱。垢，污垢、屈辱。

③ 受国不祥：承担国家的祸难。不祥，灾难、祸害。

④ 正言若反：正面的话好像反着说一样。大家都不愿意"受国之垢""受国不祥""处众人之所恶"等事情，可实际上，这才是能够让我们"处上"和取得成功的真正智慧与奥妙所在。

教育评析

在这一章中，老子再次赞美水的品德："天下莫柔弱于水，而攻坚强者莫之能胜，以其无以易之。"老子同时告诫我们："弱之胜强，柔之胜刚，天下莫不知，莫能行。"这些智慧对于开展教育工作有重大的启示价值。在教育孩子时，特别是当孩子犯错误时，家长或老师往往采取各种强硬的办法，但其结果常常不如预期，若我们向水学习，采取以柔克刚的办法，其效果有可能会超出预期。教育家陶行知"三块糖"的故事可充分说明这一点。

陶行知先生在小学当校长的时候，有一次在校园里看到两个男生在打架，其中一个男生拿起一块石头要砸向另一个男生，在这千钧一发之际，陶先生断喝一声"住手"。那个拿着石头的学生看见陶先生赶紧将石头扔了，害怕地站在那里。陶先生走近后对他说："你下课后到我办公室来一下。"说完就走了。下课后，陶行知回到他位于办公楼四楼的办公室，发现那个学生已经等在他办公室的门口了。陶行知让他进了办公室，并给了他一块糖，并说道："奖励你一块糖！"那个男生当时很吃惊，以为校长叫自己来，肯定是批评训斥，并让叫家长来处理。结果校长非但没有批评训斥他，还给他一块糖。学生说："陶校长，我错了，我不要糖了，我打架怎么还能拿糖呢？"陶行知说："你们打架时，我叫你住手你就住手，你很尊敬我，你是一个尊敬老师的好孩子，应该奖励你一块糖。"学生一听，确实如此，于是拿了糖。陶行知的表扬是不是很到位、很精准？而且这又是循着学生的性格，尊重学生。接着陶行知又拿出一块糖递给学生说："我再奖励你第二块糖。"学生拿着糖战战兢兢。陶行知接着说："我叫你下课后来我办公室，你就来了，而且来得比我早，你是一个守信的孩子、守时的孩子，所以再奖励你一块糖。"孩子拿着第二块糖特别感动。不过，这还没完，陶行知又拿出一块糖说："奖励你第三块糖。"学生看着陶行知更加惊讶了。陶行知又说："我调查过你跟那位同学打架的原因，是因为他不守游戏规则欺负女同学，所以你是伸张正义要打那位同学，你有这种正义感，因此再奖给你一块糖，这是奖励你的正义感。"学生再也忍不住大哭了起来，说："校长，我不该打那个同学，我更不该准备用石头砸他，如果砸了他的脑袋，就不得了啊!"陶行知说："我的糖发完了，我跟你的谈话也结束了，你回去吧!"

　　以上就是陶行知三块糖的故事。他没有批评学生一句，更没有训斥学生，但教育的目的完全达到了，这不就是"弱之胜强，柔之胜刚"的教育之道吗？

第七十九章

原 文

和大怨①,必有余怨,安可以为善?是以圣人执左契②,而不责于人③。有德司契,无德司彻④。天道无亲⑤,常与善人。

译文大意

和解深重的怨恨,必然还会有怨恨残留下来,那么怎样做才是最妥善的办法呢?所以圣人保存着债权契,而并不责令借债人偿还。有德的人像掌握着债权契的人那样宽容大度,没有德的人就像掌管税收的人那样苛刻计较。天道是无所偏爱的,永远帮助有道德的善人。

注 释

① 大怨:即深重的矛盾。这样的矛盾往往是你死我活的,使用调和手段来化解,必然无法得到根本的解决。

② 左契:古代借贷钱粮时所用的契券。它分左右两半:左边

的就是左契，上有负债人姓名，由债权人保存，即"债权契"；右边的叫右契，上有债权人的姓名，由负债人保存，即"债务契"。

③ 责于人：向债务人索取所欠钱粮。

④ 司彻：掌管税收的官职。

⑤ 无亲：没有偏亲偏爱。

教育评析

现在，校园欺凌事件时有耳闻。在全球范围内，校园欺凌事件已经成为一个日益严重的问题。有的孩子遭受了不公平的待遇，甚至被欺负得很惨，看着着实让人心疼。在我们的教育中，校园欺凌可算是大怨了，要和解这样的大怨，做得不好，必定会遗留下怨恨（余怨）。

每个孩子都是妈妈十月怀胎生下来的，哪个孩子不是父母的宝贝？孩子在外面被人欺负，家长们又怎么能看得下去呢？恨不得分分钟抡起自己的拳头去为孩子报仇；可也有少数家长，也许是怕事情闹大，只让孩子忍气吞声地躲得远一点。对于这两种方式，我们可能都会发出"安可以为善"的疑问吧？

若孩子是被欺负者，应该尽早引起重视并加以疏导，解决问题，不然会对孩子的身心健康造成不可挽回的伤害。孩子受到欺负，要第一时间了解清楚事情的来龙去脉，搞清楚真相后，要及时找老师和对方家长把事情说清楚，有理有据，不卑不亢，即使对方父母再难搞定，我们也要让他们及他们的孩子看到我们做父母的态度，我们的孩子不会欺负别人，也不允许别人欺负。当然，我们也要认真地从自己的孩子和自己的身上找原因。经验表明，受欺负的孩子往往内向孤僻、独来独往，要么性格孤傲、自大自私，要么情商不高不善于交友。若是这类情况，多数应归于孩子和我们自己教育不善本身，我们应多从自己身上找原因，而不应一味苛责于人,即做到所谓"是以圣人执左契,而不责于人"。

对于经常欺负他人的孩子,家长千万不要以孩子年龄小不懂事、顽皮之类为借口而不加惩戒,即使是两三岁孩子,如有欺负其他孩子的情况发生,也要严肃认真地对待,并加以适当的惩戒。一定要让孩子明白,欺负任何人都是不对的!如果放任不管,孩子大了就会养成这种欺负别人的习惯,并以此为乐。别等到出了大事受到法律的制裁,才意识到问题的严重性。老子说:"天道无亲,常与善人。"孩子从小做善人,不被人欺负,更不欺负人,才能得到道的帮助,这样,我们对孩子的教育才可能取得成功。

第八十章

原 文

小国寡民①，使②有什伯③之器而不用，使民重死④而不远徙⑤。虽有舟舆⑥，无所乘之；虽有甲兵⑦，无所陈⑧之；使民复结绳⑨而用之。甘其食，美其服，安其居，乐其俗⑩。邻国相望，鸡犬之声相闻，民至老死不相往来。

译文大意

国土面积小且百姓少，即使有十倍百倍于人力的器具却不使用，使人民都看重死亡而不背井离乡。虽然有船有车，也没有人去乘坐；虽然有武器装备，也没有机会陈列；使人民回归到结绳记事的自然状态之中。以既有的饮食为甘甜，以常用的衣服为美丽，以住习惯的房子为舒适，以已有的风俗为欢乐。邻国之间彼此望得见，鸡犬之声相互听得见，但人民至死也不互相往来。

注 释

① 小国寡民：国土面积小且百姓少。这是老子的理想国。在哲学上，柏拉图有《理想国》，康帕内拉有《太阳城》，莫尔有《乌托邦》，都是为理想社会而设定。陶渊明的桃花源也有类似之处。

② 使：即使。

③ 什伯：数量词，指十倍百倍，语出《孟子·滕文公上》："夫物之不齐，物之情也。或相倍蓰，或相什伯，或相千万。"

④ 重死：看重死亡，即不轻易冒着生命危险去做事。

⑤ 徙：迁移。

⑥ 舆：车子。

⑦ 甲兵：武器装备。

⑧ 陈：陈列。

⑨ 结绳：文字产生以前，人们采用结绳的方法记事。

⑩ 甘其食，美其服，安其居，乐其俗：以既有的饮食为甘甜，以常用的衣服为美丽，以居住习惯的房子为舒适，以已有的风俗为欢乐。

教育评析

本章被认为是老子思想中非常重要的内容。在这一章中老子提出了理想国的概念，即小国寡民。这个理想国领域很小，也没有那么多人，与邻国也不交往，没有矛盾、冲突、隔阂、战争，大家和平共处。理想国只是一个哲学概念，社会在发展，科学在进步，人们追求技术和智巧之心越来越疯狂，要想回归到朴素纯朴的生活，几乎不可能。法国思想家、哲学家卢梭曾给法国自然科学院写过一篇名为《科学和技术的进步使人类道德堕落》的文章，还获了奖。他的观点至今仍有较大的启发价值。实际上我们在这一堕落的道路上越走越远，而且越走越快，不知何时是个头。这一现象的发生与教育是有关的，或者说教育是造成这一现象的主要原因。教育教给一代又一代年轻人智巧，但并没有教给他们如何减低欲望，因此导致人类社会的不良欲望愈演愈烈。

按照老子的理想国概念，我们还无法推导出理想教育是个什么样子，但老子肯定是主张降低欲望的。本章中老子希望百姓"甘其食，美其服，安其居，乐其俗"。《老子》第五十九章指出："治人事天，莫若啬。"但对于一些不太过分的欲望，老子似乎也能容忍。例如，《老子》第六十一章说："大国不过欲兼蓄人，小国不过欲入事人。夫两者各得所欲，大者宜为下。"整个《老子》第六十一章中老子就是在为大大小小国家如何能够满足各自的欲望而出谋划策。

科学技术为人类带来了许许多多的好处，问题在于我们在追求科学技术的时候，没有看到它凶光毕露的一面。发达的科学技术在为孩子提供便利的同时，也在为孩子在学习中投机取巧甚至利用高科技作弊创造条件，对此我们应该高度关注。孩子作弊除了被发现后会受到处分外，还会因没有扎实的基础知识而没有自信、没有能力，只能靠投机取巧和巴结老师、同学来达到目的。父母要让孩子从小就知道，通过投机取巧甚至作弊得来的成绩并不能代表自己真正的能力，只能说明你暂时通过了考试，即使有同学帮忙，他也不能帮你学到新的知识，不能帮你培养独立的能力，不能代替你成长，而且他也不可能帮你一辈子，你也不可能靠别人帮忙过一辈子。如果有一种方法让人不用努力就可以成功，那么几乎所有人都会使用这个方法。现在社会上出现一些所谓的"魔鬼高中"，它们开展的教育方法本质上也属于投机取巧。它们把学习当成高强度的生产流水线，有一套所谓科学的管理流程。它们不仅批量产出学生，还批量生产老师。它们的出现经常与"疯狂""恐怖""巨无霸"等"爆表"的词汇联系在一起。实践证明,它们除了培养一批又一批考试机器,其他方面就没有什么能说的了!

第八十一章

原　文

信言^①不美，美言不信。善者^②不辩^③，辩者不善。知者不博^④，博者不知。圣人不积^⑤，既以为人，己愈有^⑥，既以与人，己愈多^⑦。天之道，利而不害^⑧。圣人之道^⑨，为而不争。

译文大意

真实可信的话并不动听，动听的话往往并不真实可信。善良的人并不争辩，会争辩的人往往并不善良。有真才实学的人并不认为自己博学，好卖弄自己博学的人往往并没有真才实学。圣人不积累私藏，照顾别人的越多他自己越是充足，他给予别人的越多他自己反而感觉得到的越多。天之道，善利万物而不伤害万物。圣人之道，做了好事却不争名夺利。

注 释

① 信言：真实可信的话。

② 善者：言语、行为善良的人。

③ 辩：巧辩，能说会道。

④ 博：广博，渊博。

⑤ 圣人不积：有道的人不自私，没有占有的欲望，不过多地积累私藏。圣人依道而行，不会积攒多余的财物，不为物所累。

⑥ 既以为人，己愈有：帮助别人越多，自己反而感到更充实。

⑦ 既以与人，己愈多：给别人越多反而感觉自己得到的越多。

⑧ 利而不害：使万物得到好处而不伤害万物。

⑨ 圣人之道：圣人的行为准则。圣人如水一般，"为而不争"，因其不争，天下莫能与之争。

教育评析

教育人、培养人，我们追求的目标是知识、能力、人格的有机统一。老子在本章中提出："信言不美，美言不信。善者不辩，辩者不善。知者不博，博者不知。"老子从人类认识事物的角度，提出了信与美、善与辩、知与博的矛盾对立关系，是具有最完善人格的人立言、立学、求知的基本准则。我们要坚持用这一标准来衡量我们正在教育培养的孩子或学生，如果有所偏离，说明我们的教育存在着问题，就应花大力气来解决，否则，我们从事的教育就会走向失败。据有关媒体 2020 年 3 月 14 日报道，几名中国籍留学生回国躲避疫情时，在浦东机场人闹检查点，还报警威胁医生，同时把一些不当言论发布在网上。这一消息真令人痛心！我们的孩子到底怎么了？如果这些人进入我们的社会，就有可能对社会造成极大的危害。

应该特别指出的是：成功的教育，从来都是双赢的，或者是双输的，不管是家长和孩子之间，还是老师和学生之间。人格教育也一样，孩子或学生人格有问题，可能家长或老师的人格也存在问题，孩子或学生的人格要想没有缺陷，家长或老师的人格也必须没有缺陷。教育家克鲁普斯卡娅曾说："家庭教育对父母来说，首先是自我教育。"教育孩子的过程，也是父母们成为更好的自己的过程。正如老子在本章所说："圣人不积，既以为人，已愈有，既以与人，已愈多。"

2019年4月，新华社报道了一则非常励志的新闻。49岁的原梦园，是上海交通大学的一名宿管阿姨，她连续3年旁听上海交通大学的专业课，每天坚持背外语单词，最终考上了广西大学的在职研究生。更让人感动的是，她原本是陪儿子考研的，没想到和儿子成为同一届研究生。她的丈夫原本是个技校毕业生，结婚后先读了电大大专，后又自学考本科。2002年他考取了郑州大学的硕士研究生，2005年他又考取了上海交通大学的博士研究生。在孩子的教育上，夫妻两个给予儿子的是榜样的力量。在他们的激励下，儿子也以优异的成绩考上了上海交通大学的硕士研究生。

在孩子的成长过程中，孩子心中自有帆，正确的教育方法是：父母应当陪着他奋力划桨，向着理想的未来乘风破浪。父母切忌乱指方向，妄用工具。天之道，利而不害。父母之道，为而不争。

参考文献

1. 贝尔纳. 历史上的科学[M]. 北京:科学出版社,1959.
2. 柏拉图. 理想国[M]. 北京:商务印书馆,1996.
3. 冰心. 只拣儿童多处行[N]. 北京晚报,1962 年 5 月 6 日.
4. 陈鼓应. 老子注译及评价[M],北京:中华书局,2013.
5. 陈鼓应. 老子导读及译注[M]. 北京:人民文学出版社,2022.
6. 陈鼓应. 道家哲学主干说[M]. 北京:中华书局,2023.
7. 陈立胜. 孔老相会:三个版本及其启示[J]. 文化与传播,2024,1,107.
8. 陈成吒. 先秦老子考证[D],上海:华东师范大学,2014.
9. 陈伟. 这就是马云[M]. 杭州:浙江人民出版社,2015.
10. 董光璧. 当代新道家[M]. 北京:华夏出版社,1991.
11. 杜兰. 世界文明史[M]. 上海:东方出版社,1998.
12. 严复. 老子道德经点评[M]. 日本排印本,1903.
13. 常生龙. 学校和老师做的所有,都是一件事[J]. 教学管理与教育研究, 2017,2,128.
14. 傅佩荣. 解读老子[M]. 上海:三联书店,2000.
15. 傅佩荣. 傅佩荣解读老子[M]. 北京:线装书局出版社,2006.
16. 傅守祥. 新时代的文化实践高度和文化生态品质[J]. 观察与思考,2018, 2,43 - 48.
17. 胡孚琛. 全球化浪潮下的民族文化——再论 21 世纪的新道学文化战略[J]. 杭州师范学院学报(社会科学版),2004,6,1 - 13.
18. 凡喆,一芬. 中国古今教育家[M]. 上海:上海教育出版社,1982.
19. 冯友兰. 中国哲学史[M]. 上海:华东师范大学,2000.
20. 郭麝兰. 成长是一条曲折的路[J]. 中华家教,2013,7,38 - 39.
21. 顾树森. 中国古代教育家[M]. 南京:江苏人民出版社,1960.
22. 高丽芳. 改革开放以来研究老子教育思想的文献综述[J]. 大众商务,

2009,12,150 - 151.

23. 耿云志. 中国近代思想家文库:胡适卷[M]. 北京:人民大学出版社,2015.

24. 高亨. 老子正诂[M]. 北京:清华大学出版社,2011.

25. 韩鹏杰. 道德经说什么[M]. 南昌:江西人民出版社,2019.

26. 洪应明. 菜根谭[M]. 苏州:古吴轩出版社,2023.

27. 黄友敬. 老子传真[M]. 福州:海峡文艺出版社,1998.

28. 黄朴民. 道德经[M]. 长沙:岳麓书社,2022.

29. 何惠风. 论唐玄宗《老子注》中的道德思想[D]. 长沙:中南大学,2010.

30. 哈瑞·刘易斯(侯定凯译). 失去灵魂的卓越[M]. 上海:华东师范大学出版社,2012.

31. 黑格尔. 哲学史讲演录[M]. 北京:商务印书馆,1978.

32. 怀特. 夏洛的网[M]. 上海:上海译文出版社,2012.

33. 金岳霖. 论道[M]. 北京:商务印书馆,2015.

34. 简澹. 蒙田随笔集[M]. 北京:中国国际广播出版社,2007.

35. 黎鸣. 人性与命运[M]. 北京:中国档案出版社,2006.

36. 黎鸣. 西方哲学死了[M]. 北京:中国工人出版社,2003.

37. 吕冠南.《老子河上公章句》日藏三种述略[J]. 宗教学研究,2022,4,32 - 35.

38. 李鹏程. 让"文化中国"成为发展的实践目标[N]. 光明日报,2019 年 9 月 25 日.

39. 刘向. 说苑[M]. 北京:中华书局,2019.

40. 刘义庆. 世说新语[M]. 扬州:广陵书社,2020.

41. 李水海. 老子不是太史儋老证[J]. 江南大学学报(人文社会科学版),2002,2,29 - 34.

42. 李伟山. 论郭店楚简《老子》是摘抄本[J]. 广西民族学院学报(哲学社会科学版),2005,1,250 - 251.

43. 李约瑟. 中国科学技术史[M]. 北京:科学出版社,1995.

44. 李富强. 老子的天道人道观探析[J]. 周口师范学院学报,2015,32(6),17 - 19.

45. 李定生,徐慧君. 文子校释[M]. 上海:上海古籍出版社,2004.

46. 李学勤,刘国忠. 古代文史研究的新增长点[N],光明日报,2016 年 6 月 29 日.

47. 李逸峰. 汉马王堆帛书《老子》[J]. 中国书法,2023,10,54 - 55.

48. 李攸. 宋朝事实[M]. 北京:商务印书馆,1935.

49. 李哲. 郭沫若论道家学术[J]. 西部学刊,2017,9,68 - 71.

50. 李镇西. 教育是心灵的艺术[M]. 上海:华东师范大学出版社,2015.

51. 鲁迅. 狂人日记[M]. 北京:中国商业出版社,2018.

52. 梁启超. 大家小书:老子、孔子、墨子及其学派[M]. 北京:北京出版社,2014.

53. 林语堂. 老子的智慧[M]. 西安:陕西师范大学出版社,2006.

54. 廖宗廷. 走入教育改革深水区:同济大学苗圃计划的探索与实践[M]. 武汉:中国地质大学出版社,2017.

55. 廖宗廷,廖冠琳. 玉说中华上古史[M]. 武汉:中国地质大学出版社,2018.

56. 卢梭. 爱弥儿[M]. 李平沤译,北京:商务印书馆,1978.

57. 南怀瑾. 中国有文化[M]. 北京:北京联合出版公司,2022.

58. 马文增. 郭店简《太一生水》再解析——兼与帛书《老子》甲本之字句对照[J]. 中华老学,2022,1,87-95.

59. 蒙台梭利. 蒙台梭利儿童教育经典原著[M]. 天津:天津社会科学院出版社,2010.

60. 麦小舟.《道德经》的中国精神[M]. 北京:学苑出版社,2016.

61. 麦小舟. 老子的再生——正本清源《道德经》[M]. 北京:学苑出版社,2012.

62. 茅文婷. 周恩来的读书辩证法[J]. 炎黄春秋,2022,4,80-83.

63. 牟钟鉴. 老子新说[M]. 北京:金城出版社,2009.

64. 摩尔. 大爆炸:宇宙通史[M]. 南宁:广西科学出版社,2010.

65. 任继愈. 老子新释[M]. 上海:上海古籍出版社,1985.

66. 任丽. 我们内在的防御[M]. 北京:人民邮电出版社,2022.

67. 饶宗颐. 老子想尔注[M]. 上海:上海古籍出版社,1991.

68. 饶清国. 做朴素的教育[J]. 教育科学论坛,2014,12,1.

69. 司马迁. 史记[M]. 北京:中华书局,2010.

70. 苏辙. 老子解[M]. 上海:上海人民出版社,2010.

71. 邵思. 姓解[M]. 上海:上海古籍出版社,2018.

72. 单正齐.《老子》一书中道的内涵及特点[J]. 广西社会科学,2007,3,31-33.

73. 秦嘉谟. 世本八种[M]. 北京:书目文献出版社,2008.

74. 沈灌群. 中国教育家评传[M]. 上海:上海教育出版社,1988.

75. 汤勇. 回归教育常识[M]. 北京:中国人民大学出版社,2016.

76. 汤川秀树. 创造力与直觉[M]. 石家庄:河北科学出版社,2001.

77. 唐兰. 老子的姓名和时代考[M]. 上海:上海古籍出版社,1982.

78. 王力. 老子研究[M]. 天津,天津市古籍书店,1989.

79. 王芳. 最好的方法给孩子[M]. 上海：东方出版社，2016.

80. 王德炎. 试论老子的教育之道[J]. 绵阳师范学院学报，2011，30(19)，133-136.

81. 王谋寅. 李唐政权合法性建构中的道教元素[J]. 广东社会科学，2015，5，134-141.

82. 王建国. 读读老子：《道德经》入门[M]. 北京：团结出版社，2020.

83. 吴诚真. 道德经阐微[M]. 北京：东方出版社，2016.

84. 吴惠龄. 论老子"推天道以明人事"的思维模式[J]. 逻辑学研究，2017，10(4)，37-51.

85. 吴兢. 贞观政要[M]. 上海：上海三联书店，2003.

86. 吴强. 跟道德经学领导力[M]. 北京：机械工业出版社，2021.

87. 魏源. 老子本义[M]. 上海：华东师范大学出版社，2010.

88. 萧萐父. 道家学风述要[C/M]. 陈鼓应主编，《道家文化研究》，上海：上海古籍出版社，1996.

89. 萧萐父. 吹沙二集[M]. 重庆：巴蜀书社，2007.

90. 萧焜焘. 再论中华民族精神的形成与发展[J]. 南京政治学院学报，1993，1，69-84.

91. 萧师毅. 海德格尔与我们道德经的翻译[J]. 世界哲学，2004，2，98-102.

92. 徐斌. 老子智慧与无痕教育[J]. 江苏教育，2013，13，107-108.

93. 徐琳. 淮南子集释[M]. 北京：中华书局出版社，1998.

94. 许抗生. 老子评传：中国第一位伟大的哲学家[M]. 南宁：广西教育出版社，1996.

95. 席华. 老子与卢梭自然主义教育思想之比较[J]. 内蒙古农业大学学报(社会科学版)，2007，9(3)，32-33.

96. 徐学福. 超越教学中的二元对立[J]. 老师教育管理，2014，1(4)，59-66.

97. 尹振环. 也谈帛、简《老子》之研究[J]. 中国哲学史，2002，4，120-126.

98. 杨锡平. 老师培训的逻辑起点，从"补短"走向"扬长"[M]. 教育探寻，2017，8，10-12.

99. 杨东平. 中国教育发展报告[M]. 北京：社会科学文献出版社，2014.

100. 杨蠡. 老子：钟情于天道的智慧老子[J]. 太原师范学院学报(社会科学版)，2018，17(3)1-18.

101. 喻几凡. 老子不是老聃而是老阳[J]. 湖南大学学报(社会科学版)，2009，23(1)，23-27.

102. 阎萍，阎乃胜. 论老子的教育哲学观[J]. 内蒙古师范大学学报(教育科学版),2018,4,1－5.

103. 叶自成.《老子》全解[M].上海:上海远东出版社,2019.

104. 雅斯贝斯.历史的起源与目标[M].北京:华夏出版社,1989.

105. 约翰·怀特.再论教育目的[M].李永宏译,北京:教育科学出版社,1997.

106. 周弘.赏识你的孩子[M].成都:四川少儿出版社,2000.

107. 庄周.庄子全书[M].北京:中国长安出版社,2009.

108. 张松如.老子解说[M].济南:齐鲁书社,1998.

109. 张琨.老子的教育之道[C].弘扬老子文化国际研究会论文,河南鹿邑:2005.

110. 张瑞璠.中国教育史研究[M].上海:华东师范大学出版社,2009.

111. 张明爱.英语国家概况[M].上海:华东师范大学出版社,2009.

112. 曾仕强.易经的智慧[M].西安:陕西师范大学出版社,2010.

113. Robert D. *Hare, Snakes in Suits* [M]. New York: Harper Paperbacks, 2007.